JN079968

法的視点からの平和学

Peace Studies from a Legal Perspective

Peace Studies from a Legal Perspective

佐藤潤一 ── 著

晃洋書房

はじめに

本書は，およそ10年前に執筆した『平和と人権』を法的な視点を強調して改訂したものである．改訂というよりも，書き下ろした部分も多く，執筆には多大な時間を要した．

すでに出版を約束してから3年を経過し，いよいよという段になって（軽度とは言え）脳梗塞で入院してしまい，原稿提出がおくれてしまった．

この度の改訂にあたっては，前著が第Ⅱ部に論文を収録したこともあって，難解であるという声が学生から出ていた．今回は，第Ⅱ部を全て削除し，第Ⅰ部でかなり簡潔な記述になっていたデロゲーション条項の問題点について大幅に説明を補充した．

なお，本書第Ⅲ部第5章の「日本におけるヘイトスピーチ規制の現状と課題」は『大阪産業大学論集人文・社会科学編』43号55～91頁が初出（ただし一部圧縮してある）である．また第Ⅲ部第6章は，近藤敦編著『外国人の人権へのアプローチ』第4章「文化的権利」（明石書店，2015年）に基づいている（現状に合わせた若干の修正を加えた）．転載を許可いただいた各位に感謝申し上げる．

この度の出版に当たっては，晃洋書房の西村喜夫氏に多大のご援助をいただいた．

また本書は，筆者自身の講義経験に基づく，体系構築への試論である．現在の本務校である大阪産業大学及び非常勤での講義を行った各大学における日本国憲法の講義及び演習（専修大学法学部における憲法基礎演習），2005年度に専修大学法学部で行った国際人権法の講義，2006年度，2008年度，2009年度，2011年度以降に大阪産業大学で行った平和学の講義，ならびに2018年以降に行った国際人権論の講義に基づいている．なお，大阪産業大学における第二期平和研究における研究成果と，その後の知見をも加味してまとめている．

2022年1月

佐藤潤一

目　　次

第 III 部　日本における平和と人権

凡　例

一　国内法・国際法いずれも日本国内で公布されているものは縦書きであり，条文も漢数字，古いものは旧字体であるが，読みやすさを優先して，本書の体裁に合わせて算用数字に変え，又同一法令の中で旧字体と新字体が混用されている場合には新字体に統一して引用している．例：第三百六十七條→第367条など．ただし第二次世界大戦以前の条約文・法令，文献の引用は原則として原文に従う．

一　条約名称について，日本における略称が一定せず検索に不便であるので，若干煩瑣ではあるが，原則として全て英語の正式名称を併記した．

一　日本国内の判例（裁判例）について．日本の判例集は全て元号で発刊されているが本書は国際法についても多々言及するため，西暦を併記することとした．なお，本書は法学初学者も読者対象として想定しているため，略称は極力用いなかった．

例：昭和47（1972）年2月3日最高裁判所大法廷判決・最高裁判所民事判例集第49巻第2号1235頁（これは架空の例である）

一　傍点・ゴチック体・英文の下線による強調は，特に断らない限り，著者が付したものである．

例1：其ノ人民間ニ現存スル平和及友好ノ關係ヲ永久ナラシメンガ爲國家ノ政策ノ手段トシテノ戰爭ヲ率直ニ抛棄スベキ時期ノ到来セルコトヲ確信シ

例2：以下，**戦争の違法化（outlawry of war）**の潮流を，まずは概観しておこう．

例3："The Governments of the States Parties to this Constitution on behalf of their peoples declare : That since wars begin in the minds of men, it is in the minds of men that the defences of peace must be constructed ;

一　註は章ごとに番号を振りなおしている．註は巻末にまとめた．

一　学術論文・学術書執筆の慣例に従い，原則として敬称は付していない．

一　通常の引用ルールではあるが，本書は初学者も対象としていることから念のため示しておけば，《　》でくくった部分は原文見出し，「　」内は引用．引用内の『　』は原文「　」である．

第Ⅰ部
平和学の基礎と課題

第1章　戦争と平和

第1節　国際法における戦争と平和

1　戦争の定義の変遷

平和学は，第二次世界大戦後に徐々に発達してきた学問であり，未だ非常に「若い」学問だと言われる．本書は，常識的な「平和」について考えるところから始めよう．

▶戦争と平和　古典的には，古代ローマのキケローに遡ると言われるのが正戦論である[1)]．実際には特定個人がそのような主張として自己の主張を文献等でまとめていたわけではない．近代国家（**国民国家**；Nation-State）成立以前において，現在で言うヨーロッパでは国境も明確でなく戦争は，ほぼ王家同士の戦争であったのである．したがって，自国の戦争が「正しい」かどうかの判定者は，たとえば王国の場合その国の国王自身であって，その判断をさらに正当化する根拠はそもそも想定されていない．つまり，戦争を決断する主体が常に正しい判断をするものという想定があるのであって，「侵略」が存在しないことにもなりかねない．問題は，後に見るように，この考え方が，近年復活しつつあることである．

近代的な国民国家の間で一定の国際秩序ができあがった段階で主張されたのが，**無差別戦争観**である．これは，正戦論の問題点を国際法の観点から解決しようとして唱えられたもので，18世紀頃から主張された．**正義の相対性**を正面からみとめている点に特徴がある．ただし，そのために，侵略と自衛とがますます相対化されてしまった．ただし，（現在において）無差別戦争観に支配されていたとされている時期は，同時に，兵器の発達に伴う武器の規制，戦闘行動の規制が慣習法から条文化（法典化）された時期でもあって，**開戦と終戦のルール化**も進んだのである．後に検討するように，現在**国際人道法**と呼ばれるルールの基礎は，この時期**戦争法**という形で成立したのであり，ある意味国際法の観点からはこのような捉え方は継続している部分があると言える.

2　戦争の違法化

戦争と名のつく行為を，国際法上違法化しようとの動きは，第二次世界大戦終結後に本格化したものである．しかしながら，その歴史的な出発点を探れば，1907年第2回ハーグ平和会議で採択された，契約上ノ債務回収ノ為ニスル兵力使用ノ制限ニ関スル条約（ポーター条約／ドラゴ・ポーター条約）までさかのぼることが出来る．以下，**戦争の違法化（outlawry of war）**の潮流を，まずは概観しておこう．

第一次世界大戦が勃発するまでは，特に1913年～1914年は，戦争のモラトリアムと呼ばれることもあるほどで，このまま平和が訪れるのであれば歴史は違っていたかもしれない．

第一次世界大戦後，1919年に国際連盟規約が締結された．連盟規約は侵略戦争を禁ずる目的を持ってはいたが，アメリカが参加しなかったこと，国際連盟総会は全会一致で議決することとされていたことなどが大きな要因となって，実際には機能不全に陥っていた．これを打開しようと締結されたのが，いわゆるパリ宣言，1928年不戦条約であった．日本も不戦条約を締結したが，条件付きであった．不戦条約は1929（昭和4）年7月25日条約第1号であり，1929（昭和4）年7月24日に発効した（昭和4年 外務省告示第64号）．正式には「戦争抛棄ニ關スル條約」として公布されている．

不戦条約は，日本で公布された際に次のような上諭が付されている．「朕樞密顧問ノ諮詢ヲ經テ昭和3年8月27日巴里ニ於テ帝國全權委員ガ關係各國全權委員ト共ニ署名調印シ第一條中ノ字句ニ關シ昭和4年6月27日附ヲ以テ帝國政府ガ宣言スル所アリタル戰爭抛棄ニ關スル條約ヲ右帝國政府ノ宣言ヲ存シテ批准シ茲ニ右帝國政府ノ宣言ト共ニ之ヲ公布セシム」と．これは前文を見ることで意味が初めてわかるのである．

次にその前文をみてみよう．注目すべきは，前文は，国際連合憲章や日本国憲法にも通ずる考え方を示していることである．すなわち，

> 人類ノ福祉ヲ増進スベキ其ノ厳粛ナル責務ヲ深ク感銘シ
> 其ノ人民間ニ現存スル平和及友好ノ關係ヲ永久ナラシメンガ爲國家ノ政策ノ手段トシテノ戰爭ヲ率直ニ抛棄スベキ時期ノ到来セルコトヲ確信シ

其ノ相互關係ニ於ケル一切ノ變更ハ平和的手段ニ依リテノミ之ヲ求ムベク又平和的ニシテ秩序アル手續ノ結果タルベキコト及今後戰爭ニ訴ヘテ國家ノ利益ヲ増進セントスル署名國ハ本條約ノ供与スル利益ヲ拒否セラルベキモノナルコトヲ確信シ

其ノ範例ニ促サレ世界ノ他ノ一切ノ國ガ此ノ人道的努力ニ参加シ且本條約ノ實施後速ニ加入スルコトニ依リテ其ノ人民ヲシテ本條約ノ規定スル恩澤ニ浴セシメ，以テ國家ノ政策ノ手段トシテノ戰爭ノ共同抛棄ニ世界ノ文明諸國ヲ結合センコトヲ希望シ

茲ニ條約ヲ締結スルコトニ決シ之ガ爲左ノ如ク其ノ全權委員ヲ任命セリ

不戦条約は，第1條に，日本国憲法第9条第1項が明らかに基礎としている文言が存在する．すなわち，

締約國ハ國際紛爭解決ノ爲戰爭ニ訴フルコトヲ非トシ且其ノ相互關係ニ於テ國家ノ政策ノ手段トシテノ戰爭ヲ抛棄スルコトヲ其ノ各自ノ人民ノ名ニ於テ厳粛ニ宣言ス

先に引用した国際連盟規約前文と第1条はともに，人民の名において，国際紛争解決のために戦争に訴えることを禁じるとともに，戦争が異なる手段を以てする政治であるという古典的戦争観を否定している点に最大の特徴がある．日本政府はこのうち「人民ノ名ニ於テ」を留保したのである．すなわち，昭和4（1929）年6月27日の「宣言」として，次のように言う．

帝國政府ハ1928年8月27日巴里ニ於テ署名セラレタル戰爭抛棄ニ關スル條約第1條中ノ「其ノ各自ノ人民ノ名ニ於イテ」ナル字句ハ帝國憲法ノ條章ヨリ観テ日本國ニ限リ適用ナキモノト了解スルコトヲ宣言ス

明治憲法の文言との整合性を保つという名目はあれ，君主国であっても国民主権の建前がほとんどの国家で取られていた中，この留保は大きな問題を持っていた．

この不戦条約の解釈として，**自衛戦争**，実際には**自己保存権**（right of self-preservation）という，現在の観点からするとかなり**幅広い意味での自衛戦争**を許すとの解釈がアメリカ主導で主張された．しかしながら，不戦条約第2條に「締約國ハ相互間ニ起コルコトアルベキ一切ノ紛爭又ハ紛議ハ其ノ性質又ハ**起**

因ノ如何ヲ問ハズ平和的手段ニ依ルノ外之ガ處理又ハ解決ヲ求メザルコトヲ約ス」と規定されていることからすれば，本来的に解釈としてはかなり無理があったことが伺えよう．

さて，日本が「大東亜戦争」（近代史の成果からすると，15年戦争あるいは太平洋戦争と呼称されるべきであるともいえようが，他方，「大日本帝国」の戦場が主としてどこであったかを容易に把握できる名称であることなど，この名称を用いる利点はあるとの立場もある）をひきおこし，敗戦を迎えるまでの歴史については，ここでは立ち入らない．むしろ戦争違法化の流れの中では，第二次世界大戦後の世界秩序形成に大きな役割を果たしている1945年の国連憲章が戦争をどのように扱っているかを把握することが重要であろう．国連憲章における戦争違法化の具体的内容は後述する．

第2節　平和学と「積極的平和」

1　ガルトゥングの寄与

▶「構造的暴力」という視点

ヨハン・ガルトゥング（Johan Galtung）は，実際に国際的な紛争解決の現場に立ち会った経験から，**「構造的暴力」**（structural violence）概念を提唱した．戦争が無いことを平和とする消極的平和の探求だけが平和学の課題ではなく，戦争を生み出す社会構造を可能な限り縮減することも重要な課題である．そういった社会構造，たとえば，窃盗は犯罪であるが，盗まなければ満足に食事も取ることが出来ない社会構造も問題であるはずである．このような社会構造を，ガルトゥングは構造的暴力と呼んだ[2)]．ガルトゥングは，構造的暴力の縮減が積極的平和の構築であるとし，消極的平和と積極的平和双方を達成しようとするのが平和学の目的であるとしたのである．

▶ガルトゥング自身による「構造的暴力」解説の例

構造的暴力の発想は，しかしそれほど理解しやすいものではない．そこで，以下，ガルトゥングによる講演を基にした解説を参照しつつ，見ていくことにしたい[3)]．

ガルトゥングが「**構造的暴力**」の語を最初に使ったのは1965年であるという．着想のきっかけは，南ローデシア（現在のジンバブエ）滞在時のことであった[4)]．当時の南ローデシアはイギリスの植民地であった．以下若干の背景についての説明を引用しておこう．「ローデシアのイギリス人は1923年，イギリス政府に植民地経営が順調であることを伝え，本国からの干渉は不要であるとして，南ローデシア自治政府を樹立した．圧倒的に黒人が多数を占めるローデシアを，わずかな数の白人が支配する体制が固まった．1965 年，白人たちは，いまではよく知られている一方的独立宣言（UDI）[5)]を行った．彼らはイギリス政府との関係を断ち，すべて自分たちでやっていくことを望んだ．これに対してイギリス政府が経済制裁を行い，私は制裁の影響を調査するために何度かローデシアに飛んだ[6)]」．ガルトゥングは，その際に現地白人の主張が理解できなかったとして次のようなエピソードを紹介するのである．1923 年以来，白人による黒人の殺害は１件もない，それゆえ，ここは平和な国だというのである．

ガルトゥングはこれに対し次のように指摘したという．「私が，『お言葉ですが，人口の４％しかいない白人が 96% の黒人を支配している．良い土地は全部白人のもので，黒人はすべて奪われている．平均寿命も黒人は白人の半分しかない』と反論すると，彼らは『それはそうだが，この国は平和だ』と言った」．「これを平和と呼ぶのなら私は平和に反対しなくてはならない」．なぜなら，「**96% の人々の苦境は社会構造に組み込まれていた．そこで私は，それを『構造的暴力』と呼ぶ**ことにした[7)]」．「その構造をひと言で言うなら**搾取であり，断片化であり，周縁化である**．それがアフリカの人々の意識に染み込み，仕事や役割を分断していた[8)]」．ここで節を変え，次のようにいったんその内容を説明している．《何もしないことによる暴力》「つまり，**直接的な暴力は意図的な作為だが，構造的暴力は無数の意図しない不作為——主体なき行為——の結果である**．問題の予防や解消のためにできることがあるのに，それを行わないことによって構造的暴力が生まれる．いや，**予防とか解消とか言う以前に，そもそも他者の苦しみにも，問題の存在にも気づいてさえいないのが構造的暴力**なのだ[9)]」．「**偏見や差別によって強化されたレイシズム（人種差別）**に何度も出くわした．私は，**だれも行動しないからこんな状態が固定されてしまったのだ**という結論に達した[10)]」．このようにまとめたうえで，さらに例示する．

《構造的暴力のさまざまな顔》**家父長制**は女性の抑圧を生む．**人種差別**は，それ自体が構造的暴力である．企業社会における**底辺労働者・失業者**が存在していること自体が，構造的暴力である．このように述べた[11)]うえで，さらに，資本主義経済全体における《見えない抑圧の構造》を指摘する[12)]．すなわち，一般に「搾取」は「不公平」（inequality）であるといわれるが，より適切な言葉は「不衡平」（inequity）だというのである．「不衡平」は，「Ａと B のたんなる相対的比較ではなく，ＡとＢのあいだに関係があることを含意しているからである．『あなたは私より多く持ち，私はあなたより少ししかもっていない』というのではなく，**『あなたが多く持っているから，私は少ししか持てない．私が少ししか持っていないから，あなたは多く持てる．あなたは私のものを構造化された手段と方法で奪い，搾取している』というのが不衡平**なのである．**この不衡平（原因）から不公平（結果）が生じる．そして，原因はしばしば目に見えない**[13]」．

このような状況は，ある意味で，時代の変化として説明することもできる．それは，仕事（work）とジョブ（job）という言葉の変化である．仕事は，堅実な暮らしのイメージであり，ジョブは，今日雇われて明日解雇されるような期限つきの関係である．「多くの家族が，一つ屋根の下で暮らすために５つも６つもジョブを探さなくてはならない状況に追いやられている」こと自体が問題なのである[14]．「**支配――被支配構造のピラミッドの下にいる者は，階層を上るか壊すか，いずれにせよ現状を変更しようとし，ピラミッドの上にいる者は現状を維持して既得権を守ろうとする．下の者が行う現状変更を革命的暴力と呼び，上の者が行う現状維持を反革命的暴力と呼ぶことができる**．」「『革命』という言葉はラテン語の「revolvere」，すなわち上下を逆さまにするという言葉から来ているが，よく考えるとそれは正しいとは言えない．上下を反転させるだけなら垂直構造は変わらないからだ．私は，**水平化（holizontalization）という言葉を使いたい．これならガンジーがやろうとした非暴力の手段で実現できる**と考えられるからだ[15]」．一見社会主義に親和的な解釈になっていることを懸念してか，《社会は進歩しているのか？[16]》では，次のように述べている．「資本主義のすべてが悪いわけではない．個人的には，資本主義，人道主義，自然主義の３つの要素がバランスよく組み合わさった経済体制が望ましいと考えている[17]」．

▶ガルトゥングによる「武力介入」論

ガルトゥング自身は，さらに，《武力介入は正当化されるか》についても簡潔な言及を別の講演で行っている[18]．

最後の手段としての力の行使が否定できない場合[19]は，

(1)　直接的または構造的な暴力による**苦しみが耐えがたいレベル**に達している．

(2)　考え得る**平和的手段はすべて試したが効果がなく，外交交渉も役に立たない**．

(3)　**暴力の行使が必要最低限**に抑えられること．
(4)　勝利や英雄的行為の追求ではなく，**正しい動機に基づく行動であるか，慎重な自己吟味が行われる**こと．
(5)　**平和的で非暴力的な手段の模索が並行して続けられる**こと．

である．

これに対して，《**非暴力介入を成功させる5条件**》を提示している[20]．

(1)　**軍事に関する一定の専門知識**が必要不可欠である．暴力削減のための活動は，軍事技術に関する知識を持ち，携行武器を使って身を守る術を知っていることが前提．
(2)　**警察技術に関する知識**が重要である（たとえば群衆コントロール技術）．
(3)　**非暴力のアプローチについての知識**が必要．
(4)　**紛争解決のための調停に関する知識**が必要．
(5)　**平和維持活動に携わる要員の半数が女性である**こと．

ここで挙げられている諸条件は，後述の「トランセンド法」による紛争解決の条件でもある．このような諸条件が成立し得る前提は，《**暴力は先天的な人間の衝動ではない**》という思想が根底にある[21]．

1989年，有名な「**暴力に関するセビリア声明**[22]」がまとめられた．概略次の湯なものである．

・人間はその先祖である動物から戦争を起こす傾向を受け継いでいる，という考えは科学的に間違っている．
・人間の本能には戦争やその他の暴力行為が遺伝的にプログラムされている，という考えは科学的に間違っている．
・人間の進化の過程で，攻撃的行動が他の種類の行動より生存に適するものとして自然選択された，という考えは科学的に間違っている．
・人間は「暴力脳」をもっている，という考えは科学的に間違っている．
・戦争は人間の本能もしくは単一の動機によって引き起こされる，という考えは科学的に間違っている．

声明は最後にこう結ばれている．「戦争が人間の心の中で起こるように，平和もまた人間の心の中で起こる．戦争を生み出した人間は，平和を生み出すこ

（出所）『ガルトゥング平和学入門』20頁より.

図1-1　トランセンド法概略図

ともできる．戦争も平和も責任は私たち一人ひとりにある[23]」．ユネスコ総会で起草・決議されているので当然ではあるが，ユネスコ憲章の著名な前文が言及されているわけである．

▶トランセンド法

ガルトゥングは既に多くの著作を公刊しており，現在でも積極的に平和学に関する論文を公表している．日本で紹介もされている，またガルトゥング自身が最も強調しているのが，トランセンド法と呼ばれる紛争解決手法である．以下，簡単にトランセンド法を紹介しておこう[24]．

トランセンド法は個人の葛藤や家庭における紛争のように個人的なレベルから国際紛争に至るまで全ての争いを「コンフリクト」と呼び，その解決法として提唱されている[25]．

図1-1で［1］［2］は，従来型の勝敗をはっきりさせる解決（eithre/or型）．［3］は和解の放棄・撤退．［4］は，従来の言い方でいう和解にあたるもので，［1］［2］の中間点であり，妥協・折衷的解決である．しかしこれらのいずれも，新たなコンフリクトを惹き起こす可能性を残してしまう．そこで，either/orではなく，both/andあるいはwin-winの関係を目指して「2者の目標を乗り越えた新たな創造的な解決法[26]」として，双方が従来抱いており，相容れなかった目標を超えて，両者が共有できる目標を新たな着地点とする．そして，両者の周囲で直接間接に利害関係を持つものを出来るだけ多く「当事者」として巻き込むことを意図し，それを達成するために必要な技量を持ったプロフェッショナルを紛争ワーカー又は平和ワーカーとして育成することが重視さ

れている[27]. 対話が重視されているが，他方で従来の交渉術との違いは一見してはわかりにくいという問題もある[28].

ガルトゥングのトランセンド法は，一見極めて抽象的な理論枠組みに過ぎないように思われるかもしれないが，実際に紛争解決に寄与してきているものである．ガルトゥング自身がそういった解決を導く紛争ワーカー育成を試みてきているのである.

繰り返しになるが，構造的暴力とは，必要最低限の食料をも窃盗しなければ（子どもなど弱者が）生活できないような状況は，（殴打等の直接的暴力ではないという意味で）間接的であっても「暴力」というべきであり，そのような「社会構造」そのものが，「構造的暴力」である．戦争（という状況）が存在しない，そのような状況でなければ平和（という状況）である．そして，従来の意味での平和が（戦争でなければ平和であるという消極的な定義であるという意味で）消極的平和と定義づけられるとすれば，構造的暴力の縮減を目的とする様々な試みを積極的平和というべきであるというのである．トランセンド法はこのような意味での紛争解決の理論であり，実現が困難であることは確かであるが，そのゆえをもって否定できるようなものではない.

2　積極的平和と日本国憲法

平和学には，すでに述べたように，消極的平和と積極的平和の双方を達成するための学という，まことに対象の広い目標がある．したがって，体系化を試みるには，視点の限定が一定程度必要となる．ガルトゥングのいう構造的暴力の縮減を全て体系化するのは不可能事に近い．本書は，人権と平和の関係を憲法と国際人権法の視点から考察することで，体系化の一助としたいと考えている.

日本における平和と人権の関係を考えるに当たって重要なのが，国連憲章のこの考え方とより明確に類似するものと考えられる，日本国憲法の前文である.

すなわち，日本国憲法前文第2段は，「……全世界の国民が……平和のうちに生存する権利を有する」という普遍命題を掲げているのである．憲法第13条は，日本国民を「個人として尊重」すべきことを規定する．これは大日本帝国憲法下において，「天皇の赤子」たる「臣民」思想が，特に戦時中に強調され，全体主義的傾向を憲法で否定できなかったことに対する反省の趣旨が含まれていると解される．さらに，憲法第24条は，男女の平等と，婚姻制度等における「個人の尊厳」を規定しているが，こちらの規定は，明治以降存在した

「イエ制度」の廃止が意図されていた．いずれにせよその共通する思想的な枠組みとして，個人主義思想と，そのことによる民主主義，さらに平和思想とが，憲法前文と，第 13 条・第 24 条に共通する理念として存在している．

ここでさらに重要なのが，憲法第 97 条が，憲法第 11 条と類似する規定を持っていながら，第 11 条にはない「信託」文言を含んでいることである．

すなわち，憲法前文は「そもそも国政は，国民の厳粛な信託によるものであつて，その権威は国民に由来し，その権力は国民の代表者がこれを行使し，その福利は国民がこれを享受する．これは人類普遍の原理であり，この憲法は，かかる原理に基くものである」という．この宣言については，リンカーン・ゲティスバーク演説（人民の，人民による，人民のための政治）との「類似」がいわれるが，ともあれ，この憲法前文とのかかわりでの憲法第 97 条理解が重要である．すなわち，J. ロックが，主著『統治二論』（*Two treaties of government*）において主張した信託理論と，密接に関わると解されるのである．ロックは，金銭等に関する民事的な信託理論を国政に応用した．この信託理論を日本国憲法解釈へ適用した説がある[29)]．

簡単にその内容を紹介する．直感的理解を得るために図を示す．

図 1－2 で委託者というのは，憲法第 97 条でいう「過去幾多の試練に堪へ」てきた「人類の歴史的成果を継承した憲法制定権者としての日本国民」，あるいは憲法前文の「人類」であると解される．そして受益者は，上記の図だけから考えるとわかりにくいかもしれないが，憲法第 97 条の構造からして，人権を，人類一般に還元していく，「現在及び将来の〔日本〕国民」は，もちろん自分自身のために使う場面もあるが，人類一般に還元していくという側面があると考えられるのであって，憲法前文にいう「平和の内に生存する権利」は，

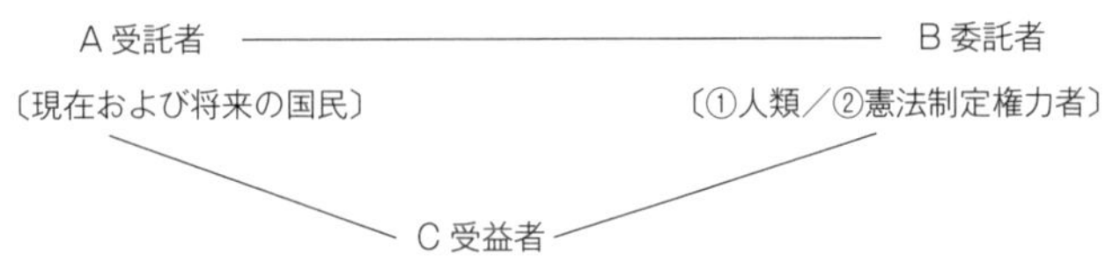

B＝C でも，B≠C（たとえば，C は B の子である）もあり得る．
ただし，A は C たり得ない（委任とは異なる）．A は C の利益に反すると契約を解除される．

図 1－2　日本国憲法の信託理論

このような意味で「権利」であると解されるという主張である．戦後初期の学説では，憲法第97条は不要であるとの主張が有力であったが，むしろ人権を保障している規範であるからこその最高法規であるとの解釈が近年は有力であり，ここで紹介した信託理論は，体系的に最も優れた憲法解釈であると解される．それは，日本国憲法で用いられている「信託」の意義を明らかにし，「平和の裡に生存する権利」に人権体系の中で位置づけを提示し，そして制定過程における直接日本国憲法制定に携わった人々の発言を過度に重視する立場に対して，いわば文学研究理論としてのテクスト論的立場から平和的生存権の憲法解釈を提示する理論となっているからである[30]．

3　平和的生存権

国際人権法と憲法の観点，つまり人権保障の視点から平和を考えることが，平和学の体系化に一定の寄与をする，との観点から考察を進めていくために，特に重要な視点が，平和と人権の不可分性である．

改めて確認しておけば，日本国憲法前文において，「平和のうちに生存する権利」への言及がある．日本国憲法解釈においては，少なくとも憲法第2章の戦争放棄規定が第3章の人権規定に先行していることと併せて，人権保障に平和の確保が不可欠であることを示しているととらえることが，有力である．このような考え方は，日本国憲法の解釈においてのみ重要な訳ではなく，そもそも人権と平和が不可分の関係にあることが憲法制定にあたって想定されていたととらえることも可能である．

端的には，「恐怖と欠乏から免れる」権利として平和的生存権を理解することができるのであり，そのように理解するならば，平和的生存権は，ガルトゥングのいう「積極的平和」をこそ目標とすべきとの思考と親和性があることは明らかといえよう．

さて，このようなとらえ方をより広い視点で考察しようとすれば，国際人権の現状把握と憲法上の権利保障との関係が重要になる．日本も当事国である，国際人権規約の自由権規約（市民的及び政治的権利に関する国際規約）第4条は，緊急事態において，国家が，自ら負っている人権の保護義務を一時的に停止できる場合，そしてまた，緊急時にあっても停止できない人権について規定している．derogation 条項と呼ばれる同条の規定は，紛争と人権の関係を考えるに当たって重要な視点を提供する．後に若干詳細な検討を行うが，ここでは憲法及び国際人権法の視点から平和学を体系化しようとする場合に derogation 条項を考察することが有意義であることを指摘するにとどめたい．

第3節 「平和」の観念を考える

1　平和の観念

▶定義の困難さ

国際法や，憲法において「平和」の用語が用いられている例は多いが，それらの内容は必ずしも統一的ではない．たとえば国連憲章においては，「平和に対する罪」「平和に対する脅威」が用いられ，国連総会決議に基づいて行われている「平和維持活動（peace-keeping operations：PKO）」という用語もある（PKO は本質的には軍事作戦であるから，ここにいう operations は本来（軍事上の）作戦と訳出すべであるが，さしあたっては公定訳に従うことにする）．

国連においては「平和のための結集決議」がなされたり，「平和のための課題」という名の下に当時の国連事務総長であった，B.B. ガーリによる報告書も出されたりしている．

他方で，日本国憲法に目を向ければ，その前文にある「全世界の国民が平和のうちに生存する権利を有する」という，「平和的生存権」の考え方が，解釈上近年は有力に主張される（ごく簡単には本章第2節で触れた）．

「平和に対する罪」「平和に対する脅威」は，その歴史的文脈からすれば，自由な民主主義諸国に対する脅威を形成した，第二次世界大戦当時の枢軸国側諸国に対する批判的ニュアンスが元来強いものである．しかし，第二次世界大戦後にこれらの言葉が用いられる場合には，軍事的紛争をひきおこした国家に対して用いられ，当該国の元首などの罪を強調するものとされる．「平和のための結集決議」も，同様の趣旨で用いられる．しかし，「平和維持活動」は，元来事実上の戦争状態が「無い」状態を維持するという趣旨である．

「平和的生存権」の考え方は，文言上は大西洋憲章に由来することからして，否定的に解する論者もいるが，平和に関する国際会議においても注目されている考え方である．以上の概観をもとに，特に国連憲章との関係，「戦争」の定義との関連から，「平和」の定義問題に接近しよう．

▶「戦争」の定義の難しさとの関係

ナチスドイツの「戦争犯罪」（第二次世界大戦以前の戦争犯罪とは内容が異なるため，ここでは鉤括弧付きで表記する）を裁いたニュールンベルグ裁判,「大日本帝国」の「戦争犯罪」を裁いた東京裁判は,「平和に対する罪（crimes against peace ; crimes contre paix）」という，当時の国際法からすると想定し得ない「罪」を規定し,「裁判」を行っている．この点を強く批判する主張もあるが，重要なのは，現在に与える影響である．すなわち，先にも若干述べたように，国家元首の平和に対する「罪」を法的に裁こうとする考え方である．このような考え方が，確立された国際法規であるとまではいえないという考え方もあるが，すくなくともそのような考え方が，国際法上確立しようと試みられつつあることは注目に値する．

ここでいう「確立された国際法規」というのは，憲法学で用いられることのある考え方である[31)]．近代国家のように，国内法が整備された法体系を持っているのに対して，国際社会は主権国家の集合体であって，すべての国家の上位にたつ立法機関が存在しない国際社会に於いては，国際連合もあくまで話し合いの場であって，立法機関ではない．国際的な裁判所も，原則としてその管轄権（裁判を行い，裁判の効果を及ぼすことの出来る権限）は当事国の同意に基づくものである．このような国際社会においては，慣習によって形成される法が重要であり，その中で，条約として明文化され，各国が締約国となっていなくても，すべての諸国が従うべきものと考えられる慣習国際法が,「確立された国際法規」である．このような意味で平和を確保しようとの試みを，条約文の形で現に示しているのが，国際連合憲章第39条が規定する「平和に対する脅威（threat to the peace ; menace contre la paix）」である．

国連憲章第39条は次のように規定している．

〔安全保障理事会の任務〕安全保障理事会は，平和に対する脅威，平和の破壊又は侵略行為の存在を決定し，並びに，国際の平和及び安全を維持し又は回復するために，勧告をし，又は第41条及び第42条に従つていかなる措置をとるかを決定する．

ここでいう「平和」は，条文が起草された当時においては，国連憲章が戦争の違法化を目指していたことからすれば，軍事的紛争が起きていない状態であったと解される．しかし，現在及び今後もそうであるとはいえない．ただ，国連憲章が発効した時点では侵略の定義は存在せず，その意味では開かれた規定であった．1974年12月14日，第29回国連総会決議3314（XXIX）第1条は，次のように述べる.「侵略とは，……一国が他国の主権，領土保全若しくは政治的独立に対して武力を行使すること，又は国際連合憲章と両立しない他のいずれかの方法により武力を行使することをいう」．ただし，これは現時点では必ずしも国際的な裁判規範となっているとまではいえない．安全保障理事会決議661（対イラク経済制裁）や，安全保障理事会決議678（対イラク武力行使容認）についても，現在に至るまで多くの異論が存在することはいうまでもない．

2　平和学の課題

▶平和研究と平和学

平和学は，以上紹介してきたような国際法上の戦争違法化の潮流を評価しつつ，さらに進めて平和構築を目的とする試みとして出発した．1924年，国際法・国際政治学者であるクインシー・ライト（Quincy Wright）が，数量的手法を取り入れて，戦争研究と平和の条件設定を行ったことに求められる（A Study of War; revised at 1964）．ブリタニカ国際大百科事典はライトを「平和研究の先駆者の一人」とする．ライトが国際関係論の構築者とされていることからもわかるように，出発点においては，国際関係論の一領域として平和研究が開始されている．

軍事学は戦略論，戦争論の研究であって，早期の戦争終結が当然に探求されている．その意味で，平和状態をもたらすための研究と密接な関わりはあるが，平和それ自体の探求が目的ではない．安全保障論は，最広義には国際関係論，軍事学，国際法学，国際政治学等を包含するけれども，やはり軍事的な紛争を一定の「安全保障」のための体制を前提として考察するものである以上，平和学との関係は密接である．

しかし，以上の概観からすぐにわかるように，出発点における平和学は，一個の体系をもった「学」ではなく，平和に関する多くの研究を包括的に示す学際的なアプローチそれ自体を指すものであった．

ここまで平和学が提唱されるに至った経緯，平和学の体系化に求められている内容を主としてガルトゥングの議論を紹介しながらみてきた．特に国際人権法と憲法の観点，つまり人権保障の視点から平和を考えることが，平和学の体系化に一定の寄与をするものと思われる．そこで，特に重要な視点が，平和と人権の不可分性である．

▶平和学の課題

平和学には，すでに述べたように，消極的平和と積極的平和の双方を達成するための学という，まことに対象の広い目標がある．したがって，体系化を試みるには，視点の限定が一定程度必要となる．ガルトゥングのいう構造的暴力の縮減を全て体系化するのは不可能事に近い．本書は，人権と平和の関係を憲法と国際人権法の視点から考察することで，体系化の一助としたいと考える．

ここで改めて確認しておきたい点がある．

平和学の必要性は，ますます高まっている．2001年のいわゆる9.11事件以来，アメリカ合衆国による，「暴走」ともいえる「対テロ戦争」が行われた．また2008年末，またしても生じたイスラエルの軍事行動．アメリカの大統領もイギリスの首相も，この対テロ戦争に対する批判が1つのきっかけとなって政権の座から去り，イギリスに至ってはさらにその後に首相になったブラウンもまた支持を失ったが，イラクにおける紛争は終結したとは言い難く，ボスニアやイスラエル，中華人民共和国，チベット等々世界には未だに紛争が絶えないことは厳然たる事実である．

戦争を学術的に考察する試みにおいては，元々戦争が起こること自体は防ぎようがないと考えられ，いかにして種々の被害を最小限度にとどめうるかが課題となってきた．それは，政治学や国際関係論の課題でもあり，国際法の課題でもあり，効率的な軍事行動という観点から軍事学の課題でもあった．そして国内法的なこれらへの対応は憲法学，防衛法学，行政法学等の課題ともなってきた．

平和学は，元来こういったアプローチへのアンチテーゼであって，本質的に学際的である．本書では，このような社会状況に対して，社会科学的分析を中心におき，平和学の体系を発展させていくための基盤を作り上げていくことに重点がおかれる．

体系化の作業は，遅きに失するという評価もありうるところである．すなわち，日本平和学会が「グローバル時代の平和学」と題して四冊刊行しており[32]，平和学会の研究報告書が刊行されている他，日本国憲法の理念を積極的に打ち出す教科書の刊行も相次いでいる[33]．

このような従来の成果を受け継ぎつつ，本書は，近年の激動する国際社会の変化を踏まえ，まさにガルトゥングのいう構造的暴力をも対象とした平和学研究が求められている状況を考慮している．こういった平和学の研究方法は，法学，政治学，社会学，経済学といった社会科学諸科学の学際的な検討が要請されることはもちろん，学問の性質上本質的に学際的な環境学，ことに環境システム論の視点にも配慮し，さらに科学基礎論，方法論の哲学的基礎にも関わる．

平和学は，その誕生が冷戦さなかであり，そもそも，日本で刊行されている初学者向けのテキスト類では，体系的な記述よりも教育的配慮を全面に打ち出している著作がほとんどである[34]．そのような中，限られた視点からであっても，その試論を提供することには，教育的視点からも，一定の意義があると解される．

註

1）以下，藤原修，岡本三男編『いま平和とは何か――平和学の理論と実践』；磯村早苗，山田康博編『いま戦争を問う――平和学の安全保障論』；内海愛子，山脇啓造編『歴史の壁を越えて――和解と共生の平和学』；高柳彰夫，ロニー・アレキサンダー編『私たちの平和をつくる――環境・開発・人権・ジェンダー』（すべて法律文化社，2004年刊）．最近の注目すべき文献として，多賀秀敏『平和学入門1』（勁草書房，2020年），黒﨑将広・坂元茂樹・西村弓・石垣友明・森肇志・真山全・酒井啓亘『防衛実務国際法』（弘文堂，2021年）も挙げておく．なお，本書初版以降2011年度～2020年度において大阪産業大学で行った平和学の講義および2018年度以降行ってきた国際人権論の講義経験も反映させている．

2）ガルトゥングによる「構造的暴力」の説明は次のようなものである．“As a point of departure, let us say that violence is present when human beings are being influenced so that their actual somatic and mental realizations are below their realizations”．この説明は，Galtung, J., “Violence, Peace, and Peace Research” *Journal of Peace Research*, 6, 167-191. でなされているものであるが，それほどわかりやすいわけではない．

3）以下，ヨハン・ガルトゥング著，御立英史訳『日本人のための平和論』（ダイヤモンド社，2017年）［第III部構造的暴力と戦争］【9　構造的暴力――戦争がなければ平和なのか？】（132～146頁）より要約・抜粋．

4）ここでガルトゥングは《南ローデシアで気づいたこと》と題して述べている．

5）UDIは，原著には特に説明されていないが，Unilateral Declaration of Independenceのこと．

6）ガルトゥング註3前掲書133頁．

7）同上．

8）ガルトゥング註3前掲書133～134頁．

9）ガルトゥング註3前掲書135頁．

10）同上．

11）ガルトゥング註3前掲書136～137頁．

12)　ガルトゥング註3前掲書137～139頁.
13)　ガルトゥング註3前掲書137～138頁.
14)　ガルトゥング註3前掲書138頁.
15)　ガルトゥング註3前掲書139頁.
16)　ガルトゥング註3前掲書139～141頁.
17)　ガルトゥング註3前掲書141頁．この講演で，は，以下の部分で，国際政治概念のソフト・パワー概念への疑義，宗教と戦争の関係について言及があるが，簡潔に過ぎ，紹介しようとすると全文を紹介せざるを得ず，割愛する．是非著作に直接取り組んでもらいたい.
18)　ガルトゥング註3前掲書所収「10　米国の深層文化――なぜ戦争をするのか？」同書147～169頁.
19)　ガルトゥング註3前掲書164頁.
20)　ガルトゥング註3前掲書166～168頁.
21)　ガルトゥング註3前掲書168～169頁.
22)　ガルトゥング註3前掲書註17前掲講演原注10（260頁）は，以下のように述べている.
「『暴力に関するセビリア声明』（The Seville Statement on Violence）．1986年にユネスコがスペインのセビリアで開催した『脳と攻撃性についての国際コロキウム』において，心理学，生理学，動物行動学，人類学，社会学など11の専門分野にわたる20人の研究者の手によって起草され，1989年のユネスコ総会で，その普及促進が決議された」.
23)　ガルトゥング註3前掲書169頁.
24)　ヨハン・ガルトゥング，藤田明史編著，安斎育郎・伊藤武彦・奥本京子・中野克彦・西山俊彦『ガルトゥング平和学入門』（法律文化社，2003年）参照.
25)　ガルトゥング註23前掲書20頁.
26)　同上.
27)　対話重視のトランセンド法啓発はウェッブサイトでも行われている．〈http://www.transcend.org/〉参照.
28)　ガルトゥングが平和学に大きな影響を与えたのは，トランセンド法の実践的性格とガルトゥング自身が実際の紛争解決との関わりを持っていることが1つの理由である．けれども，なによりも従来の平和「論」とは質的に異なる理論性があったことが大きな理由であると考えられる．その特徴がよく出ているものとして，ここでは以下の二論文を挙げておく．Johan Galtung, “Entropy and the General Theory of Peace” in: *Studies in Peace Research*（Essays I）（Assen, Netherlands）47-75, 381-383; “Peace Thinking” in: *ibid.*, 76-108.

29）隅野隆徳「人類的観点における基本的人権のあり方」『専修法学論集第100号』305頁，特に307〜309頁を参照.

30）人権体系論それ自体についての考察は，本書第2部第3章で扱う.

31）ここで言う国内法は，議会で制定された法律であると，裁判所で確立された判例法であるとを問わない．イギリス法系諸国のコモン・ローと呼ばれる法や，日本やドイツ，フランスのように成文法が発達している諸国においても裁判所や国務院（フランスやベルギー），憲法院（フランス），憲法裁判所（ドイツ）のように各種機関の先例や裁判所の判決が集積されることでおのずと形成されるルール（これを広く判例法と呼称することもできる）は重要である．アメリカは成文法もあるが，判例の集積が元になっている．アメリカの場合は連邦最高裁判所による憲法判例の蓄積も重要である．詳しくは憲法の概説書に譲る.

32）注1）前掲の法律文化社刊の4冊.

33）安斎育郎，池尾靖志編『日本から発信する平和学』（法律文化社，2007年）；川本兼『「日本国民発」の平和学——戦争を否定する根拠は何か』（明石書店，2007年）など.

34）たとえばもっとも簡易なテキストとしてしばしば挙げられる，児玉克哉，佐藤安信，中西久枝『はじめて出会う平和学　未来はここからはじまる』有斐閣，2004年も人権問題にかかわる章がかならずしも体系的な順序で説かれていないといった難点を指摘できる．憲法学及び国際人権法学における人権の基礎を学んだ後に読むことで十分に理解可能であるとも考えられるが，大学の講義としては，必ずしも憲法や国際人権法の講義の受講を前提と出来ないこと（法学部や政治経済学部はともかくとして，それ以外の学部においては望めないことであろうし，工学部等においても平和学は開講されているのである）から，かなりの工夫が必要となってくるはずである．また一般向けの書籍として考えた場合には，一層の考慮が求められるはずである．ただし，ガルトゥングのいう構造的暴力論は，その解決のために，個々の原因探求が求められるため，単一の「学」としての体系を求めるものではない．そういった意味では，社会学の個別的研究が全体として統一性を持った体系を示し得ないのと同様な意味で，平和学の個別的研究を包含した体系を探求するのは不可能なこととも言いうる．本書はあくまで憲法，国際人権法の観点からの限定的な体系化の作業にとどまる.

第2章　国際人道法

▶国際人道法の概要　第2章では，現代，戦争が，少なくとも国連憲章の文言上は違法化された後にも事実上起きていること，事実上生じてしまった戦争をいかにして法的に統制するか，そして人権保護との関係を考える．そうすることによって初めて，法的な視点（特に憲法的・国際法的視点）からの平和の達成を考えることができる．

▶軍事目標主義　攻撃に際しては，軍事目標の攻撃のみが許され，その他の民間物・民間人の攻撃は禁止される．したがって無差別攻撃は人道法の原則に反する．戦闘には合法的戦闘員（lawful combatants）のみが参加できる．ここでいう合法的戦闘員には，正規兵（regular combatants）だけでなく，不正規兵（irregular combatants），すなわち一定の条件を満たした民兵組織（パルチザン）に属する者などをも含む．

▶均衡性の原則　攻撃によって得られる軍事的利益に対し，攻撃によってもたらされる人的・物的損害が過度になってはならない．この意味での均衡性を失した攻撃は違法である．巻き添え（付随的損害）の発生を防ぐことがまず紛争当事者に求められる．

▶不必要な苦痛を防止する原則　戦闘員に対して攻撃によりもたらされる苦痛はできる限り最小でなければならない．したがって，当然軍事目的の達成に不必要な過度の苦痛をもたらす戦術や武器の使用は禁止される．

大まかに言えば以上の3つの原則が現在「国際人道法」と呼ばれるものの中核にある．以下，さらに具体的に見てみよう．

第1節　ハーグ法

1　歴史的概観

ハーグ法（Hague law）は，戦争の手段・方法や武器の使用を制限するルールの総称である．19世紀末にロシア皇帝ニコライ二世がハーグで開いた第一回世界平和会議が起源であるため，このように呼称される．出発点は，既に第1章でも触れたように，1868年のサンクト・ペテルブルグ宣言であって，ロシア皇帝アレクサンドル二世が招集した第二回世界平和会議で採択された．

2　ハーグ法を構成する条約

基本となるのは，① 1907年ハーグ陸戦規則，② 1925年毒ガス議定書，③ 1954年武力紛争時の文化財保護条約，④ 1972年細菌兵器（生物兵器）および毒素兵器の開発・生産・貯蔵等の禁止条約（略称「生物毒素兵器禁止条約」），⑤ 1977年環境改変技術敵対的使用禁止条約，⑥ 1980年特定通常兵器禁止・制限条約，⑦ 1997年化学兵器禁止条約，⑧ 1997年対人地雷禁止条約，さらに類似のものとして，⑨ 軍縮問題に関する条約である，戦略兵器制限交渉，⑩ 弾道弾迎撃ミサイル制限条約，⑪ 核不拡散条約なども挙げることができよう[1]．

▶ハーグ法の概要　武力行使の手段と方法の規制として，ハーグ陸戦規則を中心とした一般的規制規準，条約による特定兵器の禁止，核兵器の抑制について，すなわち，**戦闘手段（兵器）の規制**と，**戦闘方法の規制**とに分けて述べる[2]．

無限定な武器の使用を許すことが悲劇的な結末につながることは，二度の世界大戦で全世界が痛感したところである．この点は古くハーグ陸戦規則においても，交戦国が害敵手段につき「無制限ノ権利ヲ有スルモノニ非ス」（第22条）と規定していた．この点は先に概観したジュネーブ条約第1追加議定書第35条第1項でも再確認されている．

兵器の一般的規制規準となる原則（cardinal principles）が国際司法裁判所により確認されている．不必要な苦痛を与える兵器の使用禁止原則と，文民・民用物と軍事目標とを区別しえない兵器の使用禁止原則である[3]．これが国際司法裁判所の勧告的意見の中で述べられたのは1996年であるが，伝統的に認められてきた慣習法上の規則であった．

第一の原則はハーグ陸戦規則第23条(e)，ジュネーブ条約第1追加議定書第35条第2項で示されている．「不必要な苦痛」（unnecessary suffering）は軍事的効果を越えて人に無用の精神的肉体的苦悶を与えることである．古くサンクト・ペテルブルグ宣言から受け継がれたものである．

第二の原則は，慣習法的に認められてきたもので，軍事目標（military objective）に限定しえない兵器は使用されるべきでないとされてきた．先に触れた国際司法裁判所の勧告的意見でも確認されているが，ジュネーブ条約第1追加議定書第51条第4項(b)で再確認されている．これに加えて，第二の原則の発展ともいえるが，ジュネーブ条約第1追加議定書で明らかにされているように「自然環境に対して広範，長期的かつ深刻な損害を与えることを目的とする又は与えることが予測される戦闘の方法及び手段を用いる」ことが禁止される（第35条第3項）．1980年特定通常兵器使用禁止制限条約前文でもこれが再確認されている．

3　特定兵器の禁止条約

これらの一般的規制に加えて，条約で特定兵器が禁止されている．すでに例示したところからも知られるであろうが，若干具体的に整理しておこう．

① 400g以下の炸裂性または爆発性・燃焼性の物質を充填した弾丸の禁止（1868年サンクト・ペテルブルク宣言）
② 窒息性または有毒性のガス投射物の禁止（1899年毒ガス禁止宣言）
③ 不完全な外包により人体内で開展する弾丸の禁止（1899年ダムダム弾禁止宣言）
④ 水中1時間内に無害とならない浮遊機雷，離繋直後に無害とならない繋維機雷等の禁止（1907年自動触発海底水雷条約）
⑤ 窒息性・有毒性ガスおよびその類似物ならびに細菌学的手段の禁止（1925年ガス使用等の禁止に関するジュネーブ議定書）
⑥ 生物毒素兵器禁止条約（1972年）
⑦ 特定通常兵器禁止・制限条約（1980年・検出不能な破片の利用兵器（第1議定書）・地雷，ブビートラップ等の装置使用の制限・禁止（第2議定書）・焼夷兵器の使用の制限・禁止（第3議定書））
⑧ 化学兵器使用禁止条約（1993年）
⑨ 対人地雷禁止条約（1997年）

核兵器の使用については，1961年に出された国連総会による核兵器使用禁止決議（決議1653（XVI）：米英仏中加伊等の諸国が反対），先にもあげた国際司法裁判所による核兵器使用の合法性事件についての勧告的意見，さらに日本におけるいわゆる原爆判決が参照に値する．ICJの勧告的意見は，核兵器の使用禁止に関する一般的条約や慣習国際法は存在しない．先に触れた兵器の一般的使用に関する原則とほとんど両立しないが，国家存亡の危機のような極限的状況下での使用については確定的に決定できない．国連憲章第2条第4項に違反し，第51条のすべての要請を満たさない核兵器による武力の威嚇または使用は違法である．特に注目されるのは，厳格かつ効果的な国際管理の下において，すべての側面での核軍縮に導く交渉を誠実に行いかつ完結させる義務が存在すると勧告していることである．

なお1963（昭和38）年12月7日東京地方裁判所で下された通称原爆判決（広島・長崎原爆投下事件）においては，原爆投下によって生じた損害賠償請求については棄却したものの，原爆投下当時の広島長崎は防守年に該当せず，当時の国際法からしても違法と解すべきであること，サンクト・ペテルブルク宣言前文，ハーグ陸戦規則第23条(e)にも言及して，戦争法の基本原則に違反していると判示していることが注目される[4)]．

▶小　結　以上の概観からわかるように，実際にはジュネーブ法とハーグ法とは截然と区別できるものではなく，合一化傾向にあり，その名称は由来を示し，概括的な区別を示すに過ぎないことは留意すべきである．

なお，古典的には戦時復仇（belligerent reprisal）に起源を持つ復仇行動（reprisal action）が国際法上の武力紛争法の履行確保方法とされてきた．けれども，これは相手国の法違反があるときに，これを阻止するために相手国に対し法の違反をもって対抗することであって，相手国への事前警告，他の合理的な方法が欠如していること，相手国の先行違法行為との均衡性を満たす必要性がある．ややもすれば際限のない復仇が繰り返される悪循環に陥りかねないのであり，ジュネーブ四条約はこれを大幅に制限している（第1条約第46条，第1追加議定書第51条〜第55条等参照[5)]）．

4　戦争犯罪

最も問題が多いのが，戦争犯罪の定義である．基本的にジュネーブ法にしろハーグ法にしろ，あらかじめ当事国が条約を締結して事前に統制しようとの試みであるのに対して，国内でいう刑法的処罰で対応しようとするのが戦争犯罪による統制である．**広義**では，戦争犯罪には「平和に対する罪」（crime against peace）「人道に対する罪」（crime against humanity）「集団殺害（ジェノサイド）罪」が含まれる．

▶平和に対する罪　これは，国際法上，軍隊を違法に使用すること，違法な戦争を計画し，準備し，開始することを指し，国家元首や政府の中枢人物などが裁かれる．

▶人道に対する罪　戦時・平時を問わず，民間人に対して行われる犯罪の総称であって，殺人・虐待・暴行・奴隷化・レイプ・国外追放・監禁，政治的人種的宗教的理由による迫害，その他非人道的な行為を含む．すぐに気がつくように，一定程度は拷問等禁止条約が対象とし，自由権規約やヨーロッパ人権条約なども人権の観点からこれらを禁止している．

以上2つについては，主としてニュールンベルグ裁判及び東京裁判において裁かれたものであるが，国際法として確立したとまでいえるかは問題がある．各国内における殺人・拷問・非人道的待遇（生物学的実験を含む）「重大な違反行為」については，ジュネーブ条約は自国の裁判所に公訴を提起すべきことを規定している（ジュネーブ第3条約第129条，第130条）．国際刑事裁判所規定第8条にも見られるように，この点は狭義の国際法上の犯罪として位置づけられるにいたっているといえる[6)]．第2節でも若干触れるが，国際刑事裁判所が実効性を持った機関になったとき，平時戦時を問わない人権保障が実現することになる．

▶集団殺害（ジェノサイド）罪　戦時・平時を問わず，特定の民族，人種，宗教集団の全部または一部を破壊するために行われる殺人，身体的・精神的な障害行為などが含まれる．ナチスドイツによるユダヤ人虐殺がこの「罪」を条約で統制しようという動機の根本にあるのは確かであるが，第二次世界大戦後のアフリカ諸国における内戦で生じた行為なども想定されている．

しかし，戦争犯罪というとき，**狭義**では，戦争の法規・慣例への違反行為，ジュネーブ諸条約，同追加議定書への違反行為，ハーグ条約（陸戦法規など）および戦争の法規慣習への違反行為を指し，通常戦争犯罪というときはこちらが想定されている．

第2節　ジュネーブ法

1　歴史的概観

ジュネーブ法（Geneva law）は，戦争により生じる犠牲者を保護・救済するためのルールの総称であり，ジュネーブに本拠を置く赤十字国際委員会が中心となって起草されたものを指す．現在基本となるのは，1949年ジュネーブ諸

条約（四条約）及び1977年ジュネーブ諸条約追加議定書である.[7)]

2　ジュネーブ四条約と追加議定書

具体的には，①戦地にある軍隊の傷者及び病者の状態の改善に関する1949年8月12日のジュネーブ条約（第1条約：通称傷病兵保護条約；Convention (I) for the Amelioration of the Condition of the Wounded and Sick in Armed Forces in the Field. Geneva, 12 August 1949），②海上にある軍隊の傷者，病者及び難船者の状態の改善に関する1949年8月12日のジュネーブ条約（第2条約：通称海上傷病者条約；Convention (II) for the Amelioration of the Condition of Wounded, Sick and Shipwrecked Members of Armed Forces at Sea. Geneva, 12 August 1949），③捕虜の待遇に関する1949年8月12日のジュネーブ条約（第3条約：捕虜待遇条約；Convention (III) relative to the Treatment of Prisoners of War. Geneva, 12 August 1949），④戦時における文民の保護に関する1949年8月12日のジュネーブ条約（第4条約：文民保護条約；Convention (IV) relative to the Protection of Civilian Persons in Time of War. Geneva, 12 August 1949）の四条約である.

これらの四条約を修正するものとして，⑤1949年8月12日のジュネーブ諸条約の国際的な武力紛争の犠牲者の保護に関する追加議定書（ジュネーブ諸条約第1追加議定書；Protocol Additional to the Geneva Conventions of 12 August 1949, and relating to the Protection of Victims of International Armed Conflicts (Protocol I), 8 June 1977），⑥1949年8月12日のジュネーブ諸条約の非国際的な武力紛争の犠牲者の保護に関する追加議定書（ジュネーブ諸条約第2追加議定書；Protocol Additional to the Geneva Conventions of 12 August 1949, and relating to the Protection of Victims of Non-International Armed Conflicts (Protocol II), 8 June 1977）がある.

日本は，これら6つの条約及び議定書を批准し，「国際人道法の重大な違反行為の処罰に関する法律（通称国際人道法違反行為処罰法）」を制定した.[8)]

ジュネーブ法は，「戦闘外にあるすべての人々」を戦闘犠牲者として保護する．具体的には負傷して戦闘行為をやめた戦闘員，投降した戦闘員，捕虜，戦闘行為に参加しない一般住民などが戦闘犠牲者である．ほかに犠牲者の救済活動にあたる衛生部隊や民間の医療従事者，従軍牧師や従軍記者なども非戦闘員として保護される.[9)]

3　ジュネーブ条約共通条項

ジュネーブ第1条約は，第1回赤十字条約に，第2条約は1889年ジュネーブ条約の原則を海戦に応用する条約に，第3条約は1929年捕虜条約に，それぞれ基づいている．第4条約は，第二次世界大戦以前には「陸戦ノ法規慣例ニ関スル条約」の付属規則（ハーグ陸戦規則：1907年）において若干の言及があったに過ぎなかった文民保護を大幅に拡張したものである．

第1条約は64条からなり，軍隊構成員の傷病者，衛生要員，宗教要員，衛生施設，衛生用輸送手段等が保護対象である．条約の保護対象者が敵の権力内に陥ってから，送還が完全に完了するまで適用される．

第2条約は63条からなり，軍隊構成員の傷病者，難船者，衛生要員，宗教要員，病院船等が保護対象である．第1条約と同様の目的の条約であって，それを海戦に適用するための条約である．海上で戦闘が行われている間（上陸した後は第1条約が適用される）適用される．

第3条約は143条からなり，捕虜が保護対象である．捕虜が敵の権力内に陥ってから，最終的に解放され，送還されるまで適用される．

第4条約は159条からなり，紛争当事国又は占領国の権力下にある外国人等を保護するものである．紛争又は占領の開始時から，原則として軍事行動の全般的終了時まで適用される．

ジュネーブ条約は，4つの条約に共通の条文がある．第1条から第3条がそれで，ここでこの3条文を確認しておく[10]．そのうえで，煩をいとわずジュネーブ条約の内容を概観しよう．

第1条〔条約の尊重〕 締約国は，すべての場合において，この条約を尊重し，且つ，この条約の尊重を確保することを約束する．

第2条〔条約の適用〕 平時に実施すべき規定の外，この条約は，二以上の締約国の間に生ずるすべての宣言された戦争又はその他の武力紛争の場合について，当該締約国の一が戦争状態を承認するとしないとを問わず，適用する．

2　この条約は，また，一締約国の領域の一部又は全部が占領されたすべての場合について，その占領が武力抵抗を受けると受けないとを問わず，適用する．

3　紛争当事国の一がこの条約の締約国でない場合にも，締約国たる諸国は，その相互の関係においては，この条約によって拘束されるものとする．更に，それらの諸国は，締約国でない紛争当事国がこの条約の規定を受諾し，且つ，適用するときは，その国との関係においても，この条約によって拘束されるものとする.

第３条〔国際的性質を有しない紛争〕 締約国の一の領域内に生ずる国際的性質を有しない武力紛争の場合には，各紛争当事者は，少くとも次の規定を適用しなければならない.

(1)　敵対行為に直接に参加しない者（武器を放棄した軍隊の構成員及び病気，負傷，抑留その他の事由により戦闘外に置かれた者を含む.）は，すべての場合において，人種，色，宗教若しくは信条，性別，門地若しくは貧富又はその他類似の基準による不利な差別をしないで人道的に待遇しなければならない. このため，次の行為は，前記の者については，いかなる場合にも，また，いかなる場所でも禁止する.

(a)　生命及び身体に対する暴行，特に，あらゆる種類の殺人，傷害，虐待及び拷問

(b)　人質

(c)　個人の尊厳に対する侵害，特に，侮辱的で体面を汚す待遇

(d)　正規に構成された裁判所で文明国民が不可欠と認めるすべての裁判上の保障を与えるものの裁判によらない判決の言渡及び刑の執行

(2)　傷者及び病者（第２条約……傷者，病者及び難船者.）は，収容して看護しなければならない.

2　赤十字国際委員会のような公平な人道的機関は，その役務を紛争当事者に提供することができる.

3　紛争当事者は，また，特別の協定によって，この条約の他の規定の全部又は一部を実施することに努めなければならない.

4　前記の規定の適用は，紛争当事者の法的地位に影響を及ぼすものではない.

4　傷病者保護（第１条約・第２条約）

ジュネーブ第１条約は，自国の権力内にある軍隊の傷病者は，性別・人種・国籍・宗教等による差別なしに，人道的に待遇・看護されなければならないことを規定する（無差別原則）. 本条約の規律対象は軍隊構成員及びその随伴者（従軍記者，需品供給者等）であって，これを「軍人であるか文民であるかを問わず」看護を必要とする者で敵対行為を行わないものを含むとしたのがジュネー

ブ条約第1追加議定書である（第8条第1項）．海上の傷病者保護はジュネーブ第2条約に規定されている．

5　捕虜の資格（第3条約）

捕虜（prisoners of war）は，近代国家成立までは復讐の対象として殺害されるか，奴隷化されるのが常であった．捕虜の地位が見直され始めたのはようやく18世紀にはいってからである．最初の成文化はハーグ陸戦規則第4条及び第20条である．

第4条　俘虜ハ敵ノ政府ノ権内ニ属シ之ヲ捕ヘタル個人又ハ部隊ノ権内ニ属スルコトナシ　俘虜ハ人道ヲ以テ取扱ハルヘシ　俘虜ノ一身ニ属スルモノハ兵器，馬匹及軍用書類ヲ除クノ外依然其ノ所有タルヘシ

第20条　平和克復ノ後ハ成ルヘク速ニ俘虜ヲ其ノ本国ニ帰還セシムヘシ

さきにも触れたように，これが1929年の捕虜待遇条約を経て，ジュネーブ第3条約，1977年の追加議定書へと発展するのである．ジュネーブ第3条約第4条で**捕虜の資格**について定めている．

要旨を示せば，次の部類の一に属する者で敵の権力内に陥ったものである．第一に，紛争当事国の軍隊構成員，及びその一部をなす民兵隊（militias）・義勇隊（volunteer corps）の構成員（4条A(1)），第二に組織的抵抗運動団体（organized resistance movements）を含む，紛争当事国に属するその他の民兵隊及び義勇隊の構成員であって，一定の条件（(a)指揮者が存在すること，(b)特殊表彰（a fixed distinctive sign recognizable at a distance）の装着，(c)公然たる武器の携帯，(d)戦争の法規及び慣例の遵守）を満たすもの（4条A(2)）である．このほかに，A項において「正規の軍隊の構成員で，抑留国が承認していない政府又は当局に忠誠を誓ったもの」（4条A(3)），「実際には軍隊の構成員でないが軍隊に随伴する者，たとえば，文民たる軍用航空機の乗組員従軍記者，需品供給者，労務隊員又は軍隊の福利機関の構成員等」（4条A(4)）も対象としている（「但し，それらの者がその随伴する軍隊の認可を受けている場合に限る．このため，当該軍隊は，それらの者に附属書のひな型と同様の身分証明書を発給しなければならない」（4条A(4)但書））．

さらに「紛争当事国の商船の乗組員（船長，水先人及び見習員を含む．）及び民間航空機の乗組員で，国際法の他のいかなる規定によっても一層有利な待遇の利益を享有することがないもの」（4条A(5)）も含まれる．重要な意義を持つのは，

第１議定書ともかかわるが，「占領されていない領域の住民で，敵の接近に当り，正規の軍隊を編成する時日がなく，侵入する軍隊に抵抗するために自発的に武器を執るもの．但し，それらの者が公然と武器を携行し，且つ，戦争の法規及び慣例を尊重する場合に限る」（４条Ａ(6)）との規定である．

さらにＢ項において，**捕虜に含まれる者**を挙げている．

「被占領国の軍隊に所属する者又は当該軍隊に所属していた者で，特に戦闘に従事している所属軍隊に復帰しようとして失敗した場合又は抑留の目的でされる召喚に応じなかった場合に当該軍隊への所属を理由として占領国が抑留することを必要と認めるもの．その占領国が，その者を捕虜とした後，その占領する領域外で敵対行為が行われていた間にその者を解放したかどうかを問わない」（４条Ｂ(1)）．「本条に掲げる部類の一に属する者で，中立国又は非交戦国が自国の領域内に収容しており，且つ，その国が国際法に基いて抑留することを要求されるもの」（４条Ｂ(2)：「その国がそれらの者に与えることを適当と認める一層有利な待遇を与えることを妨げ」ない旨の但書と具体的な関連条文等が列挙されている）．

第１追加議定書は，民族解放戦争等のゲリラ戦を考慮して資格を拡大している．すなわち，「部下の行動について当該紛争当事者に対して責任を負う司令部の下にある組織され及び武装したすべての兵力，集団及び部隊」を「紛争当事者の軍隊」と定義し（第43条第１項），このような「戦闘員であって敵対する紛争当事者の権力内に陥ったもの」を捕虜とした（第44条第１項）．ただし「戦闘員は，文民たる住民を敵対行為の影響から保護することを促進するため，攻撃又は攻撃の準備のための軍事行動を行っている間，自己と文民たる住民とを区別する義務を負う」（第44条第３項第１文）．戦闘員としての地位の保持は武器の公然たる携帯によって示される（第44条第３項但書）．傭兵には捕虜資格はなく（第47条：傭兵の定義は第47条第２項），さらに敵国の部隊の下で戦闘に参加した自国民について，自国内では捕虜資格がない[11]．

▶捕虜の待遇　捕虜の待遇については，ジュネーブ第３条約第12条～第16条に詳細に規定されている．「捕虜を受け入れた国は，捕虜を自国に抑留している間，この条約を適用する責任を負う」（第12条第２項）．「捕虜は，常に人道的に待遇しなければなら」ない（第13条第１項）．捕虜の生命や身体への重大な危害を加えてはならないことはもちろん（同前），捕虜に対する報復も禁止される（第13条第３項）．「特に，暴行又は脅迫並びに侮辱及び公衆の好奇心から保護しなければならない」（第13条第２項）．捕虜は身体・名誉を尊重される権利を有し（第14条第1項），特に女性に対する考慮が要請される（第14条第2項）．捕虜は，捕虜とされた時点で有していた完全な私法上の行為能力を保持する（第14条第3項）．捕虜は，その健康を維持するに足るよう給養されねばならず，医療の提供を受ける（第15条）．

また，「すべて，抑留国が人種，国籍，宗教的信条若しくは政治的意見に基く差別又はこれらに類する基準によるその他の差別をしないで均等に待遇しなければならない」（第16条：**無差別待遇**）．なお，日本で提起された捕虜待遇に対する補償請求などの裁判においては，理由はさまざまであるが，すべて退けられている[12)]．

6　文民保護（第4条約）

ジュネーブ第4条約はすでに触れたように文民（civilian person）保護に関する最初のまとまった条約である．

けれども，その第4条で「この条約によって保護される者は，紛争又は占領の場合において，いかなる時であると，また，いかなる形であるとを問わず，紛争当事国又は占領国の権力内にある者でその紛争当事国又は占領国の国民でないものとする」（第1項）．「この条約によって拘束されない国の国民は，この条約によって保護されることはない．中立国の国民で交戦国の領域内にあるもの及び共同交戦国の国民は，それらの者の本国が，それらの者を権力内に有する国に通常の外交代表を駐在させている間は，被保護者と認められない」（第2項）．「もっとも，第2編の規定の適用範囲は，第13条に定めるとおり一層広いものである」（第3項）．「戦地にある軍隊の傷者及び病者の状態の改善に関する1949年8月12日のジュネーヴ条約，海上にある軍隊の傷者，病者及び難船者の状態の改善に関する1949年8月12日のジュネーヴ条約又は捕虜の待遇に関する1949年8月12日のジュネーヴ条約によって保護される者は，この条約における被保護者と認められない」（第4項）．

このように規定されていることから明らかなように，基本的に同条約第2編における「住民の一般的保護」を除くと，原則として，紛争当事国の領域および占領地域内にいる敵対国の国民が対象である．紛争当事国内にいる文民に対して退去の権利を否定してはならないこと（第35条），並びに強制移送及び立ち退きを禁止した（第49条）．

なお，国際司法裁判所は，そのパレスチナ占領地域における壁構築の法的効果に関する勧告的意見において，イスラエルがパレスチナ占領地に壁を構築し，自国民を入植させた行為は，占領地への自国文民の追放・移送を禁じている本条約第49条第6項違反となるとした[13]．なお，第1追加議定書は，「紛争当事者の権力内にある者であって諸条約又はこの議定書に基づく一層有利な待遇を受けないもの」についても一定の基本的待遇を与えるべきと規定している（第75条）．

註

1）個別に検討すると膨大な紙幅をとるため，以下ではかなり簡略化した検討を行う．なお，それぞれの条約等の正式英文名称は次の通り．① 1907 Hague Convention IV Respecting the Laws and Customs of War on Land; Annex to the Convention: Regulations Respecting the Laws and Customs of War on Land，② 1925 Geneva Protocol for the Prohibition of the Use in War of Asphyxiating, Poisonous or Other Gases, and of Bacteriological Methods of Warfare，③ 1954 Hague Convention for the Protection of Cultural Property in the Event of Armed Conflict，④ Convention on the Prohibition of the Development, Production and Stockpiling of Bacteriological（Biological）and Toxin Weapons and on Their Destruction，⑤ 1977 Convention on the Prohibition of Military or any other Hostile of Environmental Modification Techniques，⑥ 1980 Convention on Certain Conventional Weapons Which May be Deemed to be Excessively Injurious or to Have Indiscriminate Effects，⑦ 1997 Convention on the Prohibition of the Development, Production, Stockpiling and Use of Chemical Weapons and on their Destruction，⑧ Convention on the Prohibition of the Use, Stockpiling, Production and Transfer of Anti-Personnel Mines and on their Destruction，⑨ Strategic Arms Limitation Talks：SALT Ⅰ・Ⅱ，⑩ Anti-Ballistic Missile Treaty：ABM 条約，⑪ Treaty on the Non-Proliferation of Nuclear Weapons：NPT．

条文自体は各種条約集のほか，外務省条約検索ページで入手できる．なお各条約の原文（英文）については以下から入手できるので参照されたい．

陸戦ノ法規慣例ニ関スル条約，武力紛争時の文化財保護条約，環境改変技術敵対的使用禁止条約，特定通常兵器禁止・制限条約，化学兵器禁止条約〈https://www.icrc.org/〉（ジュネーブ四条約が掲載されている赤十字のサイト）

毒ガス議定書〈https://www.vertic.org/〉

生物毒素兵器禁止条約〈https://www.un.org/disarmament/biological-weapons/〉

化学兵器禁止条約〈https://www.opcw.org/〉

対人地雷の使用，貯蔵，生産及び移譲の禁止並びに廃棄に関する条約〈https://www.un.org/disarmament/anti-personnel-landmines-convention/〉

ABM 条約（外務省の条文要約頁）〈https://www.mofa.go.jp/mofaj/gaiko/arms/mine/kitei.html〉　ただしアメリカは 2002 年に ABM 条約を脱退している．

核不拡散条約（NPT）〈https://www.iaea.org/Publications/Documents/Treaties/npt.html〉

2）　杉原高嶺『国際法講義』（有斐閣，2008 年）635〜640 頁．

3）　核兵器使用の合法性事件（*Legality of the Threat or Use of Nuclear Weapons; ICJ* (1996) 226, at 257, para. 78; at 262, para. 95）薬師寺公夫・坂元茂樹・浅田正彦・酒井啓亘編集代表『判例国際法〔第 3 版〕』（東信堂，2019 年），判例 163（685〜690 頁），杉原註 33 前掲書 635 頁．

4）　原爆判決（東京地方裁判所昭和 38（1963）年 12 月 7 日判決・下級裁民事裁判例集第 14 巻第 12 号 2435 頁）について詳しくは，薬師寺他註 3 前掲判例 161（679〜681 頁）参照．

5）　なおイギリスはジュネーブ条約第 1 追加議定書批准にあたって「第 51 条から 55 条の義務は，イギリスの武力行使の相手当事国がこれらの義務を実直に守るという基礎において受諾する」との宣言を行っており，相手国の不履行があるときはこの義務に拘束されないという条件がはたして許されるかは問題である．締約国からは特段の異議が示されず，以前から存在する留保であるということから問題ないと解する立場がある（杉原註 2 前掲書 645 頁）．

6）　国際刑事裁判については，本書は立ち入る余裕がない．さしあたり尾崎久仁子『国際人権・刑事法概論』（信山社，2004 年）を参照．

7）　ジュネーブ四条約及び議定書（第 3 議定書も）英文は，〈https://www.icrc.org/ihl.nsf/CONVPRES?OpenView〉より入手できる．なお日本語による概説が外務省のサイトにある（〈https://www.mofa.go.jp/mofaj/gaiko/k_jindo/giteisho.html〉）．各種条約集にも邦訳はあるが，外務省の条約検索ページ（〈https://www3.mofa.go.jp/mofaj/gaiko/treaty/〉）及び，防衛省・自衛隊のサイト内（〈https://www.mod.go.jp/j/presiding/treaty/index.html〉）からジュネーブ四条約及び議定書の日本語全文が pdf ファイルで入手できる．

8）　平成 16 年法律第 115 号，平成 16（2004）年 6 月 18 日公布，平成 17（2005）年 2 月 28 日施行．

9）　大沼保昭『国際法　はじめて学ぶ人のための』（東信堂，2008 年〔新訂版〕）585〜588 頁参照．国際人道法について詳しくは，藤田久一『国際人道法』（再増補版，有信堂高文社，2003 年）参照．以下のジュネーブ四条約の概観にあたっては，上記大沼著の他，杉原註(2)前掲に依拠している．国際人道法にかかわる条文は，註(1)でも触れた赤十字のサイト（〈https://www.icrc.org/〉）から入手でき，簡単なコメンタリーも付されていて有益である．なお一般的な参考文献・サイトとして，日本赤十字社サイト〈https://www.jrc.or.jp/about/humanity/index.html〉内，国際人道法の概要（pdf で 48 頁にわたるパンフレットがある），最上敏樹『いま平和とは――人権と人道をめぐる 9 話』（岩波書店〔岩波新書〕，2006 年），井上忠男『戦争のルール』（宝島社，2004 年）．

10）各種条約集にも邦訳はあるが，外務省の条約検索ページ（〈https://www3.mofa.go.jp/mofaj/gaiko/treaty/〉）及び，防衛省・自衛隊のサイト内（〈https://www.mod.go.jp/j/presiding/treaty/index.html〉）からジュネーブ四条約及び議定書の日本語全文が pdf ファイルで入手できる．

11）枢密院司法委員会（Judicial Committee of the Privy Council）1967 年 12 月 4 日判決；*Public Prosecutor v Oie Hee Koi*, 1967, [1968] AC 829）．

12）シベリア抑留等補償請求事件（東京地方裁判所平成元（1989）年 4 月 18 日判決・判例時報 1329 号 36 頁；東京高等裁判所平成 5 （1993）年 3 月 5 日判決・判例時報 1466 号 40 頁；最高裁判所第一小法廷平成 9 （1997）年 3 月 13 日判決・最高裁判所民事判例集第 51 巻第 3 号 1233 頁），イギリス等元捕虜・民間抑留者損害賠償請求訴訟（東京地方裁判所平成 10（1998）年 11 月 26 日・判例時報 1685 号 3 頁；松井芳郎編集代表『判例国際法〔第 2 版〕』（東信堂，2008 年）判例 152（636～640 頁）），オランダ元捕虜等損害賠償請求事件（東京地方裁判所平成 10（1998）年 11 月 30 日判決・判例時報 1685 号 19 頁；東京高等裁判所平成 13（2001）年 10 月 11 日判決・判例時報 1769 号 61 頁；最高裁判所第三小法廷平成 16（2004）年 3 月 30 日判決・判例集未搭載；松井前掲書，判例 153（641～645 頁））．杉原註(2)前掲書 642～643 頁参照．

13）パレスチナ占領地域における壁構築の法的効果（*Conséquences jurisdiques de l'édification d'un mur dans le territorre palestinien occupé*）（2004 年 7 月 9 日；国連総会による諮問；*ICJ*（2004）136; 47 *ILM* 109），薬師寺他註 3 前掲書，判例 151（630～635 頁），杉原註(2)前掲書 643 頁参照．ここでいう ILM は *International Legal Materials* の略語である．

第II部
国際人権保障の基礎と課題

第3章　憲法と人権

第1節　不文憲法国における人権保障
——イギリス——

人権概念は，イギリスにおける civil rights にまで遡る．

古く立憲的秩序が確立されたイギリスは，成文の憲法典（written constitution）を有しないが，憲法的秩序を定める文書はある．マグナ・カルタ（Magna Carta 1215），権利章典（Bill of Rights 1689），王位継承法（Act of Settlement 1701），スコットランド合同法（Act of Union with Scotland 1707），議会法（Parliament Acts 1909 and 1949）．こういった制定法が，イギリスにおいては「憲法」の中核を為す．権利章典は，抽象的な「人権」（human rights）を定めたものではなく，イギリス臣民の権利であった．

ヨーロッパ人権条約に国内法上の効力を付与した1998年人権法（Human Rights Act 1998）が，すでに一種の憲法典であるかについては，まだ議論の余地がある．もっとも，EU からの離脱を意味する Brexit が成立した今，EU 法とヨーロッパ人権条約との関係について論じられてきた多くの論点が，今後イギリスにおいてより複雑な法的問題を惹き起こすであろう[1)]．しかし本章はそのような個別国家における法的問題について論じようとするものではない．ダモクレスの刀ではないが，比較憲法的に（日本にとって）重要な諸国の憲法を参照しつつ[2)]，人権総論体系を確立するための序論的考察をすることが目的である．

さて，人権保障は，歴史的に見れば，このようなイギリスで展開した貴族の，国王に対する権利が，国家権力の干渉を防ぐ「自由権」となり，それが貴族以外の一般市民に拡大することによって，さらに政治的権利も主張され，当初は女性や奴隷が除外されていた「市民」にまさに「全ての人」が含まれるようになって，「社会権」が主張されるようになったと解されている[3)]．

第2節　成文憲法国における人権保障

現在の「人権」観念は，詳細な歴史を検討することは本稿の想定する課題を超えるが，ごく簡単に整理しておきたい[4)]．成文憲法国においても，憲法典（あるいは憲法と扱われる人権法においても）人権それ自体は通常定義されない．ただし，イギリスの人権法，オーストラリアの人権法（正確には人権に関する州法であるが），ニュージーランドの人権法などは，ヨーロッパ人権条約や国際人権規約自由権規約のような人権条約に定められているものが「人権」human rightsである，といった定義の仕方をしている[5)]．他方，アメリカのような古くからの成文憲法国，フランスのように未だに1789年人権宣言が人権宣言文書の基本となっている国における人権観念がある意味結局のところ基礎となっていると言える．

いずれにせよ，人権保障の方式が国により相当に異なっていることは留意されてよい．さらに，国際人権をも考慮に入れて「人権」という発想を理解する場合には，さまざまな問題点が生じる．

次項においては，仮説的な人権の定義を踏まえつつ，人権の分類について整理してみたい．

第3節　人権の性質論・定義

日本国憲法の解釈書では人権は「自然権」であるとする強い主張があるが，その意味するところは必ずしも判然としない．

憲法11条や97条は，「基本的人権」が人類多年に亘る努力の成果であること，現在及び将来の国民に「信託」されたものであることを示しているのに対し，12条は「この憲法が国民に保障する自由及び権利」は，国民の「不断の努力」によって保持すべきものであって，「公共の福祉のために利用する責任を負う」ものであるという．つまり，基本的人権と，憲法が保障する権利は別だ，という読み方は可能ではないか，という主張があるのである．

このような立場から，本来人権とは近世の文芸復興・宗教改革によって明らかにされた，理性の必然（Vernunftnotwendigkeit）であって，近代精神における人類の信念である．したがって，人権は他人に受忍その他の義務を課するものではないし，他人の権利を侵害するものでもない．そのようなことには特別の法的根拠が必要で，理性の必然に認められるところではない．このように，「自然権」的なものとして人権をとらえる立場からは，国家による侵害を防ぐという「自由権」，および各人が自由であることの必然的な結果である平等（権）のみが人権であって，それ以外は，憲法で保障される基本権（にすぎない）というのである．すなわち，人権は憲法典に規定されていようがいまいが保障されるが，基本権は憲法典から削除されれば保障されないことになる[6]．

このような区別は理念的には意味を持つこともあるが，人権は規定に書かれた内容が1つの性質からだけ理解できるようなものではないとの立場から，「人間が人間であることにのみもとづいて當然に，國家や憲法にさきだつて，享有すべきもの[7]」というように人権を定義する説が有力である．もともとは人権というのはキリスト教国において成熟してきた観念で，「神」（God）の存在を前提とした「自然法」という考え方に基づいた観念であったが[8]，日本においてはそもそもキリスト教が必ずしも普及しているわけではなく，日本の憲法の内容を考える時にキリスト教を前提にするのも違和感が大きいので，このような定義の仕方をしているのである．

以上の検討を踏まえ，人権の定義として，仮説的に，次のように捉えておこう．

すなわち，人権とは，国会のつくる法律の力をもってしても侵すことのできない権利で，憲法によって保障されたものである．したがって，「法律の範囲内で」保障される，というような考え方は成り立たない．人権とは，「人間の尊厳」に基づいて認められる，各人の生活上の基本的な利益や要求であって，憲法の保障を受けるものある．このような定義づけを一応の前提として，さらに，現代における国際人権保障の条約整備が進みつつある状況を踏まえて考察すると，さしあたって，次のように言えるであろう．

人権は，一人ひとりの個人的属性，社会的地位等を捨象して，自由かつ平等な個人を確立するための手段といえるが，国際人権法は，むしろこのようなそれぞれの「属性」「社会的地位」に着目して規定を置き，最終的に独立した個人の「人権」を確保しようとするものだといってもよい[9]．

このような人権の性質論・定義は，必ずしも十分に論じられていない[10]．もちろん，様々な性質を有する人権を一括して定義することそれ自体の有用性が疑われるべきで，本稿の主題もそこに存する．

さて，「人権」（human rights）観念が無かったイギリスで，人権と市民的自由に関するヨーロッパ条約・通称ヨーロッパ人権条約違反の判決が続き，同条約は1998年に国内法化された（1998年人権法）．しかし大日本帝国憲法（以下「明治憲法」）時代の日本と同時代のイギリスにおける権利保障状況はこのことと同断には語り得ない[11]．

第4節　人権の分類

日本国憲法は比較的整理された人権条項を有している．すなわち，日本国民の要件（第10条），人権の総則規定（第11条～第14条）を置いた上で，参政権（第15条），請願権（第16条），国家賠償請求権（第17条），人身の自由（第18条）について規定した上で，国家権力が一般市民に対する干渉をしない，という意味での自由権につき規定する（第19条～第23条）．次いで家族に関する規定と婚姻に関する男女平等・対等を定める第24条を置いた上で，いわゆる社会権について規定し（第25条～第28条），さらに古典的自由としての財産権について規定する（第29条）．その上で，納税の義務（第30条）規定をはさんで，裁判に関わる諸規定を置いている（第31条以下）．

こういった諸規定を，大まかに言えば，① 総則的規定（10条～14条，24条），② 自由権（精神的自由権［19条～23条］・経済的自由権［22条・29条］・身体的自由権［18条，31条～39条］），③ 社会権（25条～28条），④ 国務請求権（15条～17条，32条，40条），⑤ 参政権（15条）に類型化するのが有力説といえる．

第5節　人権体系論再考

日本においてしばしば比較憲法の対象として取り上げられてきたのは，議院内閣制の母国としてのイギリスの他，大日本帝国憲法のモデルとして，また多くの憲法学者や行政法学者が留学していたことからドイツ連邦共和国が，日本国憲法のモデルとして，アメリカ合衆国憲法が，フランス人権宣言の存在，フランス革命の影響力の大きさ，憲法の実験国といわれるほど多くのタイプの憲法を経験してきたことからフランスであった．これ以外に，複雑な歴史的背景を持ち，且つユニークな人権分類規準を取るイタリアや，憲法裁判所の母国としてのオーストリア，旧イギリス植民地諸国，いわゆるコモンウェルス諸国のうち，インド，カナダ，ニュージーランド，南アフリカ，オーストラリアなどが，量的に均一とはいいがたいものの，取り上げられてきている．ここで網羅的な検討はしないが，人権保障の方式がこれら諸国において相当に異なっていることは留意されてよい．さらに，国際人権をも考慮に入れて「人権」という発想を理解する場合には，さまざまな問題点が生じてくる．

第3節で述べたように，人権は，一人ひとりの個人的属性，社会的地位等を捨象して，自由かつ平等な個人を確立するための手段といえるが，国際人権法は，むしろこのようなそれぞれの「属性」「社会的地位」に着目して規定を置き，最終的に独立した個人の「人権」を確保しようとするものだといってもよい[12)]．

けれどもすぐに気がつくように，このような整理は相対的なものに過ぎない．そこで日本の憲法学は当初はドイツ憲法学に影響を受け，特にゲオルグ・イエリネック（Georg Jellinek）の提唱した「地位理論」を元に人権分類の基礎とされてきた．イエリネックの「地位理論」は『一般国家学[13)]』，『公権論[14)]』で概略が示されている．理論の基礎が那辺にあるかは「人及び市民の権利宣言[15)]」に示されている．イエリネックの主張は，フランス革命に対する批判的視点も有しつつ，社会学的国家観にたつ点日本の憲法学に多大の影響を与えている．問題は，イエリネックの主張は，あくまで古典的，ローマ法的な status すなわち「身分」を国民の status すなわち「地位」に組み替えようとするものであったことである[16)]．

イエリネックは，臣民の国家に対する関係を，受動的地位・消極的地位・積極的地位・能動的地位の4つに整理したのであり，それを異なる観点から整理しなおしたのが，イエリネックに師事はしたものの学説的には批判的立場をとったハンス・ケルゼン（Hans Kelsen）の分類であった．ケルゼンは，国民の国家に対する関係を受動的関係・能動的関係・消極的関係に整理する．ここで言う消極的関係は，「無関係の関係」とでも言うべきものであり，受動的関係とあわせて，自由権を指すけれども立ち入った検討はなく，国家機関に何らかの形で関わるものをすべて能動的関係として整理しようとするものである．通常「人権」という語で想起される自由権や社会権は体系的には浮かび上がってこないようにもおもわれる[17)]．

イエリネックの影響下にあった美濃部達吉に師事した宮澤俊義は，ケルゼンの議論も参照して「国法により義務付けられる受動的関係」（義務）「国法に対して無関係の関係」（たんなる自由）「国法に対する消極的な受益関係」（自由権）

「国法に対する積極的な受益関係」（社会権）「国法の定立その他国家活動に参加する関係」（能動的関係＝積極的な関係（受益請求権）＋狭義の能動的関係（参政権））という整理を行った[18]．これをさらに換骨奪取して通常行われる整理が，精神的自由権・経済的自由権・人身の自由・国務請求権（受益権）・参政権・社会権という分類である．しかしすぐに気がつくように，この「分類」は規準が一定でなく，理論的に体系だっているわけでもない．歴史的な展開に基本的に沿ってはいる点に一応の利点はあろう．このような分類に対して，近年は渋谷秀樹による次のような分類も提唱されている．それは，身体の所在（移動の自由・人身の自由・刑事裁判上の自由），経済生活（社会権・経済的自由権），精神生活（精神的自由権〈内面的精神活動と外面的精神活動〉），共同生活（集う自由・参政権・救済の保障）のように大きく四分類しようとするものである[19]．

このような日本で展開されてきた分類論を再検討するために有用な理論として，ホーフェルドによる「法的様相の理論」がある[20]．

ホーフェルドは，権利（right）を「請求権（claim right）又は狭義の権利（right *strictu sensu*）」，「自由（liberty）」，「権能（power）」，「免除（immunity）」に分類する．これらの関係を下のように整理する．斜めは反対（opposites）の関係を，垂直方向は相関的（correlative）関係を意味する．

なお，ここでいう「権能」は人の法的地位における変更に影響を与える自由であり，責任（liability）は私がそのような変更に影響を与えない，という無権利である．また，「免除」は，他者がさまざまな側面において法的地位を変更すべきでないという権利であり，「無能力」は，そのような関係における「免除」の地位を変更しない他者の義務である．

ここで，ホーフェルドの議論を参照しつつ憲法上の権利について整理している，スリ・ラトナパーラの議論を引いておこう．簡潔でかつ議論の整理に有用であると解されるからである．

ホーフェルドの命題に対する，公の義務に基づく反論は，２つの重要な見落と

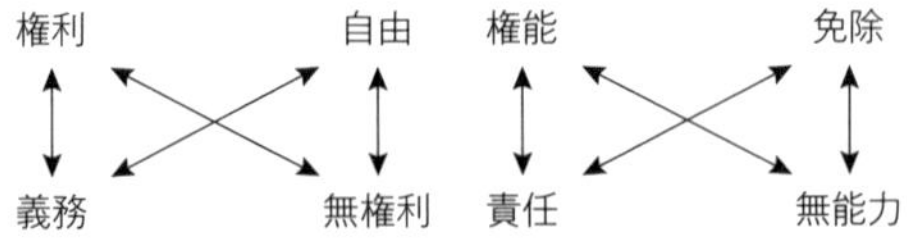

図３－１　権利に関する基本的法概念の連関

しに由来する．

第一に，個人に対して，特定の集団若しくは公衆各々及び全ての公衆に関して同一の義務を課す法は，何も異常なものではない．まさに，集団若しくは公衆各々若しくは全ての公衆に対し，特定個人に対するのと同一の義務を課すような法がなんら異常でないのと同様に．したがって，私は，私が車を運転する時に公衆各々及び全ての公衆に対して注意義務を負っている．全ての公衆は，私の土地を侵害しない個人的義務がある．ホーフェルドの分析は，公的義務と私的義務との間のミスリーディングな二分法を打ち破る長所を持つ．

第二の見落としは，ホーフェルドの分析においては，権利の存在問題（the question of the existence of a right）は，その権利の侵害に対する法的救済の可能性問題（the question of the availability of a remedy for the violation of that right）と区別されていることに関わる．警察官が交通秩序を維持する義務は，自動車運転者が，その警察官が彼又は彼女のその義務を誤って行った場合に迅速な法的救済を受け得ないとしても，自動車運転者に対する警察官の相関的権利を与えるものである．たとえ効果的な法的救済が可能な場合であっても——損害を受けた当事者が損害賠償を訴える事が出来，若しくは特権令状（prerogative writ）を求め得る場合であっても——その法的救済の発動は新たな法的関係をもたらす．

したがって，私は損害賠償を求めて訴える権能を有し，且つ，不法行為者（tortfeasor）は訴えられる責任がある．一旦判決が私に有利になるように下されたら，私は，被告が判決で認められた損害賠償金を私に支払う義務と相関関係にある新たな権利を持つ[21]．

ここで主張されているように，「権利の存在問題」と，「権利侵害に対する法的救済の可能性問題」の区別は重要である．私法上の権利は，まさに権利侵害に対する法的救済の可能性がなければ無意味であるが，憲法上の権利については，この二点を区別して考えなければならないからである．

この点，日本国憲法の解釈として，裁判規範性を持たない憲法上の権利を無意味なものととらえようとする立場[22]は問題である．そもそも憲法は直接の裁判規範ではないのであって，裁判規範性を持つ条文はむしろ例外に属する．

さらに，日本の憲法学においてはあまり明らかにされていないが，法律がなければ権利として無意味になる財産権の意味や，消極的自由権と呼ばれる，通常「国家からの自由」と呼ばれる権利の性質を考えるに当たって，次の指摘は示唆に富む．

> 権利と責任は概念的には区別できるけれども，規範システムにおいては，両者は互いが無ければ存在し得ないことは明らかである．特に自由は，所有権として存在する場合には，他者の義務と相関関係にある権利によって保護される．私の自由は，無能力を含む義務（権能を行使しない義務）が，私に対する関係で他者が持ち出す行為についての法的ルールであるが故に存在する．行為ルールは議会及びその他の国家権力の権能を制限する憲法上のルールを含む．私は，言論に関して，私に対する相関的な権利及び免除を与える議会及びその他の政府機関に対して憲法が課す義務と無能力の範囲内で憲法上の言論の自由を有する．逆に，権利は自由が促進する見地からのものを除き，無意味でもある．私の財産権は他者のそれと相関関係にある義務によって保障されるのであり，財産権は，私が自分のためにそれを用いる自由を許容している範囲を除くと，無意味である[23)]．

なお，社会権の法的性質については，日本の憲法学においては，法的権利説が有力である．立法府が社会権実現のための制度を整備するか否かは政策的な裁量にまかされているというプログラム規定説は否定されるが，社会権実現のための法整備が要請されるとする法的権利説は必ずしもその意義が明確ではないからである．

ここで，ハイエキアンの立場から，ホーフェルドの命題に基づき社会権の意義を整理する次の指摘は重要である．

> 古典的――自由主義的な関心事は，通常，公的な干渉並びに威圧からの自由という意味における消極的自由を保護することにあった．福祉国家理論家は，消極的自由の観念を，欠乏からの自由に拡張しようとしてきた．例えば，彼らは社会保障給付，最低賃金，並びに健康管理と教育を含む自由なまたは補助的な商品若しくはサービスの範囲を確立しようとする．欠乏からの自由という願いは――ある種の実質的な生活条件の意味では――，私たちの生活に対する物理的圧迫の縮減によって，私たちの物理的自由の範囲を拡張しようとの願いである．けれども，この拡張は，国家を含む，他者の規範的若しくは義務論的自由の縮減によってのみ達成されることができる．この縮減は，法が国家を含む人に対して，福祉を変容させ，指定条件にかなう場合にのみ商品及びサービスを提供するような義務を課すことで達成される．自由の概念的可能性を拡張することは，ある種の人の一

部に積極的義務を付加することを要請する．これとは対照的に，規範的若しくは義務論的な自由の拡張は，全ての人に対する消極的義務を課す．[24)]

このようなホーフェルドの命題に基づく整理にはいかなる利点があるかといえば，憲法規定や条約で「自由」と書かれていたり「権利」と書かれていたり，表現がいかなるものであるかということは，その権利の性質を規定しないことが明確になることである．

もちろん憲法規定は歴史的に形成されてきたのであり，憲法が制定された時点で侵害されていると考えられた権利が強調される．アメリカ合衆国連邦憲法第１修正が，国教の樹立禁止，信教の自由，結社の自由，表現の自由をまとめて規定しているのは，イギリスからの独立の根本原因との関連が容易に見てとれる．アメリカ合衆国連邦憲法に影響を受けたオーストラリア連邦憲法は，権利章典を持たないけれども，アメリカ合衆国連邦憲法と同様に，著作権への言及があり，信教の自由についての規定を有する．フランス人権宣言財産権の不可侵を強調するが，第三身分の財産権保障が不十分であったことを反映している．ワイマール憲法が所有権は義務を伴うと規定したのは，私有財産制度が確立していたことを反映していると解される．日本国憲法が刑事手続に関する詳細に過ぎる規定を置くのも（第31条～第40条），戦前特に第二次世界大戦中に過度の人身の自由に対する侵害が行われたことへの反省と解される．

ここで確認すべきは，各国における権利章典はその表面的な規定文言だけで判断されるべきではないということである．しかし，憲法学者や法律実務家は別として，規定がなければ権利保障もないのではないかと考えるのは無理もないことである．人権教育という観点からも，明確な文言で人権の規定が置かれていることは有益である．

憲法は，さまざまな形態をとる．

イギリスはまとまった「憲法典」を持たない．これはニュージーランドも同様である．ニュージーランド同様イギリスの自治領からゆるやかな独立の道をたどったカナダやオーストラリアの憲法は，もともとイギリス議会が制定した法律であった．アメリカ合衆国連邦憲法はイギリスへの対抗という意味も強く，あえて詳細な憲法典が置かれている．挙げていけばきりがないが，憲法典は，改正が容易でないのが普通である．人権条項を憲法典に挿入しようとしても，失敗することもある．典型的なのはオーストラリアであって，憲法典への人権条項挿入が成功していない．しかし立憲主義思想は定着しており，裁判所による違憲審査制も確立しているうえ，議会は人権保障のための法律を制定してきた．その際に参照され且つコンセンサスを得やすいのが国際人権法である．

オーストラリアやカナダのように国内における人権保障について，特に先住民との関係で複雑な歴史的事情があるにせよ，その人権保障の程度が相当に高い国にあっても，国際人権法は一定の意義を持つ．まして人権保障が確立していない国にあってはなおさらである．

先にホーフェルドによる法的様相の理論を紹介したが，実際に憲法の規定や法律の規定を裁判所で適用可能な規範として読み込むのは容易ではない．その隙間を埋める役目を果たすのが国際人権法であるともいえる．従って，第一義的には国際人権法といっても，各国内における適用を前提としているのである．

【基本用語 Column：公布と施行】

「公布」は日本においては官報または公報に掲載されて行われるものであり，成立した法令を公表して一般に人が知りうる状態におくことで，公布の要件を満たさなければ現実に拘束力は無い（昭和 32（1957）年 12 月 28 日最高裁判所大法廷判決・最高裁判所刑事判例集第 11 巻 14 号 3461 頁）．公布の時期は上記官報当を一般人が最初に閲覧・購入できた時点である（昭和 33（1958）年 10 月 15 日最高裁判所大法廷判決・最高裁判所刑事判例集 12 巻 14 号 3313 頁）．施行（「しこう」または「せこう」と読む）は，法令の効力を現実に一般的に発生させることで，「法律は，公布の日から起算して 20 日を経過した日から施行する．ただし，法律でこれと異なる施行期日を定めたときは，その定めによる」（法の適用に関する通則法第 2 条）ものとされている．

註

1）　この論点についてはさしあたり佐藤潤一「ミラー判決と Brexit-EU 基本権憲章の今後と人権保障の課題」榊原秀訓編著『現代イギリスの司法と行政的正義　普遍性と独自性の交錯』（日本評論社，2020 年 2 月）第 3 章参照．

2）　比較憲法それ自体の学問的問題性については佐藤潤一「『憲法』比較の意味と無意味」『大阪産業大学論集　人文・社会科学編』32 号（2018 年 3 月）71～98 頁参照．

3）　イギリスの社会学者，T. H. マーシャルが『シティズンシップと社会的階級』［岩崎信彦・中村健吾訳，法律文化社，1993 年；T. H. Marshall and Tom Bottomore, *Citizenship and Social Class* (London: Pluto Press, 1992（初版 1950)］が比較的簡潔

にこの経緯を示している．なお，イギリスにおいて法令を確認する方法は多岐にわたるが，LexisNexis Butterworths が発行している *Halsbury's Statutes of England and Wales* では，マーシャルの著書を参照して歴史的経緯が開設されている．

4）関連する業績は汗牛充棟といえようが，さしあたりは，ミシュリン・R・イシェイ著，横田洋三監訳，瀧澤美佐子・富田麻里・望月康恵・吉村祥子訳『人権の歴史　古代からグローバリゼーションの時代まで　The History of Human Rights From Ancient Times to the Globalization Era』（明石書店，2008年）の参照を請う．

5）イギリスとオーストラリアにおける人権保障に関する状況についてごく簡単には，佐藤潤一「オーストラリア憲法とイギリス憲法」および松井幸夫「ニュージーランド憲法とイギリス憲法」倉持孝司・松井幸夫・元山健　編著『憲法の「現代化」――ウェストミンスター型憲法の変動』（敬文堂，2016年）「第9章　ウェストミンスター型憲法の変動とコモンウェルス」所収を参照．

6）田上穣治『日本国憲法原論〔新版〕』（青林書院，1985年）．

7）宮澤俊義『日本國憲法』（日本評論社，1955年）187頁．

8）この点については種谷春洋『アメリカ人権宣言史論』（有斐閣，1971年），同『近代自然法学と権利宣言の成立』（有斐閣，1980年），同『近代寛容思想と信教自由の成立』（成文堂，1986年）を参照．

9）これは著者によるまとめではあるが，国際人権法を研究している学者における一定の共通認識といえる．各国での人権保障と国際的な人権保障についてある程度統一的に捉えようとする試みとして，近藤敦『人権法　第2版』（日本評論社，2020年）参照．

10）人権について，ごく簡単には，佐藤潤一「憲法総論の再検討」『大阪産業大学論集　人文・社会科学編』12号（2011年3月）129頁の第3章第4節で触れたことがあるが，ここではより詳細にこの問題を検討している．ただし，内容上やむを得ず重複がある．

11）イギリスにおける市民的自由と人権の関係については，倉持孝司「3．市民的自由」「4．1998年人権法」戒能通厚編『現代イギリス法事典』（新世社，2003年）138～145頁で概観を得ることが出来る．なお本章の第2節以降については，註10前掲拙稿「憲法総論の再検討」註85と重複するが，その後の経緯を踏まえて若干の補足をしている．

12）第5節の内容については，佐藤潤一「人権総論体系再考」『大阪産業大学論集　人文・社会科学編』42号（2021年6月）で詳細に検討している．なお同論文の一部は本書の初版（『平和と人権』）に基づいている部分があるため，一部重複がある．

13）*Georg Jellinek*, Allgemeine Staatslehre, 3. Aufl., 1913, Neudruck, 1966;　芦部信喜他訳『一般国家学』（学陽書房，1976年）．

14）*Georg Jellinek*, System der subjektiven öffentlichen Rechts, 2. Aufl., 1905, Neudruck, 1963;　美濃部達吉閲，木村鋭一・立花俊吉訳『イエリネック公権論』〔第1版（1812

年）の訳〕（中央大学，明治 39（1906）年）.

15）Georg Jellinek, Die Erklärung der Menschen- und Bürgerrechte, 4. Aufl., 1927; 初宿正典編訳『人権宣言論争』（みすず書房，1995 年）所収.

16）石川健治「承認と自己拘束」『現代の法 1 現代国家と法』（岩波書店）31 頁以下，49 頁参照.

17）ケルゼンの権利論は，1 つの論文で体系的に示されているわけではなく，時期による変遷もあって，その理解は容易ではない．新正幸（あたらし・まさゆき）『ケルゼンの権利論・基本権論』（慈学社，2009 年）の参照を請う.

18）宮澤俊義『憲法 II〔新版〕』（有斐閣，1974 年）88～98 頁.

19）渋谷秀樹『憲法』（有斐閣，2007 年），同『日本国憲法の論じ方』（有斐閣，2002 年）参照.

20）Wesley Newcomb Hofeld, "Some Fundamental Legal Conceptions as Applied in Judicial Reasoning"（1913-1914）XXIII *Yale Law Journal* 16-59; Hofeld, "Fundamental Legal Conceptions as Applied in Judicial Reasoning"（1917）XXVI *Yale Law Journal* 710-770. 日本では法哲学者による言及はあるが，憲法学者が人権体系を整理するにあたってホーフェルドに言及することは一般的ではないようである．網羅的に検討したわけではないが，新前掲書，長谷部恭男『憲法〔第 7 版〕』（新世社，2018 年），阪本昌成『憲法理論　II』（成文堂，1993 年）はホーフェルドに言及している．参照すべき研究として，憲法典自体に権利章典が含まれていないこともおそらくは関係するが，オーストラリアにおいては，正面からホーフェルドの権利体系論を取り上げた体系書が存在する．Suri Ratnapala, *Australian Constitutional Law, Foundations and Theory Second Edition*（Oxford University Press, 2007）Ch 11; Ratnapala, *Jurisprudence*（Cambridge University Press, 2009）Ch 11.

21）Ratnapala, *supra* note 65（Australian Constitutional Law）283.

22）松井茂記『日本国憲法〔第 3 版〕』（有斐閣，2007 年）は，いわゆるプロセス憲法学を提唱するが，ここで指摘している誤謬に陥っているのではないかと思われる.

23）Ratnapala, *supra* note 38（Australian Constitutional Law）283.

24）Ratnapala, *supra* note 38（Australian Constitutional Law）284.

第4章　国際人権保障と平和学

第1節　国際人権保障の全体像概観

人権と平和の関係を考えるにあたって，まず日本と密接なかかわりのある国際人権法について概略を説明する．国際的な人権保障が現実に条約の形で結実し始めたのは，その反省からであって，第二次世界大戦後のことである．もちろんそれ以前にも萌芽はあるが，極めて限定されたものであった．第二次世界大戦終結までは，人権保障は主として主権国家の国内問題であると考えられ，各国の憲法典で保障され，裁判所等を通じて実質的に保護されるのが通例であったし，原則として，それは現在も同様である．けれども，第二次世界大戦終結は，特にドイツ・日本・イタリアで顕著であった，ファシズム・全体主義の崩壊を意味した．ナチスドイツによるユダヤ人虐殺は全世界に衝撃を与え，人権を国際的な問題として扱うことの重要性を痛感させたのである．それが次頁年表にみるような種々の人権条約に結実したのである．ただし，アジアには共通の条約は存在しない．ASEAN 憲章のような試みはあるものの，実効的なものとなっているとは言い難い．これは，発達（発展）程度・文化・政治体制の違いが大きな要因となっているといえよう（国際人権保障基本年表参照）．

1　国際人権保障の系譜

第3章で述べたように，人権保障は，イギリスのマグナ・カルタに端を発する長い歴史を持つが，ここではまず第二次世界大戦後の国際的な人権保障の系譜を，日本が当事国となっている条約と日本国憲法を中心に検討しておこう．

▶国連憲章前文　国連憲章前文の第2段は「人間の尊厳」に言及している．これは，ナチスへの反省が現れているものといえる．すなわち，

表 4－1　国際人権保障基本年表

1945. 5.	ナチスドイツ降伏
1945. 6. 25.	サンフランシスコで国連憲章署名．日本は戦争中． （原爆実験がまだ成功していない時期である．）
1945. 10. 24.	国際連合憲章 Charter of the United Nations 発効．国際連合の成立．
1945. 11.	ユネスコ憲章
1946. 11.	日本国憲法
1948	世界人権宣言（組織なし・法的効力なし）国連総会採択（ソ連が反対）
1950	ヨーロッパ人権条約署名のため公開 （世界人権宣言のヨーロッパ地域での具体化）
1952. 3. 20.	ヨーロッパ人権条約発効，ヨーロッパ人権裁判所設立．ヨーロッパ地域での国境を越えた人権保障の実効性の保障．機構・制度ともに最も充実．
1956. 12. 18.	日本の国際連合加盟が承認される． 最初のヨーロッパ人権条約下での判決．
1960	国連総会　植民地独立付与宣言
1966	国連総会　「国際人権規約（A 規約・B 規約）」採択
1969	アメリカ諸国人権条約（米州人権条約）
1976	国際人権規約（A 規約・B 規約）順次実施・施行
1979	国際人権規約（A 規約・B 規約）日本署名・発効
1981	アフリカ諸国人権憲章（Charter）（バンジュール憲章）
2008. 12. 15	アセアン（AEAN）憲章

WE THE PEOPLES OF THE UNITED NATIONS DETERMINED

[...] to reaffirm faith in fundamental human rights, in the dignity and worth of the human person, in the equal rights of men and women and of nations large and small, [omit]

われら連合国の人民は，

〔……〕基本的人権と人間の尊厳及び価値と男女及び大小各国の同権とに関する信念をあらためて確認し，〔以下略〕

ここでいう「人間の尊厳」は，ドイツ憲法が基本原理として採用している（ドイツ基本法第1条）ことからも，ナチスへの反省がその背後にあることが容易に想像できるはずである．ドイツ基本法第1条は「人間の尊厳（Würde des Menschen）は侵されない．これを尊重し，保護することは，すべての国家権力の義務である」と規定しており，上述の国連憲章前文と同様の思想に依っていることを，十分に読み取ることが出来る．

日本における平和と人権の関係を考えるに当たって重要なのが，国連憲章のこの考え方とより明確に類似するものと考えられる，日本国憲法の前文である．

すなわち，日本国憲法前文第2段は，「……全世界の国民が……平和のうちに生存する権利を有する」という普遍命題を掲げているのである．憲法第13条は，日本国民を「個人として尊重」すべきことを規定する．これは大日本帝国憲法下において，「天皇の赤子」たる「臣民」思想が，特に戦時中に強調され，全体主義的傾向を憲法で否定できなかったことに対する反省の趣旨が含まれていると解される．さらに，憲法第24条は，男女の平等と，婚姻制度等における「個人の尊厳」を規定しているが，こちらの規定は，明治以降存在した「イエ制度」の廃止が意図されていた．いずれにせよその共通する思想的な枠組みとして，個人主義思想と，そのことによる民主主義，さらに平和思想とが，憲法前文と，第13条・第24条に共通する理念として存在している[1)]．

▶国連憲章第1条 第2項・第3項

次に再び国際人権の平面に戻り，人権とのかかわりで重要な原則を示している国連憲章第1条をみてみよう．

2. To develop friendly relations among nations based on respect for the principle of equal rights and self-determination of peoples, and to take other appropriate measures to strengthen universal peace;

2　人民の同権及び自決の原則の尊重に基礎をおく諸国間の友好関係を発展させること並びに世界平和を強化するために他の適当な措置をとること．

3. To achieve international cooperation in solving international problems of an economic, social, cultural, or humanitarian character, and in promoting and encouraging respect for human rights and for fundamental freedoms for all without distinction as to race, sex, language, or religion;

3　経済的，社会的，文化的又は人道的性質を有する国際問題を解決することについて，並びに人種，性，言語又は宗教による差別なくすべての者のために人権及び基本的自由を尊重するように助長奨励することについて，国際協力を達成すること．

第1条第2項は民族自決権を，第3項は人種・性・言語・宗教による差別の禁止を目的とした，人権及び基本的自由尊重の助長奨励を規定している．前文とこれらの第1条の規定と密接な関わりを持つのが，ユネスコ憲章である．

▶ユネスコ（＝国際連合教育科学文化機関）憲章 前文

"The Governments of the States Parties to this Constitution on behalf of their peoples declare:

この憲章の当事国政府は，その国民に代つて次のとおり宣言する．

That since wars begin in the minds of men, it is in the minds of men that the defences of peace must be constructed;

戦争は人の心の中で生れるものであるから，人の心の中に平和のとりでを築かなければならない．

That ignorance of each other's ways and lives has been a common cause, throughout the history of mankind, of that suspicion and mistrust between the peoples of the world through which their differences have all too often broken into war;

相互の風習と生活を知らないことは，人類の歴史を通じて世界の諸人民の間に疑惑と不信をおこした共通の原因であり，この疑惑と不信のために，諸人民の不一致があまりにもしばしば戦争となつた．

That the great and terrible war which has now ended was a war made possible by the denial of the democratic principles of the dignity, equality and mutual respect of men, and by the propagation, in their place, through ignorance and prejudice, of the doctrine of the inequality of men and races;

ここに終りをつげた恐るべき大戦争は，人間の尊厳・平等・相互の尊重という民主主義の原理を否認し，これらの原理の代りに，無知と偏見を通じて人間と人種の不平等という教義をひろめることによつて不可避にされた戦争であつた．

That the wide diffusion of culture, and the education of humanity for justice and liberty and peace are indispensable to the dignity of man and constitute a sacred duty which all the nations must fulfil in a spirit of mutual assistance and concern;

文化の広い普及と正義・自由・平和のための人類の教育とは，人間の尊厳に欠くことのできないものであり，且つ，すべての国民が相互の援助及び相互の関心の精神をもつて果たさなければならない神聖な義務である．

That a peace based exclusively upon the political and economic arrangements

政府の政治的及び経済的取極のみに基く平和は，世界の諸人民の，一致した，

of governments would not be a peace which could secure the unanimous, lasting and sincere support of the peoples of the world, and that the peace must therefore be founded, if it is not to fail, upon the intellectual and moral solidarity of mankind ……

しかも承認する誠実な支持を確保できる平和ではない．よつて，平和は，失われないためには，人類の知的及び精神的連帯の上に築かなければならない．〔以下略〕

理念的に優れていたり，文が優れていたりすることが，直ちに実効的であることを意味するわけではない．けれども，条約として結実した文書の冒頭でこのように宣言されていることの意義は決して小さなものではない．なお，ユネスコのウェッブサイト（https://www.unesco.org/）からは多くの情報が得られる．

▶国連憲章 55 条 c

国連憲章 55 条 c は，人権に関する規定を置くが，一般命題であって，加盟国に対する義務を規定するものの，システムとしては非常に弱い規定である．

Article 55　With a view to the creation of conditions of stability and well-being which are necessary for peaceful and friendly relations among nations based on respect for the principle of equal rights and self-determination of peoples, the United Nations shall promote:

[...] c. universal respect for, and observance of, human rights and fundamental freedoms for all without distinction as to race, sex, language, or religion.

第 55 条　人民の同権及び自決の原則の尊重に基礎をおく諸国間の平和的且つ友好的関係に必要な安定及び福祉の条件を創造するために，国際連合は，次のことを促進しなければならない．〔……〕

c　人種，性，言語又は宗教による差別のないすべての者のための人権及び基本的自由の普遍的な尊重及び遵守

そこで一層実効的な人権保障を確保するために，経済社会理事会に対して，第 62 条及び第 68 条で権限及び人権確保のための手続が規定されている．しかし，国際社会は，国内社会とは異なり，全ての国がその判決に従わなければならない法廷も，その法廷が裁判等を行うに際して必要な条約も，特に人権に関

しては，少なくとも国連憲章制定当時整備されていたとは言い難い．

▶世界人権宣言

そこで，国連憲章第68条を実効化するための条約制定が議論された[2]．起草作業は，社会主義諸国の人権に関する意見の相違等もあり難航し，法的拘束力のない「宣言（Declaration）」として合意に達した．世界人権宣言は1948年に発効したが，国際人権規約が制定されるまでにはさらに時間を要した（1966年になってようやく発効した）．

平和と人権の関わりという点では，しかし世界人権宣言は非常に重要な意味を持つ．世界人権宣言はその前文の冒頭で次のように宣言しているのである．「人類社会のすべての構成員の固有の尊厳と譲ることのできない権利とを承認することは，世界における自由，正義及び平和の基礎である」と．

▶ヨーロッパ人権条約

第二次世界大戦後のヨーロッパは，ナチスの復興を恐れていたこと，社会主義への対抗技術が模索されていたこと，アメリカと連繋しつつ，独自の秩序の確立が求められていたこと，などの特徴がある．1949年のアメリカにおけるマーシャル・プランは，石炭・鉄鋼（つまり経済）に関わるものであり，1949年のNATO（North Atlantic Treaty Organization）は軍事に関わる．そして，平和保障と人権保障とに関わって，世界人権宣言がヨーロッパにおいて拘束力ある条約として結実したのが，ヨーロッパ人権条約（ECHR: European Convention on Human Rights）（正式名称は，人権と基本的自由に関するヨーロッパ条約：European Convention on Human Rights and Fundamental Freedoms）である．中心となったのは，ドイツ，フランス，オランダ，イタリア，ルクセンブルク三国（ベネルクス），イギリスであった（ただしイギリスの加入はフランスの反対で遅れ，EC加盟も遅れることになった）．イギリスは，ECに加入するまではEFTA（元大英帝国間経済圏）を中心に国際的な経済活動を行っていた．ヨーロッパ人権条約は，世界人権宣言を拘束力有る条約へと発展させた最初の試みであった．国際人権規約との違いは，なによりも戦争（war）概念が否定されていないところにある（ヨーロッパ人権条約第15条参照）．現在第14議定書まで制定されているが，機構の改革を伴うこの第14議定書は主要締約国で未批准の国もある．

▶国際人権規約

国際人権規約は，1966年12月16日に採択され，1976年1月3日に発効した．すでに1950年に制定されていたヨーロッパ人権条約からの影響も大きい．経済的，社会的及び文化的権利に関する国際規約（いわゆる社会権規約）は，各批准国の発展・取り組みの違いを承認している．他方で，市民的及び政治的権利に関する国際規約（いわゆる自由権規約）は，国内における保障も重視されている．実際，自由権規約に規定されている人権に関しては，各国の保障にあまり相異はない．それぞれの規約には選択議定書がある（日本は批准していない）が，これは規約の実効性を担保することが目的である．人権規約を直接に適用して紛争を解決する国際裁判所はなく，規約人権委員会が「意見」を当事者の請願に基づいて提示する（後述）．実際にはこの「意見」は，国内裁判所の判例のような役割を果たしている．社会権規約第27条の効力発生は35カ国の批准が条件であった．日本については1979年に発効したのであるが，日本政府はあまり積極的ではなく，市民運動の影響が大きかった．

人権規約の構成は，第1部・第2部が総則，第4部が実行機関についての規定である．第1部第1条は社会権規約自由権規約で共通の規定である．第1項は人民の自決権 self-determination という，いわゆる「民族自決権」より広い概念を採用している．これは，「第三世界」の存在への配慮である．発展途上国の「発展の権利」が否定されないよう工夫しているのである．人権規約は国家の主権・独立性を越えた人権保障を目指すものであるが，人権保障を担保するものとしての集団の権利を一定限度で認めることは，人権が個人を基礎としていることからすれば矛盾をはらむものではあるが，国連加盟国のできるだけ多くが参加できるようにするための一種の妥協であるともいえる．さらに，第2項は，経済主権を認めており，アラブ諸国に対する，旧帝国主義国支配からの自由の担保と解される．このような第1条は，世界人権宣言との大きな違いを示している．すなわち，「主権」と「人権」の関係に配慮しているのである．

同じく総則的規定である第2部第2条は，しかし社会権規約と自由権規約とで若干異なる規定を置く．次の表で確認しておこう．

表4－2　国際人権規約の総則規定

2　条	社会権規約	自由権規約
1項	完全な実現の**漸進的達成**とそのための国際協力の重要性	差別の禁止 保証対象は，当該締約国の管轄下にある「すべての個人」
2項	差別の禁止	憲法上の調整・立法措置
3項	外国人の（経済的）取扱	救済措置の整備
3　条	経済的・社会的・文化的権利の男女平等	市民的・政治的権利の男女平等

社会権規約第4条は，経済的・社会的・文化的権利の法律による制限を認める．「民主的社会における一般的福祉の増進」という文言の，意義・役割は，問題となる．すなわち，第4条は，社会権規約の一般的制限条項になるのではないか，との懸念がある．そのため，第5条は，第4条に対する「歯止め」として，第1項で保護の基準を定め，第2項で最大限保障を定めている．

日本との関わりでは「この規約のいずれかの締約国において」“In any state party to the present covenant”との条文の文言は，国際条約ではこのレベルだ，という調子で，制限的に解釈されてしまう事が多く，問題である．

自由権規約第4条は，derogation（免脱）規定と呼ばれるものである．国連憲章は，すでに述べたように戦争概念を否定しており，国際人権規約は戦争を想定していない．すなわち，上述したように，同じ免脱規定であるヨーロッパ人権条約第15条には戦争概念が用いられているが，自由権規約第4条は，国民の安全（the life of the nation（national life））概念が用いられているのである．

以上概観してきた国際人権保障にかかわる条約は，いずれも平和と人権との不可分性を様々な角度からとらえようとしていることがわかる．さらに紛争解決機関として委員会や裁判所を置くことによって，紛争が戦争に至ることのないように多くの工夫がなされている．そこで次に現在国連憲章に基づいて設置されている人権実施機関について簡単に見ておくことにしよう．

2　国連主要機関概説

1．で見たように，現在の国連憲章の下，経済社会理事会に関する条文を軸に，世界人権宣言，その具体化としてのヨーロッパにおけるヨーロッパ人権条約，地域を問わない具体化としての自由権規約と社会権規約が制定されている．

国連の主要機関としては，総会，事務局，安全保障理事会（安保理），国際司法裁判所，経済社会理事会，そして総会の補助機関として人権理事会が設置されている．信託統治理事会は現在活動を停止している．総会には6つの主要委員会が置かれている．軍縮・安全保障（第一委員会），経済・金融（第二委員会），社会・人道・文化（第三委員会），政治・非植民地化（第四委員会），行政・財政（第五委員会），法律（第六委員会）の6つである．また，手続委員会として，一般委員会と信任委員会とが置かれている．

経済社会理事会は非常に広範な権限を有する理事会であって，まず，主要委員会として経済に関する第一委員会，社会に関する第二委員会，調整に関する第三委員会とがある．専門機関としては国際通貨基金（IMF），国際復興開発銀行（IBRD）などがある[3]．地域経済委員会[4]，常設委員会，常設の専門家組織[5]も置かれているが，人権の国際的保障を考える上で重要なのは，経済社会理事会の機能委員会である．

総会と経済社会理事会は，人権問題に関する審議と勧告の権限（国連憲章第13条・第26条）があり，総会の，とくに社会・人道・文化に関する第三委員会は新たなイニシアティブの場になることもある．しかし，おおむね人権に関する各国の主張や立場を表明しあう一般的討議の場である．他方で，従来，経済社会理事会は，人権委員会の行動や決定の追認機関であった．安保理と国際司法裁判所は，その中心的任務に付随する形で人権を問題にすることがあるにとどまる（最近はPKOに関連して若干の進展がある）．従来「人権委員会」が，今後は「人権理事会」が主たる国連の人権機関となる．

▶人権理事会　長年経済社会理事会の機能委員会として人権委員会が置かれ，経済社会理事会で出席しかつ投票する国の過半数により委員が選出されてきた．経済社会理事会の機能委員会としては，他に女性〔日本政府の公定訳は「婦人」〕の地位委員会，犯罪防止・刑事司法委員会，人口開発委員会，社会開発委員会，麻薬委員会，統計委員会などがある．

経済社会理事会の機能委員会として置かれていた人権委員会（Commission on Human Rights）の構成国数は53カ国であり，アジア12カ国，アフリカ15カ国，ラテン・アメリカ11カ国，東ヨーロッパ5カ国，西ヨーロッパその他で10カ国という地理的な配分であった．会期は3～4月にかけて，年1回6週間であり，特別会期の開催は，委員国過半数の要請が必要であった．この人権委員会は，政治化，メンバー国の質など，信頼性と能力の低下が懸念されていた．

2005年，当時のアナン国連事務総長による提案を直接のきっかけとして総会の補助機関としての，人権理事会が生まれた．人権理事会は，2006年3月15日国連総会決議で設置された[6]．賛成170，反対4〈米・イスラエル・マーシャル諸島・パラオ〉，棄権3〈ベネズエラ・イラン・ベラルーシ〉であった．

人権理事会は総会の補助機関であるが，設置から5年以内（2011年まで）に総会が見直すこととされている．理事会構成国は，総会で全加盟国の絶対的過半数により直接かつ個別に選出される．メンバー国数は47カ国であり，アジア13，アフリカ13，ラテン・アメリカ8，東ヨーロッパ6，西ヨーロッパその他7という地理的配分となっている．会期は少なくとも年3回，合計10週間以上で，１年を通じて定期的に会合することになっている．理事国任期は３年であるが，連続２期直後の再選は不可とされる．特別会期の開催は，理事国の３分の１の要請があれば行える．以上の相違点に加えて，人権理事会のみにみられる特徴として，メンバー国の資格停止（総会の３分の２の多数により，重大な人権侵害を行った理事国の権利停止が可能），メンバー国選出の際の考慮基準として人権の促進と保護に対する貢献，自発的な誓約と約束とが要求されていること，メンバー国への要求として，人権の促進と保護の最高基準を保持すること，理事会との十分な協力を行うこと，任期中に普遍的定期審査を受けることが求められ，且つ，すべての国連加盟国に対する個別審査のメカニズムとして，後に述べる普遍的定期審査（普遍的定期レビュー）（Universal Periodic Review: UPR）メカニズムが新設されたことである．

特徴的なのは，NGO，政府間機構，各国の人権機関，専門機関などのオブザーバーも理事会の議事に参加可能であることである．基本的には，人権委員会の権限と責任をそのまま引き継ぐ．なお，人権委員会が国連人権高等弁務官の活動に関連して行っていた役割と責任も引き継ぐ．なお，理事会初会期から１年以内に見直しを行うこととされた．人権理事会の主目的は，「人権に関する対話と協力のための主要な国連フォーラム」である．「活動の焦点は，対話，能力育成，技術支援を通じて，加盟国が人権関連義務を守るのを助けることにあ」る．また，人権分野での国際法の一層の発展のために，総会に勧告を提出することとなっている[7]．

▶普遍的定期的レビュー（UPR）

最も注目されるのは，日本において公定訳が「普遍的定期的レビュー」とされた，The Universal Periodic Review：UPR である．外務省によるまとめに依拠してその概要を述べると，次のようになる．

UPR は，人権理事会の創設に伴い，国連加盟国（192カ国）全ての国の人権状況を普遍的に審査する枠組みとして盛り込まれた制度である．

(1) 国連加盟国各国は４年で全部審査され，人権理事会理事国は優先的に審査される．審査基準は，国連憲章，世界人権宣言，当該国が締結している人権条約，自発的誓約，適用されうる人権法である．

(2) 審査は，１年間に３回，人権理事会の定期会合以外に開催される作業部会の形で行われる．作業部会における審査においては国連加盟国全てが議論に参加し，人権理事会理事国３カ国（くじ引きにより決定．「トロイカ」と呼称される.）が1チームとして被審査国の報告者国となる．NGOも作業部会を傍聴することが可能である．

(3) 各国の審査に要する作業時間は，作業部会における審査に3時間，作業部会における報告の採択に30分，人権理事会本会合における審査結果の検討に1時間が当てられる．

(4) 審査結果としての結果文書は人権理事会本会合で採択される．結果文書は，勧告及び（または）結論と被審査国の自発的誓約から構成される．被審査国及び人権理事会メンバー国，及びオブザーバー国（その他の国連加盟国）は，人権理事会本会議が結果文書を採択する前に右文書についての見解を表明する機会が与えられる．その他NGO等関連のある関係者も，同様の機会に一般コメントを述べる機会が与えられる.[8)]

日本は，すでに報告書を提出しており，それに対する勧告もなされている．詳細は，前期URLより確認出来る．

このUPRに加えて，以下に述べる旧人権委員会の任務は，原則としてそのまま人権理事会に引き継がれる．こちらも今後の運用次第となるが，重要である．

旧人権委員会の任務は，第一に，人権基準の設定である．各種人権条約・宣言などの起草がこれにあたる．第二に，人権の促進である．技術的支援・助言的サービス，広報・教育・研究セミナーなどの啓発的行動がこれにあたる．第三に，人権の保護である．現実に発生する人権侵害に対処する一連の行動をいう．なお人権の促進（promotion）と人権の保護（protection）をあわせて，人権の実施（implementation）という．

人権の実施手続として，従来の調査・審議・苦情申立手続が，人権理事会においてもほぼそのまま引き継がれた．特にここでは，特別手続と苦情申立手続を概観する.[9)]

▶特別手続

特別手続（special procedures）は，専門家集団による活動という視点から，国別公開手続とテーマ別手続とをあわせていうものである．国別手続は，政府によって意図的組織的に引き起こされる人権侵害（特定国の大規模人権侵害事態）に対する取り組みである．これに対して，テーマ別手続は，対象国を特定せず一定種類の重大な人権侵害の事例を扱う手続である．テーマ別手続の例として，強制的非自発的失踪，略式・恣意的処刑，拷問，宗教・信念の自由，傭兵，子供の売買・買春・ポルノグラフィー，恣意的拘禁，国内避難民，現代的形態の人種主義・人種差別・外国人排斥，言論・表現の自由，裁判官・法律家の独立，女性に対する暴力，有害廃棄物の不法移動・投棄，教育への権利，発展への権利，極貧，移民の人権，食料への権利，十分な住居への権利，構造調整政策・対外債務，人権擁護者の状況，先住民族の人権状況などの問題について議論されてきた．

国別手続は，公開手続と，非公開の通報審査手続とに分かれる．

▶公開手続　これは，人権委員会の下で行われていた，旧 1235 手続に該当するもので，基本的には，1967 年の経済社会理事会決議 1235（XLII）に基づく公開審議・調査手続である．これは 1967 年の人権委員会決議 8（XXIII）を承認する形で行われたもので，全ての国における人権侵害問題と題する議題を，人権委員会が毎年審議すること，大規模人権侵害に関する通報を，人権委員会と，差別防止・少数者保護小委員会（人権小委員会）が検討すること，上記の毎年の審議を終えた後，一貫した形態の人権侵害を示す事態について，人権委員会が徹底的な研究を行い，勧告を付して経済社会理事会に報告することである．上記の人権委員会決議 8 は人権委員会の任務を援助するための小委員会の任務を拡大するものであった．この小委員会は当初人権侵害情報報告書を作成することとされたが，南部アフリカの事態と，ギリシャ及びハイチの事態を扱った 1967 年の報告書に対して，第三世界諸国を中心に強い非難が行われたため，報告書は 1967 年のものが最初で最後となっている．主として大規模人権侵害に関する通報を審査した上で，人権委員会の注意を喚起することが小委員会の主たる任務となった．1235 手続は公開で行われたため逆にその利用には限界もあったために，申立手続（旧 1503 手続）が提唱されることになったのである．

▶申立手続　非公開の通報審査手続，すなわち苦情申立手続は，旧 1503 手続に該当する．これは，1970 年の経済社会理事会決議 1503 に基づく非公開の通報審査手続である．現在では単に申立手続と呼ばれている．

個人や NGO からの通報を情報源としてある国の大規模人権侵害事態を非公開で審査しようとするものであるが，アフリカ諸国や，南米諸国が近年とくに問題視されている．

旧人権委員会の下で，「人権の促進及び保護に関する小委員会（人権小委員会）」が置かれていた．これは 1947 年人権委員会により設置されたもので，個人資格の 26 名の委員が，任期 4 年で任命されており，さまざまな作業部会を設けて1235手続や1503手続における専門委員を援助するものであった．例えば先住民族作業部会，現代奴隷制作業部会などが置かれていた．これは人権理事会の下で廃止されたが，同様の役割を担う，専門家による人権理事会諮問委員会が置かれた．

人権理事会が国際的な人権保障を一層促進する機関として活動できるかは今後の推移を見守る必要があろう．

▶人権高等弁務官　国連総会決議48/141により1993年に設置されたもので，すべての人権の促進・保護，発展の権利の実現，助言的サービス・技術的財政的援助の提供，国連の人権教育・広報プログラムの調整，世界中の人権侵害の継続の予防，人権尊重確保のためのすべての政府との対話，国連内の人権の促進・保護活動の調整，人権機構の合理化・強化などを扱う．事務次長と同等のランク付けがなされ，任期は4年である．

3　国連憲章以外の「人権条約」に基づく機関

国連憲章とは独立に作られた諸「人権条約」は，基本的に次のような共通する実施措置を定めている．すなわち，① 報告制度，② 国家通報制度，③ 個人通報制度，④ 調査制度である．以下条約別に概観しよう．人権実態規定に関してはここでは立ち入らない．

▶自由権規約委員会　事務局はジュネーブ国連人権高等弁務官事務所におかれている．自由権規約28条に基づくもので，4年任期で18名の委員が任命される．年3回春夏秋に3週間ずつの会期で開かれる．報告制度はすべての締約国に義務的なものとされる．国家通報制度が自由権規約で定められているが（41条），機能していない．他方で個人通報制度（第1選択議定書）は，一定の役割を果たしている．なお，日本は選択議定書を批准していない．第2選択議定書（死刑廃止条約）の遵守も監視する．

▶社会権規約委員会　事務局は同じくジュネーブ国連人権高等弁務官事務所におかれている．1985年，経済社会理事会決議に基づいて設置されたもので，条約上は経済社会理事会が締約国からの報告審査を行うこととされている（16条）．委員は4年任期で，締約国の指名したリストの中から理事会により選出される．1987年より活動を開始し，1993年以降年2回，各3週間の会期で開かれている．社会権の概念確定と規約の実効性強化をめざすものである．

▶人種差別撤廃委員会　事務局はジュネーブ国連人権高等弁務官事務所におかれている．人種差別撤廃条約が1969年発効し，1970年より活動を開始した．4年任期の18名の委員が置かれている．年2回，3週間ずつの会期で開かれ，締約国に関する報告審査が主な任務である．国家通報・個人通報についても管轄権を持つ．

▶女性差別撤廃委員会　他の人権委員会と異なり，事務局はニューヨーク本部にある女性の地位向上部に置かれ，会期はニューヨークで開かれていた．2008年からは本委員会の事務局も国連人権高等弁務官事務所に置かれることになり，委員会もジュネーブで開かれることとなったが，年1回はニューヨークで開催される可能性もある．これまでのところ委員のほぼすべてが女性である．女性差別撤廃条約は1981年に発効し，1982年に最初の会期が開かれた．4年任期で23名の委員が選ばれ，年2回，3週間ずつの会期で活動する．2000年12月の女性差別撤廃条約選択議定書発効以降，個人通報制度・調査制度の運用が開始された．

▶拷問禁止委員会　事務局はジュネーブ国連人権高等弁務官事務所である．拷問等禁止条約　1987年に発効し，1988年に初めて会合を開いた．1990年以降年2回，2～3週間ずつの会期で，4年任期の10名の委員からなる．全締約国の報告審査，国家通報審査（21条），個人通報審査（22条），そして組織的拷問に関する調査を行う．選択議定書（拷問等の虐待を防止するために拘禁施設への定期的訪問制度を定めている；2002年12月に採択，2006年6月発効）の締約国は限定的である．

▶子どもの権利委員会　事務局はジュネーブ国連人権高等弁務官事務所に置かれている．子どもの権利条約は1990年に発効し，1991年より活動を開始した．1994年以降年3回，3週間ずつの会期で開かれている．締約国報告審査が主たる任務であるが，国連の人権条約の中では締約国数が最大（193カ国）である．4年任期18名の委員で対処している．国連人権高等弁務官事務所，専門機関，ユニセフその他の国連諸機関，NGOが協力している．2000年5月に武力紛争への子どもの関与に関する選択議定書と，子どもの売買・子ども売買春および子どもポルノグラフィーに関する選択議定書が採択された．

▶移住労働者権利委員会　2003年7月に発効した移住労働者権利条約に基づく．4年人気の10名の委員から構成される委員会が通常1年に1回会合する．2004年3月に第1会期を開催．2005年以降は年2会期ずつ開催されている．国家通報制度（76条）及び個人通報制度（77条）はまだ発効していない．

以上の人権に関する諸機関相互の作業の重複・反復を避けるため，年1回，人権条約機関議長会議が開かれている．

4　自由権規約の個人通報制度

本章第1節1で述べた通報制度のうち，各国の人権保障への影響が最も大きいものの1つが，自由権規約の個人通報制度である．第1選択議定書5条3項によって，個人通報の検討は非公開で行われ，審議要録も公開されない．以下簡単に制度の概要を見てみよう[10]．

通報の提出ができる人は，被害者と主張する個人＝自然人である（選択議定書1条）．被害者は，現実に影響を受けている者であり，抽象的法令審査・民衆訴訟は許されない．

訴えの相手方は選択議定書の締約国（選択議定書4条）であるが，通報者は，被害を受けたとされる時点において当該締約国の管轄下にあれば，国籍・所在地の如何にかかわりなく，その国を相手どって通報を提出できる．

ここでいう「管轄下にある」というのは，かなり弾力的に解釈されている．すなわち，個人と締約国との間に，侵害されたと主張される権利を媒介として一定の関係が成り立っていれば，それでよいとされる．

いかなる権利侵害について申し立てができるかであるが，基本的には自由権規約に定められた権利の侵害（選択議定書1条）である．例外は留保されている権利である．ただし，通報提出権の濫用とされる場合もある．

▶許容性審査　国際的な判断機関の常道として，許容性（admissibility）審査が行われている．国連人権高等弁務官事務所が通報を受理すると，必要な基本的情報が記載されているかどうかをチェックし，遺漏があれば通報者にその補塡を求める．次いで自由権規約委員会の指定した通報特別報告者（Special Rapporteur on New Communication and Interim Measures）に通報がゆだねられ，許容性についての予備審査が行われる（受理許容性審査を本案審査と別に行うかどうか，暫定措置（interim measure）が必要かも決定する）．許容性要件を満たす可能性があれば，通報の相手方たる締約国に所見を求め，2カ月以内を目途として返答を求める．締約国からの所見に対して，通報者にコメントをする機会を与え，通報作業部会（the Working Group on Communications）に付託（各会期〈年3回；各3週間〉の前に開かれる）される．許容性要件を満たすと委員全員（5名）の意見が一致すれば正式に通報が受理される．許容性審査を通過すると，正式の本案審査へ移ることになる．この審査に当たっては国内救済手続を尽くしたか，訴えられている事件が十分に立証されているかが重視される．救済手続を尽くしていない，又は十分に立証されていない（insufficiently substantiated）場合には通報提出権の濫用と判断される．

▶本案審査とフォローアップ　本案審査はどのように行われるか．まず委員会は，許容性審査をパスした通報につき，締約国に対して「6ヶ月以内に，問題を明らかにし，かつ，当該国によってとられた救済措置がある場合には，それを明らかにする説明書または声明書を委員会に提出」するよう要請する（選択議定書4条2項）．通報者はこの声明（陳述）に2ヶ月以内で応答する．当該国からの反論があればこのプロセスが繰り返される．通報作部会の勧告を受け，全体会議で最終決定が下される．その判断は「見解（View）」と呼ばれている．

この見解の実効性を確保するフォローアップ措置が1990年第39会期に採択された．

① 違反を認定した見解の中で，どのような救済措置をとったかについて（最長）180日以内に通知するように要請する．
② 回答を寄せなかった，又はなんらの措置もとらなかった国の名を，年次報告書の中で公表する（積極的に救済措置を講じた国も明らかにする）．
③ 定期報告審査を利用して，救済措置についての情報を求める．
④「見解のフォローアップのための特別報告者」を任命．見解採択後の動きについて情報を収集し，必要なフォローアップ手段について勧告する債務を与えられる．

自由権規委員会が出してきた見解（Views）と，一般的意見（General Comments）は委員に選出されている国際法学者が執筆しており，国内法解釈にも参考になる点が多い．また，批准国の人権保障状況による差異を縮減することに大いに役立つものと考えられる．人権保障の到達状況は経済発展の程度，独立してからの年月の経過，立憲主義の定着度等によって差があり，その意味で日本においてはこれら見解や一般的意見が軽視されているが，人権保障を確立することが平和と密接な関係を持つことに思いをいたせば，いっそうの注意が払われるべきである．

第 2 節　日本と国際人権条約

ここでは，日本が批准している条約のうち，国内法秩序にインパクトを与えた難民条約，人種差別撤廃条約，女子差別撤廃条約，子ども（児童）の権利条約，そして拷問等禁止条約について概観し，最後に自由権規約と社会権規約を中心に日本の裁判所における適用状況と，国内人権機関についての問題を論ずる．

1　難民条約

▶難民（refugees） は，一般的には，政治的・宗教的・人種的理由等により本国で迫害を受けるために外国へ逃れる人々をいう．第一次大戦後の白系ロシア難民，ドイツにおけるナチズムの台頭によるユダヤ人難民等の発生が近代における端緒ともいえるが，これに対して国際連盟は，旅行許可証（ナンセン通行証）の発給による旅行資格の保証を行って救済を図った．

第二次世界大戦後，国連総会決議 319（IV）で，国連難民高等弁務官（UNHCR）が設置された．難民高等弁務官は，1951 年からから活動を開始した．

1951 年，難民及び無国籍者の地位に関する国連全権会議において，「難民の地位に関する条約」（難民条約 Convention relating to the Status of Refugees, 189 *UNTS* 137）が採択された（1954 年 4 月 22 日発効）．また，難民の地位に関する議定書（難民議定書 Protocol relating to the Status of Refugees, 660 *UNTS* 267）が作成された（1954 年 10 月 4 日発効）[11]．日本は 1981 年にようやく加入した．ポツダム宣言の受諾に伴い発する命令に関する件に基く外務省関係諸命令の措置に関する法律（昭和 27 年法律第 126 号）第 4 条により法律の効力を有するものとして適用されてきたが，名称が変更されていなかった「出入国管理令」を「出入国管理及び難民認定法」に改正した．

▶難民条約の概要 難民の定義は，refugees の訳語問題でもあるが，日本においては，1978 年のベトナム（インドシナ）難民として問題となった．

元々様々な場面で難民は定義されないまま用いられてきたが，難民条約はあえて難民の定義を置いた.

難民の定義は難民条約第1条A(2)に示されている.「この条約の適用上,『難民』とは,次の者をいう」として,「1951年1月1日前に生じた事件の結果として,かつ,人種,宗教,国籍若しくは特定の社会的集団の構成員であること又は政治的意見を理由に迫害を受けるおそれがあるという十分に理由のある恐怖（well-founded fear）を有するために,国籍国の外にいる者であって,その国籍国の保護を受けることができないもの又はそのような恐怖を有するためにその国籍国の保護を受けることを望まないもの及びこれらの事件の結果として常居所を有していた国の外にいる無国籍者であって,当該常居所を有していた国に帰ることができないもの又はそのような恐怖を有するために当該常居所を有していた国に帰ることを望まないもの」「二以上の国籍を有する者の場合には,『国籍国』とは,その者がその国籍を有する国のいずれをもいい,迫害を受けるおそれがあるという十分に理由のある恐怖を有するという正当な理由なくいずれか一の国籍国の保護を受けなかったとしても,国籍国の保護がないとは認められない」.

わかりやすいとは言えないが,特に定義の中核概念として,生命または自由に対する脅威があげられている.単に経済的な理由による場合は,いわゆる経済難民として,「難民条約」の対象ではないとされる.

さて,特に問題となるのは「迫害」（persecution）の理由である.

「自然災害」「武力紛争」あるいはそれらを原因とする「飢餓」は経済難民との境界線上にある場合もあるが,UNHCRは「条約難民」以上に保護活動の範囲を積極的に広げている（UNHCR管轄下の2020年の難民は8240万人を越える）.参考となるのは,アフリカ統一機構（OAU）総会で採択された「アフリカにおける難民問題の特定の側面を律するアフリカ統一機構条約」第1条(2)である.

そこにおいては,「難民」とは,出身国または国籍国の一部もしくは全部における,外部からの侵略,占領,外国の支配または公の秩序を著しく乱す事件のために,出身国または国籍国の外の場所に避難するために常居所地を去ることを強要される全ての者に対しても同じく適用されるものとされている.

「政治的意見」に関しては,認定の難しさがある.また,「国籍国の外にいる」との要件については,特に国内避難民（Internally Displaced Persons）の存在が問題となる.

なおこの「迫害」要件は客観的なものであることを要するとされるが,特にそれとかかわる「十分に理由のある恐怖」要件について，イギリスの貴族院（現最高裁判所）は，難民の本国の状況を勘案しながら，客観的に決められることが意図されていた[12]もので，難民申請者の主観的恐怖が客観的に正当化されるか否かの審査を要求すると判断したことがある[13]．この判決では結局，迫害を受けるであろうという合理的な程度の見込み（reasonable degree of likelihood）の立証で足りるとされた[14]．同様の判断はアメリカ連邦最高裁によっても示されている．すなわち，証拠によって客観的状況が示されるかぎり，その状況がおそらく迫害をもたらすであろうことを証明する必要はなく，迫害が合理的に起こりうる（reasonable possibility）ことで十分である，それは難民条約をアメリカが批准する前に裁判所において採用されていた基準である，迫害が生じうる明らかな蓋然性規準（the clear-probability-of-persecution standard）と同一である，とされている[15]．

難民条約は，難民に対して保障すべき待遇を消極的保護と積極的保護とに分けて規定している．特に難民条約第34条は帰化について，「締約国は，難民の当該締約国の社会への適応及び帰化をできる限り容易なものとする．〔中略〕特に，帰化の手続が迅速に行われるようにするため並びにこの手続に係る手数料及び費用をできる限り軽減するため，あらゆる努力を払う」と規定する．難民の永住者としての受け入れを義務化しているわけではないが，難民認定を受けたものについて，労働・教育・公的扶助等について一定の保護・待遇を与えるべきものとされる（関連して，難民条約第31条第1項，第32条参照）．

難民条約は難民に保障されるべき人権についても言及しているが（たとえば第16条は難民が裁判を受ける権利を有すると規定する），条文は個別的且つ具体的であり，解説するまでもなかろう（第16条（裁判を受ける権利），第20条（配給），第22条第1項（公の教育を受ける権利の自国民との平等），第23条（公的扶助），第24条（労働法制及び社会保障），制度の整備を求める第13条（動産及び不動産），第21条（住居），第22条2項（初等教育以外の必要な教育の整備），職業や移動の自由を保障する第17条，第26条，第28条等）．

なお，追放・送還からの保護について，先にも触れたように第31条で規定されている．特に最重要規定とされるのが，第32条第1項及び第33条第1項である．第31条第1項で規定された「生命又は自由が脅威にさらされるおそれのある領域の国境へ追放又は送還してはならない」という原則はノン・ルフールマン原則（principle of *non-refoulement*）と呼ばれる．

「生命又は自由が脅威にさらされるおそれ」は，先に見た「迫害の恐怖」（第1条）より客観的で具体的立証を要するとのアメリカ連邦最高裁の判決もあるが（*INS v Stevic*, 467 US 407［1984］），同様と見るべきとの解釈が有力である．ノン・ルフールマン原則が慣習国際法化しているとの立場はかつて否定されたが（尹秀吉事件・東京高等裁判所昭和47（1972）年4月19日判決・判例時報第664号3頁；なお参照，最高裁判所第二小法廷昭和51（1976）年1月26日判決・判例タイムス第334号105頁[16]），むしろ近年ではそのような解釈が有力になりつつある．難民条約を受けて改正された，先に見た出入国管理及び難民認定法第53条第32項は，ノン・ルフールマン原則を国内法化している．

▶ノンルフールマン原則の適用範囲

これに関して適切な判示を行っているイギリス貴族院判決を見てみよう．ウガンダでの迫害を逃れて隣国ケニアに在留していた者（ウガンダ人）がイギリスに亡命を申請した際に，イギリス内務大臣はこれを認めずケニアへの送還を決定した．貴族院は本件の状況判断からケニアへの送還はさらにウガンダへの再送還が見込まれ，それは間接的方法での生命・自由の脅威が待つ国境への送還にあたるので，直接送還と同様に「条約第33条の違反」をなすとしたのである．内務大臣による難民としての庇護の拒否とケニア送還決定は，「上告人がウガンダで迫害を受ける十分に理由のある恐怖を有する（あるいは有しうる）という暗黙の推測にもとづいてなされた」ので，貴族院は，このような状況下での上告人のケニアへの送還決定は，ノン・ルフールマン原則違反となると判示した[17]．

第33条第2項と第1項の関係については，なによりも1967年に出された「領域内庇護宣言」（国連総会決議2312）が問題となる．同宣言は，迫害を逃れる者の「国境での〔入国〕拒否」（rejection at the frontier）を禁止した（3条）．国境での入国阻止が難民条約にいうノンルフールマン原則の精神と合致するかは疑問であるが，この宣言が条約規程を変える効果をもつかどうかも疑問である．

これに関する重要な判決として，1990年代始めのハイチ政変（軍事クーデタによるアリスティド政権の打倒）によって生じたハイチ難民のアメリカへの入国阻止（アメリカの領海外での沿岸警備隊による阻止）が難民条約第33条第1項の規程に反するかが争われた事件に関する判決がある．アメリカ合衆国連邦最高裁はこの規程は領海外（公海）でとる措置に適用されるものではないとしつつ，もしこの原則が国境での入国拒否にも適用されるとすれば，事実上，難民の受け容れを義務づける結果になるとした[18]．この判決に対しては，国連難民高等弁務官が，ノン・ルフールマン原則は場所のいかんを問わず適用されるものであって，本判決は難民法の後退であり，きわめて遺憾な先例であると批判している．

以上簡潔ながら概観したノン・ルフールマン原則の慣習法性は，自由権規約第7条，ヨーロッパ人権条約第3条が，拷問，非人道的もしくは品位を傷つける取扱いを禁止しており，締約国内でのそのような取扱いのみならず，送還・追放等によって生ずる場合も含むと解されていることが1つの参考になる．ヨーロッパ人権裁判所は，送還先の国において「第3条に反する取扱いを受ける実際的危険に直面する」実質的理由があるときの送還は本条約上の国家責任の問題を引き起こすとしつつ，よって「第3条はその者を当該国に追放してはならないとする義務を含む」と判示している[19]．拷問等禁止条約はこの旨を明記（第3条）している．なお日韓犯罪人引渡条約第3条（3条(f)）参照．関連して，国連犯罪引渡モデル条約第3条(b)も参照．

▶日本との関係　難民条約は，その批准が取りざたされただけで国内法の改正を惹起し，インドシナ難民認定のように多大な影響をあたえており，日本国憲法の解釈だけでは限界がある難民の人権保障に大きな影響がある．日本国憲法の人権条項は，権利の性質上日本国民にのみ保障されるものと解されるものを除き広く外国人（日本の国籍法上日本国籍を有しない者全てを含む）に適用されるが（いわゆるマクリーン事件最高裁判所大法廷昭和53（1978）年10月4日判決・最高裁判所民事判例集第32巻第7号1223頁参照），条約批准は判例の展開だけに任せていたのでは決して到達することのできない段階まで保障を引き上げることとなったのである．

2　人種差別撤廃条約

正式には「あらゆる形態の人種差別の撤廃に関する国際条約」（International Convention on the Elimination of All Forms of Racial Discrimination, 660 *UNTS* 195, G.A. res. 2106 (XX), Annex, 20 U.N. GAOR Supp. (No. 14) at 47, U.N. Doc. A/6014 (1966)）である[20]．本条約の背景としては，1959年から1960年にかけてのネオナチズムの活動，南アフリカにおけるアパルトヘイト政策が国際的に批判されていたこと，これに対して，1960年12月12日に「社会生活の政治的，社会的，教育的ならびに文化的分野において，人種的，宗教的，民族的な憎悪が示され，実行されていることは，国際連合憲章ならびに世界人権宣言に違反する」とする決議が国連総会で採択されたことが契機である．国連総会は，「あらゆる形態の人種差別の撤廃に関する国際連合宣言」を採択，国連人権委員会，総会の第三委員会の審議を経て，国連総会で「あらゆる形態の人種差別の撤廃に関する国際条約」を採択した（発効は1969年1月4日）．

日本が条約加入書を寄託したのは，1995年12月15日であり，同20日に公布され，1996年1月14日，日本につき発効した．

以下簡潔に内容を見てみよう．

第一に，「人種差別」の概念が条約第1条第1項で定義されている．すなわち，「この条約において，『人種差別』とは，人種，皮膚の色，世系（descent）又は民族的若しくは種族的出身（national or ethnic origin）に基づくあらゆる区別，排除，制限又は優先であって，政治的，経済的，社会的，文化的その他のあらゆる公的生活の分野における平等の立場での人権及び基本的自由を認識し，享有し又は行使することを妨げ又は害する目的又は効果を有するものをいう」（訳語が問題となるものについては原語を示した）．

第二に，適用除外についても規定されている（第1条第2項）．すなわち，「この条約は，締約国が市民と市民でない者との間に設ける区別，排除，制限又は優先については，適用しない」のである．さらに，国内管轄事項の問題として，「国籍，市民権又は帰化に関する締約国の法規」を挙げているが，もちろん「これらに関する法規は，いかなる特定の民族に対しても差別を設けていないことを条件とする」（第1条第3項）．

第三に，いわゆるアファーマティブアクションも差別とはみなされない（特別措置・第1条第4項）．

以上の原則を受けて，人種差別撤廃のためにとるべき政策〔基本的義務〕（第2条），アパルトヘイトの禁止（第3条），人種的優越主義に基づく宣伝及び団体活動の禁止（第4条）について規定する．

日本についてみると，表現の自由（日本国憲法第21条）との関係で問題もある．実際，日本政府は，本条約の締結が遅れた理由としている（後述）．

本条約は，かなりこまかい場合分けをして人種差別禁止措置をとるべきことを規定している．特に第5条は重要である．差別禁止についてのわかりやすいカタログになっているからである．

さらに権利救済の実効性確保について，公正かつ適切な賠償または救済を裁判所に求める権利（第6条）について規定する．

第8条から第14条には，条約の実施措置についての規定が置かれているが，これについてはすでに紹介した．

さて，先にふれた日本政府の留保について日本政府の立場を紹介しておこう．その前に，該当条文（第４条）を見ておこう．

「締約国は，一の人種の優越性若しくは一の皮膚の色若しくは種族的出身の人の集団の優越性の思想若しくは理論に基づくあらゆる宣伝及び団体又は人種的憎悪及び人種差別（形態のいかんを問わない．）を正当化し若しくは助長することを企てるあらゆる宣伝及び団体を非難し，また，このような差別のあらゆる扇動又は行為を根絶することを目的とする迅速かつ積極的な措置をとることを約束する．このため，締約国は，世界人権宣言に具現された原則及び次条に明示的に定める権利に十分な考慮を払って，特に次のことを行う．

(a)　人種的優越又は憎悪に基づく思想のあらゆる流布，人種差別の扇動，いかなる人種若しくは皮膚の色若しくは種族的出身を異にする人の集団に対するものであるかを問わずすべての暴力行為又はその行為の扇動及び人種主義に基づく活動に対する資金援助を含むいかなる援助の提供も，法律で処罰すべき犯罪であることを宣言すること．

(b)　人種差別を助長し及び扇動する団体及び組織的宣伝活動その他のすべての宣伝活動を違法であるとして禁止するものとし，このような団体又は活動への参加が法律で処罰すべき犯罪であることを認めること．

(c)　国又は地方の公の当局又は機関が人種差別を助長し又は扇動することを認めないこと」．

留保を付した理由について，「これら〔第４条(a)，(b)〕は，様々な場面における様々な態様の行為を含む非常に広い概念ですので，そのすべてを刑罰法規で規制することは，憲法の保障する集会，結社，表現の自由などを不当に制約することにならないか，文明評論，政治評論等の正当な言論を不当に萎縮させることにならないか，また，これらの概念を刑罰法規の構成要件として用いることについては，刑罰の対象となる行為とそうでないものとの境界がはっきりせず，罪刑法定主義に反することはならないかなどについて慎重に検討する必要があります．」「我が国では，現行法上，名誉毀損や侮辱等，具体的な法益侵害又は，その侵害の危険性のある行為は処罰の対象になっていますが，条約第４条の求める処罰立法義務を不足なく履行することは，以上の諸点に照らして，憲法上の問題が生じるおそれがあります．このため，我が国としては憲法に抵触しない限度において，第4条の義務を履行する旨，留保を付することにしたのです.[21]」

日本国憲法の解釈として，このような留保が必要であるか，自ら検討してみることも必要であろう．憲法第13条，第14条，第21条の体系的解釈の問題ともいえる（詳しくは第3部第5章で検討する）.

3　女子差別撤廃条約

▶背　　景　正式には，「女子に対するあらゆる形態の差別を撤廃する条約」（Convention on the Elimination of All Forms of Discrimination against Women, 1249 *UNTS* 13, G.A. res. 34/180, 34 U.N. GAOR Supp. (No. 46) at 193, U.N. Doc. A/34/46）である.[22]

本条約には10年以上にわたる背景がある.

国際社会における進展として，国連憲章前文第2段・第8段・1条3項・13条1項b・55条c・76条c・8条が「男女平等」について規定した．「男女の同権」の扱い方について，国連の女子差別撤廃条約に関するサイトに，簡単な歴史が説明されている.[23]

1967年女子差別撤廃宣言第1条は，「……女子に対する差別は，基本的に不正であり，人間の尊厳に対する侵犯である」と規定した．その後，1976年から1985年が，国連婦人の十年（United Nations Decade for women）とされた（womenを婦人と訳する感覚は現代的な視点からは理解しがたいが，当時はこのように訳され紹介された）．四度にわたる女性会議（1975年・1980年・1985年・1995年）が開かれ，1995年の第四回女性会議が開かれた北京会議は重要である．北京会議における北京宣言及び行動綱領に基づいて北京宣言及び行動要綱実施のための更なる行動とイニシアティブ（A/CONF. 177/20 (1995) and A/CONF. 177/20/Add. 1 (1995)）が，女子差別撤廃条約実施に関する具体的な行動計画を策定しているからである．このような経過を経て，1979年に，女子差別撤廃条約が，国連総会で採択された．発効は1981年9月3日.

▶日本との関係　ポツダム宣言第10項，日本国憲法第11条・第14条・第24条が日本における戦後の男女平等問題の端緒である．当初の大きな問題は，国籍法の規定であった．改正前の国籍法は，男親が日本国籍で，女親が外国籍である場合にはその子が日本国籍を取得するが，男親が外国籍で，女親が日本国籍である場合には子は日本国籍を取得できなかった.

確かに第二次世界大戦以前の血統主義の国籍法では，このような父系血統主義が通常ではあったが，それはこのような法制度が日本国憲法下においても妥当であるとの結論は導かれない．日本は，1980年の女性会議で女子差別撤廃条約に署名し，1985年に批准書を寄託した．

女子差別撤廃条約批准を受けて，国内法が整備された．上述した国籍法が改正され，雇用機会均等法が定められた（ただし，制定後も批判が強く，改正法が1999年4月1日から施行された）．これに加えて，学習指導要領が改訂されている．

▶条約内容

第一に，すでに触れたように，第18条が，政府報告義務を課している．これは事実上大きな影響を国内法に対して与えており，1999年6月23日には，男女共同参画基本法が成立している．第二に，政府による条約義務履行の監視システム・女子差別撤廃委員会のコメントも，個別の判決や法制度の整備に強い影響がある．

以下，条約制定の意義について前文を見たうえで，女子差別撤廃条約の個別規定を見ることとする．

まず，「国際連合憲章が基本的人権，人間の尊厳及び価値並びに男女の権利の平等に関する信念を改めて確認していることに留意」する．そして，世界人権宣言以降の国連人権諸条約の内容を確認する．すなわち，「世界人権宣言が，差別は容認することができないものであるとの原則を確認していること，並びにすべての人間は生まれながらにして自由であり，かつ，尊厳及び権利について平等であること並びにすべての人は性による差別その他のいかなる差別もなしに同宣言に掲げるすべての権利及び自由を享有することができることを宣明していることに留意し」，「人権に関する国際規約の締約国がすべての経済的，社会的，文化的，市民的及び政治的権利の享有について男女に平等の権利を確保する義務を負つていることに留意し」，「国際連合及び専門機関の主催の下に各国が締結した男女の権利の平等を促進するための国際条約を考慮し」，「更に，国際連合及び専門機関が採択した男女の権利の平等を促進するための決議，宣言及び勧告に留意」する．

女子差別撤廃条約の制定意図は，しかしその次の段落に示されている．すなわち，「しかしながら，これらの種々の文書にもかかわらず女子に対する差別が依然として広範に存在していることを憂慮し」，「女子に対する差別は，権利の平等の原則及び人間の尊厳の尊重の原則に反するものであり，女子が男子と平等の条件で自国の政治的，社会的，経済的及び文化的活動に参加する上で障害となるものであり，社会及び家族の繁栄の増進を阻害するものであり，また，女子の潜在能力を自国及び人類に役立てるために完全に開発することを一層困難にするものであることを想起し」，「窮乏の状況においては，女子が食糧，健康，教育，雇用のための訓練及び機会並びに他の必要とするものを享受する機会が最も少ないことを憂慮し」，「衡平及び正義に基づく新たな国際経済秩序の確立が男女の平等の促進に大きく貢献することを確信し」，「アパルトヘイト，あらゆる形態の人種主義，人種差別，植民地主義，新植民地主義，侵略，外国による占領及び支配並びに内政干渉の根絶が男女の権利の完全な享有に不可欠であることを強調し」，「国際の平和及び安全を強化し，国際緊張を緩和し，すべての国（社会体制及び経済体制のいかんを問わない.）の間で相互に協力し，全面的かつ完全な軍備縮小を達成し，特に厳重かつ効果的な国際管理の下での核軍備の縮小を達成し，諸国間の関係における正義，平等及び互恵の原則を確認し，外国の支配の下，植民地支配の下又は外国の占領の下にある人民の自決の権利及び人民の独立の権利を実現し並びに国の主権及び領土保全を尊重することが，社会の進歩及び発展を促進し，ひいては，男女の完全な平等の達成に貢献することを確認し」，「国の完全な発展，世界の福祉及び理想とする平和は，あらゆる分野において女子が男子と平等の条件で最大限に参加することを必要としていることを確信し」，「家族の福祉及び社会の発展に対する従来完全には認められていなかつた女子の大きな貢献，母性の社会的重要性並びに家庭及び子の養育における両親の役割に留意し，また，出産における女子の役割が差別の根拠となるべきではなく，子の養育には男女及び社会全体が共に責任を負うことが必要であることを認識し」，「社会及び家庭における男子の伝統的役割を女子の役割とともに変更することが男女の完全な平等の達成に必要であることを認識し」，「女子に対する差別の撤廃に関する宣言に掲げられている諸原則を実施すること及びこのために女子に対するあらゆる形態の差別を撤廃するための必要な措置をとることを決意して」，条約を制定したのである.

政府の「義務」については，第1条から第16条でかなり細かく列挙されている.

第1条は女子に対する差別を「性に基づく区別，排除又は制限であつて，政治的，経済的，社会的，文化的，市民的その他のいかなる分野においても，女子（婚姻をしているかいないかを問わない.）が男女の平等を基礎として人権及び基本的自由を認識し，享有し又は行使することを害し又は無効にする効果又は目的を有するもの」と定義する．

これを受ける形で，総論的に第2条は「締約国は，女子に対するあらゆる形態の差別を非難し，女子に対する差別を撤廃する政策をすべての適当な手段により，かつ，遅滞なく追求することに合意し，及びこのため次のことを約束する」．として，7項目を列挙する．

(a)　男女の平等の原則が自国の憲法その他の適当な法令に組み入れられていない場合にはこれを定め，かつ，男女の平等の原則の実際的な実現を法律その他の適当な手段により確保すること．

(b)　女子に対するすべての差別を禁止する適当な立法その他の措置（適当な場合には制裁を含む．）をとること．

(c)　女子の権利の法的な保護を男子との平等を基礎として確立し，かつ，権限のある自国の裁判所その他の公の機関を通じて差別となるいかなる行為からも女子を効果的に保護することを確保すること．

(d)　女子に対する差別となるいかなる行為又は慣行も差し控え，かつ，公の当局及び機関がこの義務に従つて行動することを確保すること．

(e)　個人，団体又は企業による女子に対する差別を撤廃するためのすべての適当な措置をとること．

(f)　女子に対する差別となる既存の法律，規則，慣習及び慣行を修正し又は廃止するためのすべての適当な措置（立法を含む．）をとること．

(g)　女子に対する差別となる自国のすべての刑罰規定を廃止すること．

個別条項においては，女子の能力開発・地位向上の確保に関する適切な措置をとること（第3条），いわゆるアファーマティブアクションは差別に当たらないこと（第4条），男女の役割分担の否定および共同責任に関する措置をとること（第5条），売春・搾取の禁止（第6条），政治活動における平等（第7条），国際的活動における平等（第8条），国籍に関する平等（第9条），教育上の差別の撤廃（第10条），雇用差別の撤廃（第11条），保健サービスにおける差別の撤廃（第12条），経済的・社会的活動における差別撤廃（第13条），農村女子に対する差別の撤廃（第14条），法の前の平等（第15条），家庭における差別撤廃（第16条）それぞれについて，非常に具体的な規定を置いている．

上に見た規定のうち，4条は，男女の事実上の平等（*de fact* equality）を本条約が目指していること，すなわち社会生活の現実における平等の実現を目指していることを示している．本規定は２条(a)の男女平等の「実際的な実現」（practical realization）と同義語であると解されている．

問題点として，とくにイスラム諸国による重大な「留保」がある．イスラム教のシャーリアと矛盾する規定に留保しているが，根本的に条約の目的と抵触するのではないかが問題となっている．なお，国連総会は，2010年７月，ジェンダー平等並びに女性のエンパワメントに関する機関（Entity for Gender Equality and the Empowerment of Women: 国連女性機関 UN Women）創設を決議したことは，女性に対する差別を考えるにあたって重要である.[24)]

平等に関する条約（人種差別撤廃条約，女子差別撤廃条約）の内容は，日本国憲法の第14条及び第24条の解釈として成り立ち得るが，他方でしばしば主張されるように，条約の内容を考慮に入れないでよい理由にはならない．特に国籍に関する差別は，条約締結があってはじめて解消されたといっても過言ではない．

4　子どもの権利条約（児童の権利条約）

▶正式名称　本条約の正式名称は Convention on the Rights of the Child（1577 *UNTS* 3, G.A. res. 44/25, annex, 44 U.N. GAOR Supp.（No. 49）at 167, U.N. Doc. A/44/49（1989））であって，公定訳のように「児童の」権利条約と訳すのは問題がある．日本の法律に置いて「児童」概念は通常小学生までの子どもを指すが，本条約は18歳未満の子どもが権利主体とされているからである.[25)]

▶起草まで　起草に約10年かかっている．原型は1959年の子どもの権利宣言．「権利の享有主体」としての「子ども」観について国連内で合意を得るまでには非常に時間がかかっている．1978年，ポーランドが「子どもの権利宣言」（Declaration of the Rights of the Child, G.A. res. 1386（XIV）, 14 U.N. GAOR Supp.（No. 16）at 19, U.N. Doc. A/4354（1959））を法的拘束力ある文書にすることを提案，条約の案文がオーストリア・ブラジルなど７カ国の賛成を経て提出され，無投票で採択された．1979年，人権委員会は非公式作業部会を設置し，条約草案作成作業が開始された．1980年，正規のオープン・エンドな作業部会が設置され，以後毎年開催された．1989年２月に第二読会が終了し，最終案採択され，人権委員会へ送付された．1989年３月から11月にかけて，人権委員会，経済社会理事会，国連総会第三委員会で審議・承認され，1989年11月20日，第44回国連総会で採択された（無投票・全会一致）．1990年9月2日に，批准が規定の20カ国に達し，発効した．

▶特　　徴　本条約については，「自己の意見を形成する能力のある児童がその児童に影響を及ぼすすべての事項について自由に自己の意見を表明する権利」（第12条），「表現の自由についての権利を有する．この権利には，口頭，手書き若しくは印刷，芸術の形態又は自ら選択する他の方法により，国境とのかかわりなく，あらゆる種類の情報及び考えを求め，受け及び伝える自由を含む」（第13条第1項），という表現の自由に関する規定，「思想，良心及び宗教の自由」（第14条），「結社の自由及び平和的な集会の自由」（第15条），「その私生活，家族，住居若しくは通信に対して恣意的に若しくは不法に干渉され又は名誉及び信用を不法に攻撃されない」とする（第16条第1項），これらの規定が，年齢による考慮規定や父母又は法定保護者の指示を与える権利と義務についての規定も置かれているとはいえ（たとえば第14条第2項），成人の市民的自由を子どもにも認めたという点で多大の関心を呼んだ．

▶条約の構成　条約本体は，条約の由来や基本原理等を述べる前文，締約国の義務など実体条項を定める第一部（第1条～第41条），条約を広報する締約国の義務（第42条）や子どもの権利に関する委員会の設置など手続条項を置く．第43条～第45条からなる第二部，条約改正などについて述べる第三部（第46条～第54条）からなる．

児童（子ども）の定義は第1条に置かれ，すでに触れたように18歳未満はすべて対象となる．次いで締約国の一般的義務（第2条～第4条），児童の権利の行使方法（第5条）などの規定が置かれている．実際には低年齢の子ども（日本語としてはまさに「児童」）の権利保護に関連して，児童が家族から分離されない権利（第9条～第11条），養子縁組や施設への入所といった，虐待・放置などから児童を保護するための措置（第18条～第21条），困難な状況にある児童についての規定（第22条，第32条～第41条）が置かれているのに加え，他の国際法との関係についても規定する（第42条）．

▶選択議定書　「武力紛争における児童の関与に関する『児童の権利条約』選択議定書」（Optional Protocol to the Convention on the Rights of the Child on the involvement of children in armed conflicts, G.A. Res. 54/263, Annex I, 54 U.N. GAOR Supp. (No. 49) at 7, U.N. Doc. A/54/49, Vol. III (2000)）が2002年2月12日に発効した．条約本体の第38条を具体化するものである．ただし，第2項，

第3項が15歳未満の軍隊への採用を禁止し，15歳以上18歳未満については最年長者を優先するよう努めるとして，そもそも18歳未満の者を軍隊に採用する余地を残していることについては批判がある（年齢問題）．日本は2004年に批准した．

また，「児童の売買，児童買春および児童ポルノに関する『児童の権利条約』選択議定書」（Optional Protocol to the Convention on the Rights of the Child on the sale of children, child prostitution and child pornography, G.A. Res. 54/263, Annex II, 54 U.N. GAOR Supp.（No. 49）at 6, U.N. Doc. A/54/49, Vol. III（2000））が2002年1月18日に発効している．

日本が児童ポルノの輸出国であること，児童買春ツアーをアジアに送り出す加害国であることなどから，本議定書批准前にも同様の目的をもった「児童買春等処罰法」が1999年11月から施行されており，2005年には本議定書を批准した．ただし，関連する国内立法について，刑法の明確性の観点から問題も生じている．さらに，実際のモデルがいるのではない，成人が成人に向けて描くマンガやアニメーション，絵画での表現をも規制対象にしようとの試みがあり（2010年に提案された東京都青少年保護育成条例改正案），規制対象の漠然不明確さから，表現行為に対する過度の萎縮効果があるのではないかという懸念が広まっていることには留意すべきである．

5　拷問等禁止条約

▶由　　来

本条約制定の由来は，前文に簡潔に示されている．すなわち，「国際連合憲章において宣明された原則によれば，人類社会のすべての構成員の平等のかつ奪い得ない権利を認めることが世界における自由，正義及び平和の基礎を成すものであることを考慮し」，「これらの権利が人間の固有の尊厳に由来することを認め」，「人権及び基本的自由の普遍的な尊重及び遵守を助長すべき義務を国際連合憲章，特にその第55条の規定に基づいて諸国が負っていることを考慮し」，「何人も拷問又は残虐な，非人道的な若しくは品位を傷つける取扱い若しくは刑罰を受けないことを定めている世界人権宣言第五条及び市民的及び政治的権利に関する国際規約第七条の規定に留意し」，「また，1975年12月9日に国際連合総会で採択された拷問及び他の残虐な，非人道的な又は品位を傷つける取扱い又は刑罰を受けることからのすべての人の保護に関する宣言に留意し」，「拷問及び他の残虐な，非人道的な又は品位を傷つける取扱い又は刑罰を無くすための世界各地における努力を一層効果的なものとすることを希望して」制定されたものである．正式には「拷問及び他の残虐な，非人道的な又は品位を傷つける取り扱い又は，刑罰に関する条約」(Convention against Torture and Other Cruel, Inhuman or Degrading Treatment or Punishment, 1465 UNTS 85, G.A. res. 39/46, [annex, 39 U.N. GAOR Supp. (No. 51) at 197, U.N. Doc. A/39/51 (1984)]) である.[26)]

▶概　　要

第1条は，「拷問」を，「身体的なものであるか精神的なものであるかを問わず人に重い苦痛を故意に与える行為であって，本人若しくは第三者から情報若しくは自白を得ること，本人若しくは第三者が行ったか若しくはその疑いがある行為について本人を罰すること，本人若しくは第三者を脅迫し若しくは強要することその他これらに類することを目的として又は何らかの差別に基づく理由によって，かつ，公務員その他の公的資格で行動する者により又はその扇動により若しくはその同意若しくは黙認の下に行われるもの」と定義する．その上で，拷問には，「合法的な制裁の限りで苦痛が生ずること又は合法的な制裁に固有の若しくは付随する苦痛を与えることを含まない」とする（第1条第1項）.

適切な立法・行政・司法上の措置をとるべきこと（第2条第1項）を最初に規定する．そして，「戦争状態，戦争の脅威，内政の不安定又は他の公の緊急事態」は本条約の適用除外を主張する根拠とならないこと（第2条第2項），従来しばしばエクスキューズに用いられてきた「上司又は公の機関による命令」を，「拷問を正当化する根拠として援用することはできない」と規定したことは注目される（第2条第3項）.

第3条は難民条約と関連の深い，「いずれの者をも，その者に対する拷問が行われるおそれがあると信ずるに足りる実質的な根拠がある他の国へ追放し，送還し又は引き渡してはならない」（第1項）との規定を置いている．第4条～第9条は，このような意味での拷問に関して刑法上の犯罪とすべきこと，引渡し犯罪とすべきこと，等を詳細に規定する．さらに，刑法に規定すべき内容，関連する教育の整備等について第10条～第16条で規定している.

第2部（第17条以下）はすでに述べた拷問等禁止委員会の設置とその活動について，第3部（第25条以下）は雑則を定めている．本条約は1984年の第39回国連総会において採択され，1987年に発効した．日本は1999年に加入している.

▶政府報告と拷問等禁止委員会の見解　日本政府は，第1回政府報告の中で，出入国管理及び難民認定法の改正，刑事施設及び受刑者の処遇等に関する法律改正について報告した上で，条約違反は存在しないとの報告を行っているが，委員会からは，次の諸点で批判を受けている．

第一に，条約の定める拷問の定義が刑法に採用されていないという批判である．

第二に，国内での適用に関する情報が欠けているとの批判である．これには戦時における適用についても触れられており，平和学の観点から注目される．

第三に，司法権の独立について特に裁判官の独立保障が法制上明確でないとの指摘がある．

第四に，「従軍慰安婦」問題について，時効適用によって国の責任を認めなかったことに対して批判されている．

第五に，ノン・ルフールマン原則が遵守されていないとの批判がある．

第六に，代用監獄について，また，捜査，刑事手続について詳細な批判がなされている．

第七に，死刑制度の運用について懸念を示している．その他，刑事実務担当者に対する人権教育の問題，ジェンダーとかかわる問題等について指摘されている．

これに対して，日本政府は，特に第五点と第六点については詳細に反論しているが，刑事手続の運用，代用監獄制度についての日本政府の説明は，あまり説得的ではない．

6　日本における国際人権法の実施状況

本章第2節1～5では，個別の人権条約について見てきたが，最後に，国内判例の状況と国内人権機関について整理しておく．

▶判　　例　結論を先にまとめておくと，まず，国内の裁判所においては，自由権規約にしても社会権規約にしても，少なくとも最高裁の判例においては，実効性を持っているとはいえない．日本は，条約について，特に国内法への変形を必要としない．一般的受容の形態であり，公布されることによって国内法的効力を持つ．しかし，それが裁判所において直接適用可能であるかということとは結びつかない．直接適用可能である場合，自動執行性を持つ条約（self-executing treaty）といわれる．社会権規約については，いわゆる塩見訴訟において，社会権規約第9条について，個人に対し具体的権利を付与すべきことを定めていないと判示している（平成8（1996）年5月29日最高裁判所第一小法廷判決・判例時報第1363号68頁）．

直接適用可能かどうかではなく，法律や憲法の解釈にあたって人権規約を参照するという，いわば間接適用といってもよい例は，民法第900条第4号が定める非嫡出子相続分違憲訴訟判決の反対意見で初めてみられたところである．同規定を合憲と判断した判決の反対意見（中島敏次郎，大野正男，高橋久子，尾崎行信，遠藤光男の各裁判官）は，次のように述べている（平成7（1995）年7月5日最高裁判所大法廷判決・最高裁判所民事判例集第49巻第7号1789頁）．

「……我が国が昭和54年に批准した，市民的及び政治的権利に関する国際規約26条は『すべての者は，法律の前に平等であり，いかなる差別もなしに法律による平等の保護を受ける権利を有する．このため，法律は，あらゆる差別を禁止し……出生又は他の地位等のいかなる理由による差別に対しても平等のかつ効果的な保護をすべての者に保障する．』と規定し，さらに我が国が平成6年に批准した，児童の権利に関する条約2条1項は『締約国は，その管轄の下にある児童に対し，児童又はその父母若しくは法定保護者の……出生又は他の地位にかかわらず，いかなる差別もなしにこの条約に定める権利を尊重し，及び確保する．』と規定している」．「以上の諸事実及び本件規定が及ぼしているとみられる社会的影響等を勘案するならば，少なくとも今日の時点において，婚姻の尊重・保護という目的のために，相続において非嫡出子を差別することは，個人の尊重及び平等の原則に反し，立法目的と手段との間に実質的関連性を失っているというべきであって，本件規定を合理的とすることには強い疑念を表明せざるを得ない」．

また，婚姻関係にない日本国籍の父とフィリピン国籍の母の間の子で，出生後に父に認知された子が国籍を取得できない，当時の国籍法第3条第1項の規定が日本国憲法第14条第1項に反するとの画期的違憲判決を下した平成20（2008）年6月4日最高裁判所大法廷判決・最高裁判所民事判例集第62巻第6号1367頁・判例時報第2002号3頁）は，「諸外国においては，非嫡出子に対する法的な差別的取扱いを解消する方向にあることがうかがわれ，我が国が批准した市民的及び政治的権利に関する国際規約及び児童の権利に関する条約にも，児童が出生によっていかなる差別も受けないとする趣旨の規定が存する．

さらに，国籍法3条1項の規定が設けられた後，自国民である父の非嫡出子について準正を国籍取得の要件としていた多くの国において，今日までに，認知等により自国民との父子関係の成立が認められた場合にはそれだけで自国籍の取得を認める旨の法改正が行われている」．「以上のような我が国を取り巻く国内的，国際的な社会的環境等の変化に照らしてみると，準正を出生後における届出による日本国籍取得の要件としておくことについて，前記の立法目的との間に合理的関連性を見いだすことがもはや難しくなっているというべきである」と指摘する．

このように，わずかではあるが人権規約や各種人権条約に言及して判決を下す例も現れつつある．けれども，刑事訴訟法第405条及び第406条は，原則として上告理由を憲法違反と判例違反にのみ認めておらず，民事訴訟法第312条及び第318条は上告理由を憲法違反と絶対的上告理由にのみ認め，法令解釈に関する重要事件については，上告受理の申立理由とすることはできても，認められるとは限らない．条約違反は，訴訟法上最高裁まで係属しないのが通常である[27]．

▶国内人権機関　すでに見たように，各種人権条約は，国内救済手続を完了させることを要求している．ここでいう救済手続は当然裁判所によるものを含むけれども，1993年に，国連総会は，「国内人権機関の地位に関する原則」(パリ原則) を採択している．ここでいう国内人権機関とは，「① 人権保障のために機能する既存の国家機関とは別個の公的機関で，② 憲法または法律を設置根拠とし，③ 人権保障に関する法定された独自の権限をもち，④ いかなる外部勢力からも干渉されない独立性をもつ機関の総称」，とされる[28]．その後1993年のウィーン宣言，1995年の国連人権センター (現人権高等弁務官事務所) による『国内人権機関　国内人権機関の設置と強化に関する手引き書』[29]が出されている．日本は，人権擁護委員制度[30]を設けているが，その不十分さが指摘されてきている[31]．

註

1） 本書第1章第2節2で検討した「積極的平和と日本国憲法」も参照．

2） 世界人権宣言起草過程については Francesca Klug, “The Universal Declaration of Human Rights: 60 years on” 2009 *PL* [April] 205-217 参照．

3） 経済社会理事会の専門機関をここで列挙しておく．国際通貨基金 (IMF)，国際復興

開発銀行（IBRD）（IBRDの下に投資紛争解決国際センター（ICSID）と多数国間投資保証機関（MIGA）が置かれている），国際金融公社（IFC），国際開発協会（IDA），国連食糧農業機関（FAO），世界保健機構（WHO），国連教育科学文化機関（UNESCO），国際労働機関（ILO），国際電気通信連合（ITU），万国郵便連合（UPU），国際民間航空機関（ICAO），国際海事機関（IMO），世界気象機関（WMO），世界知的所有権機関（WIPO），国際農業開発基金（IFAD），国連工業開発機関（UNIDO），国連世界観光機関（UNWTO）.

4）地域経済委員会には，アジア・太平洋経済社会委員会（ESCAP），西アジア経済社会委員会（ESCWA），アフリカ経済委員会（ECA），ラテン・アメリカ・カリブ経済委員会（ECLAC）がある．常設委員会には，計画調整委員会（CPC），政府間機関交渉委員会，天然資源委員会，人間居住委員会，非政府機関委員会がある.

5）常設の専門家組織には，国連犯罪防止委員会，開発計画委員会（CDP），開発への科学技術適用諮問委員会（ACASTD），危険物輸送専門家委員会，租税国際協力専門家グループ，社会権規約人権委員会がある.

6）国際連合広報センターサイト内の〈https://www.unic.or.jp/activities/humanrights/hr_bodies/hr_council/〉で人権理事会の概要が確認できる．人権理事会については，戸塚悦朗『国連人権理事会――その創造と展開』（日本評論社，2009年），Kevin Boyle ed., *New Institutions for Human Rights Protection*（Oxford University Press, 2009）Chapter 1（12-46）［The United Nations Human Rights Council: Origins, Antecedents, and Prospects by Kevin Boyle］を特に参照.

7）以下，阿部浩己・今井直・藤本俊明『テキストブック国際人権法〔第3版〕』（日本評論社，2009年）181頁以下，Gerhard von Glahn, James Larry Taulbee, *Law among Nations: An Introduction to Public International Law*（Longman, 2010）p. 398ff; Ian Brownlie, *Principles of Public International Law*, Seventh Edition（Oxford University Press, 2008）pp. 555-558を参照.

8）〈https://www.mofa.go.jp/mofaj/gaiko/jinken_r/upr_gai.html〉より．若干言葉を補った.

9）Boyle ed., *supra* note 6（*New Institutions for Human Rights Protection*）Chapter 2（49-92）［The United Nations Human Rights Council, Its Special Procedures, and Its Relationship with the Treaty Bodies: Complementarity or Competition?］

10）阿部他註(7)前掲書第5章参照．先例も簡潔にまとめられており，有意義である.

11）難民条約につき，簡潔には，〈http://www.unhcr.or.jp/jp/〉および，〈https://www.mofa.go.jp/mofaj/gaiko/nanmin.html〉から入手できる資料を参照．英文条文は〈https://www2.ohchr.org/english/law/pdf/refugees.pdf〉で全文を読むことができる．以下の難民条約についての整理に当たっては，Rhona K. M. Smith, *Textbook on*

International Human Rights, 4th edition（Oxford University Press, 2010）阿部他註(7)前掲書第1章，杉原高嶺『国際法学講義』（有斐閣，2008年）第16章IVに依拠している．

12）*Reg. v Secretary of State for the Home Department, Ex parte V. and Reg. v. Secretary of State for the Home Department, Ex parte T.*［1988］1 AC 958, at992, per Lord Keith of Kinkel. 判決文は，〈http://www.publications.parliament.uk/pa/ld199798/ldjudgmt/jd970612/vandt01.htm〉でも入手できる．

13）［1988］1 AC 958, at 1000, per Lord Goph.

14）［1988］1 AC 959, at 994, per Lord Keith of Kinkel.

15）*Immigration and Naturalization Service [INS] v Stevic*, 467 US 407, at 414, 424-425［1984］. 判決文は，〈http://supreme.justia.com/us/467/407/case.html〉でも入手できる．

16）尹秀吉事件については，松井芳郎編集代表『判例国際法〔第2版〕』（東信堂，2008年）56（230～234頁）を参照．

17）*Reg v Home Secretary, Ex p. Bugdaycay*［1987］1 AC 514, 532 per Lord Bridge of Harwich. なおこの判決は国連自身が難民条約の解釈として参照すべきものとしている．

UN High Commissioner for Refugees（UNHCR）, *Refugee Protection in International Law: UNHCR's Global Consultations on International Protection*, 2003, available at〈https://www.refworld.org/docid/4bed15822.html〉［accessed 30 July 2021］参照．

18）*Sale v Haitiani Centers Council, INC.*, 509 US 155［1993］.

19）*Chahal v United Kingdom*, 1996, EHRR, Vol 23［1997］; 70/1995/576/662, Council of Europe: European Court of Human Rights, 15 November 1996 at 455, para. 74. 本判決はヨーロッパ人権裁判所のサイトHUDOCから入手できる．また，やはり難民条約の解釈上重要な判決として国連自身が紹介している．

20）人種差別撤廃条約つき，簡潔には阿部他註(7)前掲書26頁，外務省の人種差別撤廃条約解説頁〈https://www.mofa.go.jp/mofaj/gaiko/jinshu/〉，条文は〈https://treaties.un.org/〉，または〈http://www2.ohchr.org/english/law/index.htm〉を参照．

21）外務省「Q&A 人種差別撤廃条約」『時の動き』（1996年3月号）68～69頁．

22）女子差別撤廃条約の簡潔な概観と条文は〈https://www.mofa.go.jp/mofaj/gaiko/josi/〉及び〈http://www2.ohchr.org/english/law/cedaw.htm〉を参照．Woman を「女子」と訳出することには疑問もあるが，日本では価値中立的に用いられることもあるため（成人男性を指す用語として「男子」を用いることもないではない），ここでは一応公定訳に従う．もっとも近年の男女同権にかかわる法律は「男性」「女性」といった用語を用いるのが普通である（例えば「雇用の分野における男女の均等な機会及び待遇の確保等に関する法律」は男性労働者，女性労働者，といった用語を用いている）．したがってその点からすると本来「女性に対する差別」「女性差別」の方が訳語として適切であると考えられる．

23）　女子差別撤廃条約制定史について〈http://www.un.org/womenwatch/daw/cedaw/history.htm〉を参照．

24）　UN Women については，〈https://www.unwomen.org/〉を参照．

25）　子ども（児童）の権利条約（Convention on the Rights of the child）は 1989 年 11 月 20 日の国連総会決議 44/25 で起草及び署名のため公表された．

26）　拷問等禁止条約につき，簡潔な概観と条文の公定訳は外務省のサイト〈https://www.mofa.go.jp/mofaj/gaiko/gomon/〉を参照．

27）　したがって各種人権条約に関する判断は地方裁判所や高等裁判所によるものが主である．この点について，阿部他註(7)前掲書 38〜51 頁を参照．

28）　阿部他註(7)前掲書 66〜67 頁．

29）　邦訳は，山崎公士監修『国内人権機関——国内人権機関の設置と強化に関する手引き書』（解放出版社，1997 年）．

30）　簡潔な概観は，法務省のサイト〈https://www.moj.go.jp/shingi1/shingi_011221_refer04.html〉から得られる．

31）　主要人権条約と日本における国内人権機関の状況について，阿部他註(7)前掲書 68〜70 頁参照．

第III部
日本における平和と人権

第5章　ヘイトスピーチ規制の現状と課題

問題の所在

世論と司法の動向にようやく国会議員が動き，超党派的な「ヘイトスピーチ」を縮減させる施策として，いわゆる「ヘイトスピーチ」解消法が制定された[1]．

さて，国際人権規約自由権規約には，政治的権利に関する外国人「区別」を肯定する解釈を許す規定があり（たとえば13条[2]），他方で，人種差別撤廃条約の規定が要請する憎悪言論規制に関して，条約批准当初から日本政府は，表現の自由（憲法21条）との関係で問題があると主張して留保してきた．こういった事情に鑑みて，ヘイトスピーチ解消法は，ヘイトスピーチ解消の必要条件ではあるが十分条件とは言い難い．

ヘイトスピーチ解消法の制定によっていささか進展したように見える現在の日本におけるヘイトスピーチ規制は，しかし種々の点で問題を抱えている．

法的課題としては，日本国憲法においては「外国人」の権利については明文がなく，最高裁判例（マクリーン事件）による日本国憲法解釈論としての権利性質論の意義とともに，近年しばしば指摘されるような限界を意識し，また世界人権宣言や国際人権規約自由権規約が，政治的権利に関する外国人「区別」を肯定する規定を有することをどのように評価するかとの問題がある．さらに，難民条約や拷問等禁止条約を批准しているにもかかわらず，その実施に様々な問題があることは周知の事実である[3]．これらすべての課題を，ヘイトスピーチ規制の法的検討という視点で考察する[4]．

第1節　「ヘイトスピーチ」解消法を考えるための視点

1　歴史的視点の欠如

第一の問題点として，歴史的視点の欠如を挙げることができる．ヘイトスピーチ解消法の法案提出者や法務省が前提しているのはこの問題が「近年」

「近時」の問題であるということである[5]．しかし日本の植民地支配と，その結果としての多くの特別永住者の存在が，ヘイトスピーチを行っている人々と無関係であるはずがない．ヘイトスピーチを行う者の多くが「在日特権」なる虚構を信じ込んでいる[6]一事が典型的な反証である．

歴史学者の板垣竜太は法務省が 2014 年の国連人種差別撤廃委員会による勧告に対応して開始したヘイトスピーチ対応の啓発事業を行っていることに対して，的確な批判を行っている[7]．

この勧告に対する法務省の啓発事業として配布されているパンフレット（ポスターデータ）には次の文言がある．

「近年，特定の民族や国籍の人々を排斥する差別的言動がいわゆるヘイトスピーチであるとして社会的関心を集めています．こうした言動は，人々に不安感や嫌悪感を与えるだけでなく，人としての尊厳を傷つけたり，差別意識を生じさせることになりかねません[8]」．

このような政府の啓発事業に関して，板垣が指摘する問題点は３つある．すなわち，第一は，「『近年』といういい方」であり，第二は「『ヘイトスピーチ』が特殊言動であるかのように書かれてい」る点であり，そして第三が「あたかも法務省はこのヘイトスピーチないしはレイシズムの当事者ではない，少なくとも『やる側』ではないという，当事者意識のなさとでもいうべきもの」だという点である[9]．これをさらに，次の二点に集約する．第一は「法務省は『歴史』と『現在』を切りはなし，『特殊な団体』による『特殊な現象』ということで切りとってとらえてい」[10]る点であるる．しかし，「これは必ずしも新しいとはいえない，歴史的な現象である[11]」．そして「これが社会的・制度的なレイシズムの問題であるということ[12]」が問題であるとする．「レイシズムには，国家的なレベルのものと，社会のレベルのもの，個別的な事件として起こるものなど，さまざまなレベルがあ[13]」る．「このうち国家的なもの，社会的なものをあわせて，「制度的レイシズム」という」．

この板垣の主張は，「レイシズム」という大きな問題の氷山の一角が「ヘイトスピーチ」であると位置づけるものである．「ヘイトスピーチがさらに物理的暴力を伴った場合には，京都朝鮮学校襲撃事件のように現行の刑法でも違反になることもある．これは「ヘイトクライム」と呼ばれてい」る．「さらに暴力が拡大すれば，ナチズムでのユダヤ人虐殺のようなジェノサイドにまでいたることもありえ」る.「つまり，物理的暴力はヘイトスピーチに基礎づけられ，ヘイトスピーチはレイシズムに基礎づけられるといえる[14]」. この板垣の問題意識それ自体は共有しつつ，しかし第3章で検討するようにこれは明らかに規制積極説の立場であり，憲法との関係では問題があると解される.

2　判例の検討

法的に「ヘイトスピーチ」はいかなる形で扱われてきたのであろうか.

古典的には最高裁判例といえるのは「政見放送削除事件判決」だけであった[15]. 本件はそれ自体をヘイトスピーチと関連させて検討している文献自体が管見の限りほとんど見当たらない. この点赤坂正浩教授はこれを体系的に検討している著書を公刊しており，まずは当該文献によりつつ，問題点を整理しておこう.

赤坂は，まず「差別的表現」を次のように定義する.「『差別的表現』とは，少数民族，同性愛者など社会の少数者集団に対する差別・排斥・憎悪・侮辱等を内容とする表現である[16]」. 相当に範囲の広い定義ではあるが，このような定義を前提にして，赤坂は「差別的表現の自由」を次のように説明する.「差別的表現の自由とは，『マイノリティに対する差別・排斥・憎悪・侮辱等を内容とする表現を国家から妨害されない市民の権利』ということになる[17]」. そのうえで，人種差別撤廃条約（あらゆる形態の人種差別の撤廃に関する国際条約）4条の(a)(b)につき，日本政府が条約加入にあたって，「日本国憲法の下における集会，結社及び表現の自由その他の権利の保障と抵触しない限度において」条約4条(a)(b)の義務を履行するという留保宣言を付したことを指摘する[18].

問題は，「差別的表現の自由の規制の合憲性審査」がいかなるものであるべきかである. この点，赤坂も指摘しているように，「差別的表現を規制する法律の制定もまったく許されないわけではないが，その合憲性は『明確性の原則』と『ブランデンバーグの原則』によって厳格に審査されるべきだという見解もある[19]」.「しかし，日本では，差別的表現に関するメディアの広範な自主規制がすでにおこなわれており，過度の自主規制が表現の自由に対して萎縮効果を及ぼす面があることにも注意が必要」である[20]. 本章結語で後述するように，本稿筆者は，この赤坂の主張と問題意識を同じくしている.

さて，先に述べたように，最高裁判例としては，政見放送削除事件判決[21]が数少ない先例である. ここで同判決をもう少し詳しく見ておこう[22].

⑴ 政見放送削除事件判決

事実の概要と判旨

昭和58年（1983年）6月実施の参議院比例代表選出議員選挙に立候補した「雑民党」代表者を称する原告が，NHKと国に対して提起した損害賠償請求事件である．

具体的には，「候補者届出政党が録音若しくは録画した政見をそのまま放送しなければならない」と定める公職選挙法150条1項後段にもかかわらず，「『めかんち，ちんば』という表現を含む二カ所を削除」[23]して放映したことが理由である．NHKがこれらの表現を削除したのは，「明らかに身体障害者に対する差別感，侮べつ［蔑］感を与える特定の文言」にあたるという理由であった[24]．

これに対して，この候補者が，NHKの措置は公職選挙法150条1項後段に違反する不法行為だとして，損害賠償を求めた民事事件である[25]．

この判決は，① NHKは行政機関ではなく，② しかも公職選挙法の明文にもかかわらず，「言動をそのまま放送される法的に保護された利益はない」と断定し，③ 検閲にも当たらない，としている．しかし，この点は疑問である[26]．

考　　察

そもそも，最高裁は，憲法21条2項の検閲該当性を問われたすべての事案で，結局のところ検閲該当性を否定してきている[27]．

札幌税関事件は「憲法21条2項にいう『検閲』とは，行政権が主体となつて，思想内容等の表現物を対象とし，その全部又は一部の発表の禁止を目的として，対象とされる一定の表現物につき網羅的一般的に，発表前にその内容を審査した上，不適当と認めるものの発表を禁止することを，その特質として備えるものと解すべき」であるとするが，これらすべての性質を本来的な制度の目的としていなければ検閲ではないという．これでは明らかな検閲制度でなければ検閲ではない，というに等しい．

名誉棄損を理由とする出版差し止めも，プライバシー侵害を理由とする出版差し止めも，いずれも行政権によらないものであるがゆえに検閲には当たらず，しかし事前抑制には違いない．

最高裁は，名誉棄損を理由とする雑誌の出版差し止め請求について，「個別的な私人間の紛争について，司法裁判所により，当事者の申請に基づき差止請求権等の私法上の被保全権利の存否，保全の必要性の有無を審理判断して発せられるものであ」る場合は，検閲には当たらない．しかし，「表現行為に対する事前抑制は，新聞，雑誌その他の出版物や放送等の表現物がその自由市場に出る前に抑止してその内容を読者ないし視聴者の側に到達させる途を閉ざし又はその到達を遅らせてその意義を失わせ，公の批判の機会を減少させるものであり，また，事前抑制たることの性質上，予測に基づくものとならざるをえないこと等から事後抑制の場合よりも広汎にわたり易く，濫用の虞があるうえ，実際上の抑止的効果が事後抑制の場合より大きいと考えられるのであつて，表現行為に対する事前抑制は，表現の自由を保障し検閲を禁止する憲法21条の趣旨に照らし，厳格かつ明確な要件のもとにおいてのみ許容されうるものといわなければならない」．したがって原則としては検閲に該当しないような事前抑制も許されないが，「その表現内容が真実でなく，又はそれが専ら公益を図る目的のものでないことが明白であつて，かつ，被害者が重大にして著しく回復困難な損害を被る虞があるときは，当該表現行為はその価値が被害者の名誉に劣後することが明らかであるうえ，有効適切な救済方法としての差止めの必要性も肯定されるから，かかる実体的要件を具備するときに限って，例外的に事前差止めが許される」と判示したことがある（北方ジャーナル事件最高裁判決[28]）．本判決は，検閲該当性を否定する判例に配慮しつつ，出版差し止めに歯止めをかけたという意味では評価されるが，結局検閲該当性を否定している．

検閲を行政権による網羅的一般的事前抑制制度に限るのであれば，検閲に該当するがゆえに憲法に違反する事態は生じえない．

政見放送削除事件においては，たしかに原告の「政見放送」それ自体はすみずみまで品のないものではあったが，そのことは内容の削除が検閲に該当しないことを意味しない[29]．内容が品位を欠くというだけで規制が正当化されるというのは，戦前におけるエロ・グロ・ナンセンスに対する規制の正当化と通じるものであり，不適切な論理である．

⑵ 街頭宣伝差し止め事件

事実の概要と判旨

いわゆる在特会による京都朝鮮学校襲撃「デモ」事件である[30]．第1審は，人種差別撤廃条約適用を民法不法行為の解釈問題として提示している．法的に注目すべき事実認定と法解釈については，下線で強調している．

① 第 1 審判決

ここでは個別具体的な発言を引用することは控えるが，第 1 審判決は，それらの発言について，「いずれも下品かつ侮蔑的であるが，それだけでなく在日朝鮮人が日本社会において日本人や他の外国人と平等の立場で生活することを妨害しようとする発言であり，在日朝鮮人に対する差別的発言といって差し支えない.」と認定したうえで，被告団体が行った「本件活動に伴う業務妨害と名誉毀損は，いずれも，在日朝鮮人に対する差別意識を世間に訴える意図の下，在日朝鮮人に対する差別的発言を織り交ぜてされたものであり，在日朝鮮人という民族的出身に基づく排除であって，在日朝鮮人の平等の立場での人権及び基本的自由の享有を妨げる目的を有するものといえるから，全体として人種差別撤廃条約 1 条 1 項所定の人種差別に該当する」.「したがって，本件活動に伴う業務妨害と名誉毀損は，民法 709 条所定の不法行為に該当すると同時に，人種差別に該当する違法性を帯びている」と判示している.

また過去の判例法理に照らしての違法性阻却等については，「……判例法理によって免責されるのは，名誉毀損表現が事実摘示であろうが論評であろうが，専ら公益を図る目的で表現行為がされた場合だけである．では，本件活動における……名誉毀損表現が専ら公益を図る目的でされたのかといえば，そう認定することは非常に困難である．なぜなら，本件示威活動は，本件学校の付近で拡声器を用い又は大声で行われたものであり，示威活動 ① では，本件学校が本件公園に設置していたサッカーゴールを倒し，スピーカーの配線を切断し，朝礼台を移動させるという実力行使を伴うものであり，示威活動 ② ③ では街宣車を伴うという威圧的な態様によって行われたものである．公益を図る表現行為が実力行使を伴う威圧的なものであることは通常はあり得ない．加えて，前記のとおり，本件活動は，全体として，在日朝鮮人に対する差別意識を世間に訴える意図の下，在日朝鮮人が日本社会で日本人や他の外国人と平等の立場で生活することを妨害しようとする差別的発言を織り交ぜてされた人種差別に該当する行為であって，これが『専ら公益を図る』目的でされたものとは到底認めることはできない．したがって，本件活動における名誉毀損が判例法理により免責される余地はないものといわなければならない.」

さらに，応酬的言論による免責の主張についても「被告らは，招かれてもいないのに本件学校に近づき，原告の業務を妨害し，原告の名誉を貶める違法行為を行ったものである．被告らの違法行為に反発した本件学校関係者が被告らに敵対的な態度や発言をしたことは否定できないが，被告らは，自らの違法行為によってそのような反発を招いたにすぎないから，上記法理によって免責される余地はない」と断定している．本判決は歓迎されたが，b-2）で述べるように人種差別撤廃条約の直接適用を示唆しており，その意味では問題もある．

② 第2審判決

本件高裁判決は，基本的な事実関係についての補正を行ったうえで，第1審判決を次のように部分的に修正している．

すなわち，「人種差別撤廃条約は，国法の一形式として国内法的効力を有するとしても，その規定内容に照らしてみれば，国家の国際責任を規定するとともに，憲法13条，14条1項と同様，公権力と個人との関係を規律するものである．すなわち，本件における被控訴人と控訴人らとの間のような私人相互の関係を直接規律するものではなく，私人相互の関係に適用又は類推適用されるものでもないから，その趣旨は，民法709条等の個別の規定の解釈適用を通じて，他の憲法原理や私的自治の原則との調和を図りながら実現されるべきものであると解される．したがって，一般に私人の表現行為は憲法21条1項の表現の自由として保障されるものであるが，私人間において一定の集団に属する者の全体に対する人種差別的な発言が行われた場合には，上記発言が，憲法13条，14条1項や人種差別撤廃条約の趣旨に照らし，合理的理由を欠き，社会的に許容し得る範囲を超えて，他人の法的利益を侵害すると認められるときは，民法709条にいう『他人の権利又は法律上保護される利益を侵害した』との要件を満たすと解すべきであり，これによって生じた損害を加害者に賠償させることを通じて，人種差別を撤廃すべきものとする人種差別撤廃条約の趣旨を私人間においても実現すべきものである．」

考　　察

論理が若干難解であるが，1審判決が「本件活動に伴う業務妨害と名誉毀損は，民法709条所定の不法行為に該当すると同時に，人種差別に該当する違法性を帯びている」として，人種差別＝不法行為と認定しているのに対し，具体的な発言内容が民法709条該当性を満たす場合に，「人種差別を撤廃すべきものとする人種差別撤廃条約の趣旨を私人間においても実現すべきもの」というのであるから，人種差別撤廃条約の趣旨を民法709条に読み込んで，ある意味「間接適用すべき」ものと判示していると解される．

このような判示の変更は，人権条約の日本国内における直接適用を主張する立場（1審判決はある意味この立場であるとも解される）からすれば不十分に感じられるであろうが，この点については，最高裁判例との整合性を考えれば当然とも解される[31]．

憲法が「私人間に効力を持つ」かどうかにつき，直接に効力があるというのでは，たとえ個人や企業であっても，国家と同様の義務を負うことになる．そこで，判例は，間接効力説といわれる考え方を採用しているのである．念のため確認しておけば，この考え方を表明したとされる代表的な判決が，「三菱樹脂事件」判決である．

「私的支配関係においては，個人の基本的な自由や平等に対する具体的な侵害またはそのおそれがあり，その態様，程度が社会的に許容しうる限度を越えるときは，これに対する立法措置によつてその是正を図ることが可能であるし，また，場合によつては，私的自治に対する一般的制限規定である民法1条，90条や不法行為に関する諸規定等の適切な運用によつて，一面で私的自治の原則を尊重しながら，他面で社会的許容性の限度を越える侵害に対し基本的な自由や平等の利益を保護し，その間の適切な調整を図る方途も存するのである．そしてこの場合，個人の基本的な自由や平等を極めて重要な法益として尊重すべきことは当然であるが，これを絶対視することも許されず，統治行動の場合と同一の基準や観念によつてこれを律することができないことは，論をまたないところである[32]」．

これを一般的にいえば，民法90条にいう「公序良俗違反」は，憲法上の権利侵害を含む，あるいは，憲法上の権利侵害と同視できるような権利侵害を許さない，という意味合いを含む，と解釈できるということである．したがって外国人の権利を侵害するような民間での法律行為（契約など，法的効果を生じる行為を指す）も，憲法の趣旨を反映して，無効と解すべきである，ということになるのである．また，契約の進め方それ自体について，民法1条，とくに民法1条2項（信義則）および民法1条3項（権利濫用の禁止）が重要であり，それらを包摂するかのように民法1条1項に「公共の福祉に適合しなければならない」旨が規定してあることは，重要な意味を持つ．すなわち，電話や電子メールでのやり取りでは契約を進めるかのような態度を示しながら，実際に顔を合せた際に，その人の人種や外見を理由として契約を交わすことそれ自体を拒否するような場合がこれにあたる．このような場合には，憲法14条が関係することになる．

「なお，控訴人らは，本件示威活動における発言のうち，日本国籍を持たない外国人について日本国籍を持つ日本人と区別して扱うことを内容とするものは，人種差別撤廃条約1条1項所定の『人種差別』には国籍による区別は含まれないので，原則として『人種差別』ではなく，外国人政策ないし移民政策に関する政治的意見である旨主張する．しかし，本件示威活動における発言は，その内容に照らして，専ら在日朝鮮人を我が国から排除し，日本人や他の外国人と平等の立場で人権及び基本的自由を享有することを妨害しようとするものであって，日本国籍の有無による区別ではなく，民族的出身に基づく区別又は排除であり，人種差別撤廃条約1条1項にいう『人種差別』に該当するといわなければならない．」

「……控訴人らは，本件活動は，仮に差別的な目的を併有していたとしても，朝鮮学校による公園の不法占拠を糾弾し，その継続を阻止して周辺地域の法秩序を回復するという目的に基づくものであり，更に示威活動〔2〕及び〔3〕については，示威活動〔1〕を民族差別や弱い者いじめという文脈でしか報道しないマスコミに対する批判という目的が加わっていたので，主として公益を図る目的であった旨主張する．しかし，本件活動は，本件学校が無許可で本件公園を使用していたことが契機となったとはいえ，本件発言の内容は，本件公園の不法占拠を糾弾するだけでなく，在日朝鮮人を劣悪な存在であるとして嫌悪・蔑視し，日本社会で在日朝鮮人が日本人その他の外国人と共存することを否定するものであって，本件発言の主眼は，本件公園の不法占拠を糾弾することではなく，在日朝鮮人を嫌悪・蔑視してその人格を否定し，在日朝鮮人に対する差別意識を世間に訴え，我が国の社会から在日朝鮮人を排斥すべきであるとの見解を声高に主張することにあったというべきであり，主として公益を図る目的であったということはできない．」

以上のように，不法行為に関する民放709条の規定との関わりで一部地裁判決を変更している部分はあるものの，いわゆる「ヘイトスピーチ」を民事的には「不法行為であること」を確立したという意味で極めて重要な判決であると解される（最高裁判決は高裁判決を認容しているため個別には取り上げない）．

3　「ヘイトスピーチ」解消法の概要

(1) 法律の概要

本法は，すでに述べたように，平成28（2016）年6月に成立した．

法案提出の経緯を概観しよう[33].

経　緯

平成28年4月8日　本法律案が参議院に提出（同月13日，参議院法務委員会に付託）

5月12日　参議院法務委員会において，本法律案修正議決，附帯決議

5月13日　参議院本会議において，本法律案修正議決

5月20日　衆議院法務委員会において，本法律案可決

5月24日　衆議院本会議において，本法律案可決

6月3日　本法律の公布，施行

上記で明らかなように，非常にハイペースで法律が成立している．すでに見た街頭宣伝差し止め事件それ自体が法案を後押ししている[34]．議事録からしても，なにしろ自民党だけでなく共産党をも含む超党派での法案提出であるため，あまり踏み込むことができなかったという評価がなされるのもやむを得ない．

ヘイトスピーチ解消法は，すでに述べたように正式には「本邦外出身者に対する不当な差別的言動の解消に向けた取組の推進に関する法律（平成28年6月3日法律第68号）」である．同法前文は「我が国においては，近年，本邦の域外にある国又は地域の出身であることを理由として，適法に居住するその出身者又はその子孫を，我が国の地域社会から排除することを煽動する不当な差別的言動が行われ，その出身者又はその子孫が多大な苦痛を強いられるとともに，当該地域社会に深刻な亀裂を生じさせている」，とまず述べる．この前文第1段は基本的には正鵠を得ているにせよ，本章第1節で述べたように，あえて「近年」の事象であるかのように述べていることは問題がある．しかし，それに次ぐ第2段落では「もとより，このような不当な差別的言動はあってはならず，こうした事態をこのまま看過することは，国際社会において我が国の占める地位に照らしても，ふさわしいものではない」との言明，同第3段落にある「ここに，このような不当な差別的言動は許されないことを宣言するとともに，更なる人権教育と人権啓発などを通じて，国民に周知を図り，その理解と協力を得つつ，不当な差別的言動の解消に向けた取組を推進すべく，この法律を制定する」との言明は，国際社会との関わりで，もはや本法制定が避け得ないことであったことを端的に示していると言える．

そのうえで，同法第1条は，本邦の目的を「この法律は，本邦外出身者に対

する不当な差別的言動の解消が喫緊の課題であることに鑑み，その解消に向けた取組について，基本理念を定め，及び国等の責務を明らかにするとともに，基本的施策を定め，これを推進することを目的とする」と定める．下線部分からも明らかなように，あくまで理念法であることが明確に述べられている．その評価には対照的に2つの評価があり，「理念に過ぎない」「罰則がないため法的効力はない」との立場と，表現の自由との関係で罰則を課すことには問題があっても，本法が制定されたことによりたとえ事後的にであっても行政による注意勧告や警察による指導が容易になる側面は明らかにあるとの評価もある[35)]．

本法で多くの異議が惹起されたのは対象の定義であろう．「『本邦外出身者に対する不当な差別的言動』とは，専ら本邦の域外にある国若しくは地域の出身である者又はその子孫であって適法に居住するもの（以下この条において「本邦外出身者」という．）に対する差別的意識を助長し又は誘発する目的で公然とその生命，身体，自由，名誉若しくは財産に危害を加える旨を告知し又は本邦外出身者を著しく侮蔑するなど，本邦の域外にある国又は地域の出身であることを理由として，本邦外出身者を地域社会から排除することを煽動する不当な差別的言動」であるとされた．下線に示されているように「専ら本邦の域外にある国若しくは地域の出身である者又はその子孫」とあり，現時点で日本国籍である者を含めていることは大いに評価される．しかし他方で，この後に紹介する衆参両議院における附帯決議にもみられるように，あえて法文上「適法に居住するもの」と規定したことは不適切である．

理念法であるという側面は第3条で基本理念につき「国民は，本邦外出身者に対する不当な差別的言動の解消の必要性に対する理解を深めるとともに，本邦外出身者に対する不当な差別的言動のない社会の実現に寄与するよう努めなければならない」と定めている．しかし本規定は「国民」に対し「理解を深める」こと，「差別的言動のない社会の実現に寄与するよう努めなければならない」と定めているのであり，国民への努力義務を課している．これは法的に意味あるものと解し得るかというと法的にはほとんど意味を持たないと評せざるを得ない．第4条で国について「本邦外出身者に対する不当な差別的言動の解消に向けた取組に関する施策を実施するとともに，地方公共団体が実施する本邦外出身者に対する不当な差別的言動の解消に向けた取組に関する施策を推進するために必要な助言その他の措置を講ずる責務を有する」と定め（1項），地方公共団体について「本邦外出身者に対する不当な差別的言動の解消に向けた取組に関し，国との適切な役割分担を踏まえて，当該地域の実情に応じた施策を講ずるよう努めるものとする」（2項）．地方自治法が第2条で国と地方公共団体の役割分担について「地方公共団体に関する法令の規定は，地方自治の本旨に基づき，かつ，国と地方公共団体との適切な役割分担を踏まえたものでなければならない」（同条11項）と定めたことと法的意義としてはさして変わらないと考えられる．要するに当該規定のみでは法的にはさしたる意義がないと解されるのである．

第2章は「不当な差別的言動に関する相談に的確に応ずるとともに，これに関する紛争の防止又は解決を図ることができるよう，必要な体制を整備する」ことを国の努力義務とし（5条1項），「国との適切な役割分担を踏まえて，当該地域の実情に応じ，本邦外出身者に対する不当な差別的言動に関する相談に的確に応ずるとともに，これに関する紛争の防止又は解決を図ることができるよう，必要な体制を整備するよう努める」ことを地方公共団体に要請する．以降同程度の具体性で，「教育の充実等」（6条），「啓発活動等」（7条）について定める．結局のところ，他の法律や条令での具体化がなければ機能しないという意味で理念法なのである．

本法付則2で「不当な差別的言動に係る取組については，この法律の施行後における本邦外出身者に対する不当な差別的言動の実態等を勘案し，必要に応じ，検討が加えられるものとする」としているが衆参両院とも附帯決議がある．

(2) 附帯決議

本法の附帯決議は，衆参両院ともにほぼ同様である[36]．

「参議院法務委員会附帯決議」は「国及び地方公共団体は，本邦外出身者に対する不当な差別的言動の解消が喫緊の課題であることに鑑み，本法の施行に当たり，次の事項について特段の配慮をすべき」ものとする．第一に「第2条が規定する以外のものであれば，いかなる差別的言動であっても許されるとの理解は誤りであり，本法の趣旨，日本国憲法及び人種差別撤廃条約の精神に鑑み，適切に対処すること」，第二に「本邦外出身者に対する不当な差別的言動の内容や頻度は地域によって差があるものの，これが地域社会に深刻な亀裂を生じさせている地方公共団体においては，国と同様に，その解消に向けた取組に関する施策を着実に実施すること」，第三に「インターネットを通じて行われる本邦外出身者等に対する不当な差別的言動を助長し，又は誘発する行為の解消に向けた取組に関する施策を実施すること」である．

「衆議院法務委員会附帯決議」は「国及び地方公共団体は，本法の施行に当たり，次の事項について特段の配慮をすべき」ものとする．第一に「本法の趣旨，日本国憲法及び人種差別撤廃条約の精神に照らし，第2条が規定する以外のものであれば，いかなる差別的言動であっても許されるとの理解は誤りであるとの基本的認識の下，適切に対処すること」，第二に「本邦外出身者に対する不当な差別的言動が地域社会に深刻な亀裂を生じさせている地方公共団体においては，その内容や頻度の地域差に適切に応じ，国とともに，その解消に向けた取組に関する施策を着実に実施すること」，第三に「インターネットを通じて行われる本邦外出身者等に対する不当な差別的言動を助長し，又は誘発する行為の解消に向けた取組に関する施策を実施すること，第四に「本邦外出身者に対する不当な差別的言動のほか，不当な差別的取扱いの実態の把握に努め，それらの解消に必要な施策を講ずるよう検討を行うこと」である．

この附帯決議にみられるように，2条の定義が持つ問題点は，国会において明らかに認識されていたにもかかわらず，「適法に居住している」との要件が規定されてしまったのは，結局のところ「不法滞在」が公的に用いられ続けていることに鑑みれば当然ともいえよう[37)]．

以上雑駁な内容紹介を踏まえ，法的課題について検討する．

第2節　法的課題検討の前提

1　人種差別撤廃条約4条とその留保

第1節2で検討したように，判例によって，「ヘイトスピーチ」の不法行為該当性は，（一応）確立したと解される．しかし，刑事処罰は，確立はしていない（第3節で後述）．判例を踏まえた考察はさほど多くあるとはいえない[38)]．本書第1章でも触れたように，人種差別撤廃条約4条適用問題と解される．

人種差別撤廃条約4条は以下のように定めている．

“States Parties condemn all propaganda and all organizations which are based on ideas or theories of superiority of one race or group of persons of one colour or ethnic origin, or which attempt to justify or promote *racial hatred* and *discrimination* in any form, and undertake to adopt immediate and positive measures designed to eradicate all incitement to, or acts of, such discrimination and, to this end, with due regard to the principles embodied in the Universal Declaration of Human Rights and the rights expressly set forth in article 5 of this Convention, inter alia:

(a) *Shall declare an offence* punishable by law all dissemination of ideas based on *racial superiority or hatred*, incitement to *racial discrimination*, as well as all acts of violence or incitement to such acts against any race or group of persons of another colour or ethnic origin, and also the provision of any assistance to racist activities, including the financing thereof;

(b) *Shall declare illegal and prohibit* organizations, and also organized and all other
propaganda activities, *which promote and incite racial discrimination*, and shall recognize participation in such organizations or activities as an offence punishable by law;

(c) *Shall not permit* public authorities or public institutions, national or local, *to promote or incite racial discrimination*."[39)]

本条は，公定訳では次のように訳されている．

「第4条
締約国は，一の人種の優越性若しくは一の皮膚の色若しくは種族的出身の人の集団の優越性の思想若しくは理論に基づくあらゆる宣伝及び団体又は人種的憎悪及び人種差別（形態のいかんを問わない.）を正当化し若しくは助長することを企てるあらゆる宣伝及び団体を非難し，また，このような差別のあらゆる扇動又は行為を根絶することを目的とする迅速かつ積極的な措置をとることを約束する．このため，締約国は，世界人権宣言に具現された原則及び次条に明示的に定める権利に十分な考慮を払って，特に次のことを行う．

(a) 人種的優越又は憎悪に基づく思想のあらゆる流布，人種差別の扇動，いかなる人
種若しくは皮膚の色若しくは種族的出身を異にする人の集団に対するものであるかを問わずすべての暴力行為又はその行為の扇動及び人種主義に基づく活動に対する資金援助を含むいかなる援助の提供も，法律で処罰すべき犯罪であることを宣言すること．

(b) 人種差別を助長し及び扇動する団体及び組織的宣伝活動その他のすべての宣伝活動を違法であるとして禁止するものとし，このような団体又は活動への参加が法律で処罰すべき犯罪であることを認めること．

(c) 国又は地方の公の当局又は機関が人種差別を助長し又は扇動することを認めないこと[40]．」

本条については，広く知られている留保が日本政府によって行われている．

「我が国は，本条約を締結するに当たって，第4条(a)及び(b)に関して，次のような留保を付している．／『日本国は，あらゆる形態の人種差別の撤廃に関する国際条約第4条の(a)及び(b)の規定の適用に当たり，同条に「世界人権宣言に具現された原則及び次条に明示的に定める権利に十分な考慮を払って」と規定してあることに留意し，日本国憲法の下における集会，結社及び表現の自由その他の権利の保障と抵触しない限度において，これらの規定に基づく義務を履行する[41]』」.

この理由は次のように説明されている．

「我が国憲法は第21条第1項において，集会，結社及び言論，出版その他一切の表現の自由（以下，これらを併せて『表現の自由』という．）を保障している．表現の自由は，個人の人格的尊厳そのものにかかわる人権であるとともに，国民の政治参加の不可欠の前提をなす権利であり，基本的人権の中でも重要な人権である．かかる表現の自由の重要性から，我が国憲法上，表現行為等の制約に当たっては過度に広範な制約は認められず，他人の基本的人権との相互調整を図る場合であっても，その制約の必要性，合理性が厳しく要求される．特に最も峻厳な制裁である罰則によって表現行為等を制約する場合には，この原則はより一層厳格に適用される．また，我が国憲法第31条は，罪刑法定主義の一内容として，刑罰法規の規定は，処罰される行為及び刑罰について，できるだけ具体的であり，かつ，その意味するところが明瞭でなければならないことを要請している．／本条約第4条(a)及び(b)は，人種的優越又は憎悪に基づく思想の流布や人種差別の扇動等を処罰することを締約国に求めているが，我が国では，これらのうち，憲法と両立する範囲において，一定の行為を処罰することが可能であり，その限度において，同条の求める義務を履行している．しかし，同条の定める概念は，様々な場面における様々な態様の行為を含む非常に広いものが含まれる可能性があり，それらすべてにつき現行法制を越える刑罰法規をもって規制することは，上記のとおり，表現の自由その他憲法の規定する保障と抵触するおそれがある．そこで，我が国としては，世界人権宣言等の認める権利に留意し，憲法の保障と抵触しない限度において，本条約第4条に規定する義務を履行することとしたものである[42]」．

日本政府自身が本留保で明言しているように，結局は憲法問題である．しかし後述するように，政府が憲法上の制約を理由とすること自体に対する異論も存在する．

2　「ヘイトスピーチ」規制の積極論と消極論

様々な整理が提唱されているが，比較的簡潔に問題点を整理している見平による整理を，検討の基軸として紹介したい[43]．

見平は「表現の自由は最大限に尊重されなければならず，言論には言論で対抗するのが原則とされる．しかし，その一方で，人間の根源的平等という価値を重視する現代立憲主義において，差別のない社会を実現することも重要な課題である．このため，現代の立憲主義諸国は，ヘイトスピーチ規制の導入をめぐって苦悩しており，国によって対応も分かれてきた」としたうえで，「ヘイトスピーチに対する規制の積極論と消極論」を整理している[44]．見平によれば，「ヘイトスピーチ規制の積極論」は，「第一に，ヘイトスピーチは，その標的とされた集団の構成員（犠牲者）に深刻な精神的・身体的害悪をもたらすという点である．たとえば，人種差別的ヘイトスピーチは，犠牲者の自尊感情や安心感に壊滅的な影響を与え，「屈辱，孤独，そして自己嫌悪の感情」をもたらす（マリ・J・マツダほか『傷つける言葉』［Matsuda, Mari J.; Lawrence, III, Charles R. *Words That Wound: Critical Race Theory, Assaultive Speech, and the First Amendment.* Westview Press, 1993. ISBN 9780813384283.］）．それは，『顔面に平手打ち』を食らわせるようなものであり，犠牲者は『深い恐怖，頻脈，呼吸困難，悪夢，心的外後ストレス障害，過度の緊張，精神疾患，自殺』等のさまざまな精神的・身体的被害を受けることが指摘されている（前掲書）」という[45]．そして，「第二に，ヘイトスピーチは，既存の差別構造を強化・再生産する」ことを強調し，「ヘイトスピーチは多数者集団に対する不信を犠牲者の間で産み，その結果，多数者集団の構成員の側も犠牲者との間に距離を感じるようになる．こうしてヘイトスピーチは，両者間の社会的関係の構築を阻害する．さらに，心理学の知見によれば，ヘイトスピーチは繰り返し発せられることによって，そのようなスピーチを拒否している人びとの知覚や対人関係にも影響を及ぼすという（前掲書）．こうしてヘイトスピーチは，多数者集団と標的とされた少数者集団の間に存在する抑圧的な力関係，社会の差別構造を，強化・再生産する機能を果たすことになる」という[46]．「第三に，ヘイトスピーチの領域においては，通常の対抗言論の原則や思想の自由市場の考え方が機能しないとされる．規制積極論によると，ヘイトスピーチは，前記のように犠牲者に精神的・身体的被害を与えるため，犠牲者が公的空間に出て反論するのを阻害する．また，反論するとさらなるヘイトスピーチや差別的暴力にさらされるおそれがあることも，犠牲者を沈黙に追い込む．このように，〔中略〕対抗言論を不可能にする効果がある（沈黙効果）．さらに，差別的な社会構造のもとでは，標的とされた集団の構成員に対して歪んだ理解が構築されており，彼らの言説の価値や権威が切り下げられているため，仮に反論しても，彼らの言説は多数者集団の構成員の言説のように真剣に受け止められにくい[47]」．だからこそ「思想の自由市場の歪みを，ヘイトスピーチは前記のように，さらに強化・再生産する」という．さらに「第四に，ヘイトスピーチは表現の自由を支える諸価値に寄与しない」．なによりも「ヘイトスピーチが表現者の自己成長・自己実現を促すとは考えにくいし，仮にこの点を措くとしても，ヘイトスピーチは犠牲者の自律や自己実現を前記のように侵害する[48]」．以上のように，「規制積極論は，ヘイトスピーチはさまざまな害悪をもたらす一方で，そのマイナスを埋め合わせるようなプラスの価値がなく，通常の対抗言論の原則も妥当しないことを指摘する．そして，特に犠牲者に対する精神的・身体的害悪は，ヘイトスピーチ規制を正当化しうる強力な事由となると主張する．これらを踏まえ，ヘイトスピーチ規制は「表現の抑圧ではなく，むしろ思想の自由市場の歪みを矯正し，犠牲者の表現の自由を確保するためのものであると主張する．経済市場における歪みを矯正するために，国家の規制が求められるのと同様に，言論市場における歪みを矯正するために，国家の規制が必要であるとされる」と整理し，「規制積極論は，これまでの表現の自由の考え方に再考と転換を迫るもの」だという[49]．

これに対し，「ヘイトスピーチ規制の消極論」として，「第一に，政府が規制を濫用するおそれが存在する点である」としたうえで，「支配集団が法執行機関を担っていることから，ヘイトスピーチ規制がマイノリティの言論を抑圧するために用いられる危険性も存在しており，規制はマイノリティによって諸刃の剣である[50]」．「第二に，規制が市民に広範な萎縮効果を及ぼすおそれがある」．

「特に，何がヘイトスピーチに当たるかを事前に明確に定義することが難しく，規制されるヘイトスピーチと，保護されるべき政治的表現との区別が曖昧になりやすいため，政府による規制の濫用の危険性が大きいのみならず，市民が必要以上に表現を控えるおそれがある[51]」．「第三に，ヘイトスピーチの領域においても，対抗言論や思想の自由市場は機能しうるとされる．それによると，ヘイトスピーチの沈黙効果により，犠牲者が反論できない場合でも，多数者手段の中からヘイトスピーチを批判する言論が現れると考えられる．多数者集団も一様ではなく，皆が差別主義者であるとは限らないため，ヘイトスピーチに対しては，多数者集団の構成員による対抗言論も期待できる．そして，実際に，ヘイトスピーチ規制を支持する声が少数者集団・多数者集団に跨る形で存在しており，規制導入の是非が議論されていることは，対抗言論や思想の自由市場，民主的討議が機能していることを例証している[52]」としたうえで，「第四に，ヘイトスピーチは表現の自由を支える諸価値にまったく寄与しないとはいえない，とされる．たとえば，ヘイトスピーチは社会の中に差別思想が存在していること，差別主義者が活動していることを明らかにするが，これは，差別の原因やとるべき政策を議論することを促すという点で，民主的討議に（消極的に）寄与しているとみることも可能である」という[53]．「第五に，差別の克服や平等の実現のためにとりうる手段は，ヘイトスピーチ規制以外にも存在している」としたうえで，「不平等取扱いの規制や教育等の方法が存在することから，第一・第二のような問題を伴う表現規制は行われるべきではない」とし，なによりも「差別の克服という点からみれば，ヘイトスピーチ規制によって社会に存在する差別思想が隠蔽されてしまうことの方が問題である」とする[54]．

このような消極論と積極論についての整理を踏まえたうえで，「この問題は表現の自由が保障される根拠を私たちに鋭く問うもので」，「それは表現の自由の保障について，あくまで『国家からの自由』として捉えるか，それとも『国家による自由』という局面も認めるかという問いを投げかける[55]」．

ヘイトスピーチ規制については，ここまで見てきたように，規制に積極的な立場と規制に消極的な立場とがあり，規制を積極的に支持する学説も近年見受けられる[56]．しかし，人種差別撤廃を強調するあまり，不十分な論拠でヘイトスピーチ規制を正当化しているように解されるのである．

3 「ヘイトスピーチ」規制積極論への疑問

ヘイトスピーチ規制積極論は，松井茂記が簡潔に整理しているように，そもそも対象が多岐にわたるにもかかわらず，その点が十分に留意されていないきらいがある．すなわち「第1は，特定される集団に対する違法な暴力の行使の煽動や唆しである．第2は，特定されうる集団およびそのメンバーに対する集団的名誉棄損や誹謗中傷，侮辱である．第3は，特定されうる集団のメンバーに対する差別の煽動や助長である．第4は，特定されうる集団のメンバーに対する憎悪の増進である．これらの表現は，それぞれが提起する害悪は若干異なっており，それゆえ禁止の正当化の根拠も異なってくる[57]」ことが規制積極論者は十分に考慮されていないのではないか．そしてなにより，「ヘイトスピーチも憲法上保護された表現である」という率直な承認である[58]．

これに対し，まさに規制積極論の立場から「『ヘイト・スピーチ』それ自体が『言論の自由』として保護されるべきものであるわけではい，ということである」とし，「○○人を叩き出せ！」とか「ぶっ殺せ！」などと叫んで集団で練り歩くような行為が『自由』に許されてよいわけがない．だから，そういう行為を規制することには憲法上なんの問題もない．それどころか，その攻撃対象とされた人々の人権擁護のために，規制すべきである．だから，『ヘイト・スピーチ』に対する法規制に慎重な意見が，『ヘイト・スピーチ』それ自体も『言論の自由』として保護されるべきところがあるという趣旨でいわれているのだとしたら，それは人権論として正当なものとはいえない」との主張が対局に置かれる[59]．

ここで注目されるのは，ここで規制積極論を体系書で展開している浦部自身が，制度的保障を日本国憲法解釈に当たって採用すべきかを論ずる文脈においてではあるが「日本国憲法のもとでは，立法府は，人権をどこまで制限するかについての裁量権限をいっさいもつものではないのである[60]」と述べていたにもかかわらず，ヘイトスピーチ規制の文脈において，「フランス人権宣言第4条にあるように，『自由』とは『他人を害しないすべてをなしうること』である．他人を害するような行為は，もはや『自由』ではないのである．だから，『ヘイト・スピーチ』を行う『自由』など，どこにもない[61]」と主張するのは，その直後に規制慎重論について「権力側が国民の側からの規制要求を奇貨として『ヘイト・スピーチ』だけにとどまらない広範な規制をかけてきたり，その法規制を乱用して権力にとって都合の悪い言論を規制するために利用したり，といったことを危惧するからである」としていることと整合しないように思われる．

なによりも，フランス人権宣言第 4 条を援用して「自由」とは「他人を害しないすべてをなしうること」であり，他人を害するような行為は，もはや「自由」ではない，との論理は，公共の福祉による外在的な表現の自由に対する規制を正当化する論理以外のなにものでもないと解される．浦部は権力が表現の自由を根拠に自由権規約に留保を付したりヘイトスピーチ規制に対して消極的であること自体を不適切であるかのように主張する[62]．しかし，このような論理でヘイトスピーチ規制を正当化することは，松井が指摘するように，「日本では，さまざまな表現の自由に対する制約があるが，最高裁判所は，表現の自由も公共の福祉のための制約に服するとして，国会が必要と判断して制定した法律をことごとく支持してきた」のであり，「最高裁判所は，公共の福祉を図るための必要かつ合理的な制約は許容されるとしつつ，実際に法律が公共の福祉を促進しているのか，その目的のために本当に必要なのか，法律の定める措置が最小限度の措定で他に手段はないのかどうかを，真剣に審査することなく，立法者の判断をそのまま受け入れて法律は必要かつ合理的だと結論してきた[63]」．したがって，「もしヘイトスピーチが禁止されたとしても，最高裁判所はその合憲性を支持する可能性は高い[64]」．規制積極論はこのことへの考慮が十分であるとは解されない．なによりも，表現の自由，言論の自由を憲法が保障していることについて，表現や言論の内容が価値あるものであるから保障されるとの論理は，表現の自由を保障する根源的な理由を根本的に破壊することになりかねないのではないか[65]．

表現の自由が憲法上保障されるべきである理由，そして大日本帝国憲法とは異なり，法律による規制が条文で明言されなかった理由を十分に考慮すべきではなかろうか．

大日本帝国憲法 29 条は「日本臣民ハ法律ノ範囲内ニ於テ言論著作印行集会及結社ノ自由ヲ有ス」と定め，立憲主義的立場に立っていた学説ですら治安維持法も国家総動員法も違憲とは明言できなかったことを改めて想起すべきである．

日本国憲法 21 条 2 項が検閲を禁止しているのは，そもそも国家権力が言論内容を事前に審査することのおろかしさ，戦時体制に突入したような場合の危険性から，そもそも表現を内容的に価値序列をつけて階層化し，保護されるべき言論とそうでない言論を区別できないことからでなければ正当化され得ないはずである．

芦部信喜が「検閲の対象は，従来，思想内容と解されてきたが，現代社会においては，広く表現内容と解するのが妥当である．新聞の誤字に対する審査なども，検閲の問題となる」とし，さらに「表現の自由を知る権利を中心に構成する立場をとれば，むしろ思想・情報の受領時を基準として，受領前の抑制や，思想・情報の発表に重大な抑止的な効果を及ぼすような事後規制も，検閲の問題となりうると解するのが妥当であろう」と述べていることは注目される[66]．

以上を踏まえて改めて考察すると，ヘイトスピーチ規制についてのほとんどの主張は，「ヘイトスピーチ」に当たる言動がいかなるものであるかについて，十分な限定がなされていないのではないかが疑われる．本稿の立場は，先に引用した松井説のうち第１及び第２の点についてであれば，きわめて限定的な場合においてのみ，刑事規制が可能ではないかというものである．

そもそも，ヘイトスピーチを縮減させる施策としては，本質的に「外国人」差別を解消するとともに，共生を推進するための施策としての，日本語を母語としない人に対する「日本語教育」の推進が必要と考えられるのであり[67]，この点について，若干の検討を行ってきた[68]．さらにいえば，「CSR と人権」の視点，サンクションだけでなくインセンティブも必要であるとの視点は，十分に考慮されてきたとは思われない[69]．刑事規制だけが問題解決の手段ではないはずである．「ヘイトスピーチ解消法」の理念を生かそうとするのであれば，環境法で多く採用されている税免除や報奨金などの経済的手法を取り入れることが検討されなければならない．インセンティブの付与であれば，地方自治体が条例で実施することも法的に大きな問題を惹き起こさないであろう．

第３節　「ヘイトスピーチ」刑事規制の再検討
——法的課題の中心的課題

1　「ヘイトスピーチ」刑事規制の再検討

ここで改めて刑事規制について考察する．

日本政府は，先に紹介したように人種差別撤廃条約批准に際して留保を付しているが，当該留保にかかる報告書において，刑事処罰に関して次のように述べていることが注目される．

「『人種的優越又は憎悪に基づく思想のあらゆる流布』に関して，我が国は，本条約を締結するに際し上述の留保を行っていることからも明らかなとおり，憲法で保障する基本的人権である集会，結社及び表現の自由等の重要性にかんがみ，人種的優越又は憎悪に基づく思想の流布にあたる人種差別的な表現類型を一般的に処罰の対象とはしていない．しかし，それが，特定の個人や団体の名誉や信用を害する内容を有すれば，刑法の名誉毀損罪（第230条），侮辱罪（第231条）又は信用毀損・業務妨害罪（第233条）で処罰されるほか，特定個人に対する脅迫的内容を有すれば，刑法の脅迫罪（第222条），暴力行為等処罰に関する法律の集団的脅迫罪（第1条），常習的脅迫罪（第1条の3）等により処罰される[70]」．

「『人種差別の扇動』については，上記で述べた各罪が成立する場合に，その教唆犯（刑法第61条）又は幇助犯（同法第62条）として処罰されるほか，公務員の平等取扱の原則違反（国家公務員法第27条，109条，地方公務員法第13条，60条）など差別的取扱いを禁じる法令に違反する行為を教唆し，幇助する行為についても，同様に処罰の対象とされている[71]」．

「『いかなる人種若しくは皮膚の色若しくは種族的出身を異にする人の集団に対するすべての暴力行為』に関して，我が国には，特定集団に対する暴力行為のみ取り出して重罰化した法律は存しないものの，刑法は，多衆が集合して行った場合として騒乱罪（第106条）を規定するほか，強姦罪（第177条），殺人罪（第199条），傷害罪（第204条），凶器準備集合罪（第208条の2），強盗罪（第236条）等を規定し，暴力行為を処罰している．また，暴力行為等処罰に関する法律は，集団的暴行・脅迫・器物損壊等（第1条）及び常習的暴行・傷害・器物損壊等（第1条の3）の処罰を，爆発物取締罰則及び火炎びんの使用等の処罰に関する法律は，爆発物や火炎びんを使用する行為等の処罰を，それぞれ規定している[72]」．

「（これら暴力）行為の扇動」については，前段落で述べた罪が成立する場合に，その教唆犯（刑法第61条）又は幇助犯（同法第62条）として処罰されるほか，刑法第206条が，傷害の現場助勢罪を処罰している[73]．」

外務省の報告書は以上のように述べ，そのうえで1994年に発生した全国各地での在日朝鮮人児童・生徒に対する嫌がらせや暴行等の事象に関する逮捕例を列挙し，また「在日韓国・朝鮮人児童・生徒が多数利用する通学路，利用機関等において街頭啓発を行い，事件の防止を呼びかけるリーフレットやチラシ等を配布すると共に，ポスター掲示等を行い，嫌がらせ等の防止を呼びかけている．／また，地域によっては，直接朝鮮人学校に出向き，児童・生徒が嫌がらせ等を受けたときは，直ちに法務省の人権擁護機関に相談するよう呼びかけを行っている[74]」ことを強調する．情報分野における規制として，放送法[75]，日本新聞協会による自主規制[76]，インターネットに関する各種ガイドライン[77]などに言及しているが，結局「我が国には，人種差別の助長及び扇動一般を構成要件として特定の団体及び活動を禁止し，及びそれらの団体への参加を処罰する規定は現行法上存しないが，人種差別を助長し及び扇動する団体が破壊活動防止法上の暴力主義的破壊活動を行った場合には，同法により，一定の要件の下に，当該団体の活動制限及び解散指定処分並びにそれらの処分に反する個人の行為を処罰することが可能である．人種差別を助長又は扇動する団体が，破壊活動防止法所定の要件に該当するものとして，処分がなされた事例はない[78]」．

もちろん，本章第1節2(2)で触れたように，街頭宣伝差止請求事件に伴って下された刑事判決においては，朝鮮学校および校長らへの威力業務妨害罪及び名誉棄損罪，さらには器物損壊罪と，徳島県教育会館に立ち入って徳島県教職員組合の業務妨害を理由として逮捕された関係者らが，建造物侵入及び威力業務妨害によって起訴され，有罪判決が下されている[79]．あくまで具体的に個人が特定された，その他現行刑法上可能な処罰を下したのであって，ヘイトスピーチ規制積極論者が主張しているような「ヘイトスピーチ」を直接の理由とした処罰ではない．

ヘイトスピーチ規制積極論者は，マイノリティに対する公然たるジェノサイドの煽動を刑罰の対象とすべきことを主張するが，具体的な構成要件等についての提言はなされていない[80]．

桧垣伸次は，表現の自由について，「人間の尊厳または平等などの他の憲法上の価値との対立という観点から」，ヘイトスピーチが「マイノリティの『尊厳』を傷つける」がゆえに規制可能だと主張する[81]．ここでいう「尊厳」は独自の定義づけによるもので，ヘイトスピーチの標的となる人々＝マイノリティを平等な市民と認めることを拒絶するものであるから「承認としての尊厳」が損なわれるのだと主張する[82]．しかし，この主張は，表現の自由とその規制根拠となる「承認としての尊厳」がいずれも直接私人間に適用されることを主張するものとは言えないだろうか[83]．仮に平等原則からこのような「承認としての尊厳」が保障されるべきことが導かれるとして，なぜそれが表現の自由の保障に優位すべきであるのかは明らかとは言えない[84]．

比較法的検討を多岐にわたって行った奈須裕治の主張[85)]は，ジェレミー・ウォルドロンの主張[86)]と帰結を同じくすると解される．

すなわち，「私たちには，ヘイト・スピーチを軽く考えすぎ，それが含むもの，そしてその結果が何であるかを忘れる誘惑がある．（中略・18世紀のユダヤ人に対する名誉棄損事件とモンテスキューの著書で紹介された事件を示して）どちらも，脆弱な宗教的マイノリティの成員の普通の尊厳――彼らの，しっかりした立場をもった社会の成員としての，他のすべての市民の尊厳と平等な尊厳――に対する，根本的な攻撃を含んでいた．どちらのタイプの効果も，そしてそうした効果をもたらした中傷も，秩序ある社会の誠実さを気にかける人々によって無視されるべきではない．そうした結果や中傷が，たんにそれらが言論の力を含んでいるからという理由で無視されるべきでないことはたしかである」というのである[87)]．

また相当に慎重な言及ではあるが，「たとえば，過激な憎悪文学の禁止が平等な尊重と配慮をもって処遇を受ける権利に基づく人種差別主義者の言論の自由を侵害しうることが認められるとしても――実際そうあるべきだが――，そのような表現物の公表が，その被害者の尊厳の権利を侵害する可能性をもつこともまた，たしかに明らかである．したがって，個別の事実の文脈において，言論の自由と尊厳を衡量するほかに選択肢はない」と主張するエリック・バレントの主張[88)]とも整合する．

それでは以上の批判と矛盾しない，刑事規制は可能であろうか．

本稿筆者はすでに「ヘイトスピーチ規制が刑事罰として許されないという憲法解釈をするとすれば，むしろ現行の刑法規定にあるわいせつ物頒布罪，名誉毀損罪，侮辱罪等は全て憲法違反ということにならないであろうか．はっきりと名指しで行われる名誉毀損や侮辱罪は，むしろヘイトスピーチよりも対抗言論での問題解消が容易であろうし，わいせつ物頒布の禁止に至っては，ゾーニング規制が世界的な趨勢であることとつじつまが合わない．表現の自由を制約する刑事規制を全て憲法21条違反とする極端にラディカルな立場に立たない限り，マイノリティの人格権侵害が認定される場合にはかかる行為をヘイトクライムとして立法化することが必須であると解される．確かに構成要件の厳格化が必要ではあるが，名誉毀損，侮辱については，すくなくともヘイトスピーチ解消法の定義に該当するマイノリティに対して拡大することなくして，問題が解消するとは思われない[89)]」と述べたことがある．

これを，本節でここまで批判的に検討した点に留意しつつさらに考察を進めよう．

2　「差別的表現」の規制か「憎悪（煽動）言論」の規制か

ヘイトスピーチ禁止を「差別的表現の禁止」提案として，次のような私案を提示していた内野正幸の主張[90]は参照に値する．

（第1項）日本国内に在住している，身分的出身，人種または民族によって識別される少数者集団をことさらに侮辱する意図をもって，その集団を侮辱した者は，……の刑に処す．

（第2項）前項の少数者集団に属する個人を，その集団への帰属のゆえに公然と侮辱した者についても，同じとする．

（第3項）前2項にいう侮辱とは，少数者集団もしくはそれに属する個人に対する殺傷，追放または排除の主張を通じて行う侮辱含むものとする．

（第4項）本条の罪は，少数者集団に属する個人またはそれによって構成される団体による告訴をまってこれを論ず[91]．

この提案は，先に引用したように，「第1は，特定される集団に対する違法な暴力の行使の煽動や唆しである．第2は，特定されうる集団およびそのメンバーに対する集団的名誉棄損や誹謗中傷，侮辱である．第3は，特定されうる集団のメンバーに対する差別の煽動や助長である．第4は，特定されうる集団のメンバーに対する憎悪の増進である．これらの表現は，それぞれが提起する害悪は若干異なっており，それゆえ禁止の正当化の根拠も異なってくる[92]」との指摘を踏まえれば，すべての類型について処罰規定を置こうとするものと解される．しかし，第3及び第4の類型については，問題があろう．

第3の類型については，「結果的に差別を助長するような表現は多く存在する」のであり，「悪意のない何気ない表現であっても，差別的だとして抗議を受ける事例は後を絶たない．このような差別を促進するような表現をすべて刑罰でもって禁止することは，明らかに過度に広汎であって，禁止の範囲が不明確であり，許されない[93]」．また第4の類型については，なによりも「誰かの気分を害し，誰かを傷つける表現は非常に多く．明らかにそれをすべて禁止すれば，もはや表現の自由は無くなってしまう[94]」．さらに第4の類型については「社会に対する危害の防止という利益は，ヘイトの増進がどのような意味で社会に危害を及ぼすのかはっきりしない[95]」のであり，結局は「政府が危険だと思う表現，政府が市民には不適切だと考える表現はすべて禁止可能だということになる[96]」のであって，「そこにはもはや表現の自由も民主主義も存在しないであろう．そしてこのような考え方は，政府にこそ，表現や自由を操作し，権力にとって不都合な表現や情報を禁止することを可能にする危険性があることを無視するものであろう[97]」．

これに対し，第1及び第2の類型については，先に述べた「マイノリティの人格権侵害が認定される場合」が，上記で述べた「尊厳」侵害や「平等原則」侵害とは異なること，すなわち，集団に対して発せられた「ヘイトスピーチ」であって，かつそれが直接名指しをしていないとしても，当該対象者が直接名指しされたと同一視できるような極めて限られた場合に限って，刑事規制の対象とすることは可能ではないか．すなわち，名誉棄損あるいは侮辱罪の「人」について，人種的・民族的・宗教的マイノリティ集団の構成員（ここでいう集団は最も緩やかな意味で解されるべきであると思われる）個人に対して名指ししたと同一視できるような場合に限って，すなわち，集団に対する名誉棄損あるいは侮辱を個人的法益の侵害があるとみなし得る場合に限って処罰対象とするのであれば，必要最小限度の公共の福祉に基づく規制と解されるのではないかと主張したい[98]．

もちろん，これはいわば限定的とはいえ破壊活動防止法38条以下の諸規定にあるような煽動処罰を認めるものであるから，厳格な構成要件の法律による提示が必要である．現行刑法の解釈によることは不可能であろう．その際には，いわゆる「ブランデンバーグ原則」に従った要件の提示が必須である[99]．仮に明白かつ現在の危険テストを用いるとしても，それは芦部信喜が主張するように，① ある表現行為が近い将来，ある実質的害悪をひき起こす蓋然性が明白であること，② その実質的害悪がきわめて重大であり，その重大な害悪の発生が時間的に切迫していること，③ 当該規制手段が右害悪を避けるのに必要不可欠であること，という3つの要件が論証された場合にはじめて，問題となっている表現行為を規制することが許される原理であるとの立場[100]から規定の制定，解釈運用が考えられるべきであろう．

なお，実質上本稿と近い，「ヘイトスピーチ」規制について相当に消極的な立場に立つ松井は，カナダ憲法のように多文化主義が憲法原則であれば，以上のような限定を加えない憎悪煽動表現規制も正当化されることがあり得ると主張する[101]．しかし，松井自身が多文化主義を憲法原則とするカナダにおいても，そのことだけでは必ずしも積極的規制が正当化されないことと結論付けている[102]．

ここで本稿が留保してきた「ヘイトスピーチ」の訳語について検討しよう．

すでに見たように，これを「差別的表現」と等置する主張がある[103]．このような主張は，「差別用語」の規制と親和性があると考えられ，したがって，いわゆる「部落差別」解消のための「差別用語」の使用禁止，と容易に結びつき得るであろう．しかし差別的な言葉，表現は，文脈によって「差別的」になることは明らかである．「部落差別」について研究する論文が「差別用語」を引用しても当該研究が「部落差別をしている」とは到底言えないように，ヘイトスピーチにあたるとされる発言を引用した研究も「ヘイトスピーチをしている」わけではない．ヘイトスピーチを差別的表現と等置する主張は，ヘイトスピーチ規制に積極的な学説がいう平等条項を表現の自由規定に優位させる立場と親和性が高いのであり，したがって，ヘイトスピーチの規制積極論に懐疑的な本稿の立場からすれば不適切と評価されることになる．個人を名指しした名誉毀損または侮辱と同視されるようなもののみを「ヘイトスピーチ」として規制可能と解する本稿の立場からすれば，「ヘイトスピーチ」は憎悪言論あるいは憎悪扇動言論と訳されるべきものと解される．

3　刑事規制以外の手法

以上判例上すでに可能な民事上の不法行為該当による規制，刑事規制の可能性について若干の検討を行った．それでは，それ以外の手法はあり得ないのであろうか．

この点，本章第２節３で若干言及したようなインセンティブによるヘイトスピーチ縮減の可能性などについて，さらに検討しよう．

少なくとも，ヘイトスピーチを縮減することは，「ヘイトスピーチ」解消法の理念からすれば当然に要請される．立法的解決策として，すでに見たような限定的な刑事規制の刑法への追加（あるいは新法の制定）だけでなく，教育を通じた啓蒙はすでに一定程度行われてはいる[104]．社内研修などによる啓蒙を税控除に結びつけるような環境法領域で行われている仕組みはヘイトスピーチ解消のための施策にも応用可能であろう．

もちろん，地方自治体においては，ヘイトスピーチ解消のためにプロジェクトチームが動くにも，条例の後押しがないと予算が獲得できないのが現実であるから，そのような意味では，少なくとも「枠組み条例」の必要性が肯定される．さらに，すでに述べたような，様々な行動を後押しする表彰や，額は多くなくとも支援する仕組みを作ることは，地方自治体においてはより容易である．

罰則規定は，憲法31条からしても明確性の原則を免れえない問題があるのに対し，インセンティブの付与は，知事や委員会制定の「規則」[105]でも可能だからである[106]．特にCSR（Cooperate〈corporate〉social responsibility）の視点からの人権の促進が，たとえば企業による「ヘイトスピーチ」拡散が問題視されたDHC問題[107]のような事象の解決にも結び付くであろう．

結　語　「ヘイトスピーチ」規制の課題

以上検討してきたように，繰り返しになるが，名誉棄損あるいは侮辱罪にいう「人」について，人種的・民族的・宗教的マイノリティ集団の構成員（ここでいう集団は最も緩やかな意味で解されるべきであると思われる）個人に対して名指ししたと同一視できるような場合に限って，すなわち，個人的法益の侵害があるとみなし得る場合に限って，集団に対する名誉棄損あるいは侮辱を処罰対象とするのであれば，必要最小限度の公共の福祉に基づく規制と解されるのではないかと解する．したがって，「ヘイトスピーチ」=「憎悪（煽動）言論」規制の理念法としての解消法に止まらない刑事罰規制のための法改正は，限定的に可能であると解する[108]．

本稿では紙幅の余裕がなく詳細な検討には至らなかったが，とくにコモンウェルス諸国の法制度との比較の視点[109]からは，人種差別撤廃条約に実効性を持たせるための一般的差別禁止法の制定や，パリ原則に従った国内人権機関の設置が検討されるべきであろう．障害者差別に関する対応との差が問題である．特に国内人権機関の設置については，ヘイトスピーチ解消法提案者自体が，この点について否定的であった．もちろん国内人権機関を設置し，パリ原則に従って政府からの独立性が高いものとなったとしても，ただちにヘイトスピーチ規制のために既存の刑法が適用可能になるわけではないし，本稿で検討してきた国内法状況からすれば，民事責任追及が結局中心となるであろう．

付　記

本章は，佐藤潤一研究代表「コモンウェルス諸国における立憲主義」（研究課題/領域番号・18K01266）基盤研究（C）および大阪産業大学産業研究所学内研究助成分野別研究「ブレグジットの憲法状況への直接的影響の研究（コモンウェルス立憲主義研究の基礎）」による研究成果の一部である．
（初出　大阪産業大学論集　人文・社会科学編　43号掲載・ただし圧縮してある）

註

1）　正式名称は「本邦外出身者に対する不当な差別的言動の解消に向けた取組の推進に関する法律」（平成28年6月3日法律第68号）．なお本稿は *hate speech* 概念それ自体も検討対象とするため，本来は，いわゆるヘイトスピーチ，という趣旨で「ヘイトスピーチ」と記載すべきであろうが，検討それ自体は判例等の検討の後に行うため，煩雑さを避けるために，基本的には「ヘイトスピーチ」ではなく，単にヘイトスピーチ，と表記する．また「ヘイトスピーチ」を「差別的表現」と等置する主張も多いが（後述註38参照），そのような主張は多くの問題があると解される（第3節4で検討する）．なお，「部落差別の解消に関する法律」（平成28年法律第109号・平成28年12月16日）が「ヘイトスピーチ」解消法と，構造からして，明らかに同様の発想に立っていることは，規制に消極的な政府の立場としては守備一貫している．

2）　自由権規約13条は次のような規定で，① 国の安全のためやむを得ない場合は追放される可能性があることを認め，② それ以外の場合は一定の慎重な審査を認める規定である．下線部からも明らかなように，本来 ② に重点があり，そのことによる人権保障が趣旨であるが，しばしば ① の点のみが協調されるきらいがある．

第13条【外国人の追放】　合法的にこの規約の締約国の領域内にいる外国人は，法律に基づいて行われた決定によつてのみ当該領域から追放することができる．国の安全のためのやむを得ない理由がある場合を除くほか，当該外国人は，自己の追放に反対する理由を提示すること及び権限のある機関又はその機関が特に指名する者によつて自己の事案が審査されることが認められるものとし，このためにその機関又はその者に対する代理人の出頭が認められる．

International Covenant on Civil and Political Rights：ICCPR Article 13　*An alien* lawfully in the territory of a State Party to the present Covenant may be expelled there from only in pursuance of a decision reached in accordance with law and shall, except where compelling reasons of national security otherwise require, be allowed to submit the reasons against his expulsion and to have his case reviewed by, and be represented for the purpose before, the competent authority or a person or persons especially designated by the competent authority.

3）　簡潔には，窪誠「国際人権法における外国人の人権」移民政策研究　第3号（*Migration Policy Review 2011 Vol.3*）2～11頁を参照．なお本稿において多数の学説に言及するが，本文において敬称は省略した．

4）佐藤潤一「ヘイトスピーチ規制の法的問題点 憲法と国際人権法の視点から」国際人権ひろばNo.133（2017年5月発行号）所収．同論文は，本稿と同様の問題意識に立つものであるが，紙幅が極めて限られていたため，十全な論旨展開が出来ていない．本稿はそのような意味で，同稿の論旨を，論拠判例等を含め論じるものであるから，主張には重複する点を含む．なお，同誌に掲載された論文は，次のURLでも閲覧できる．〈https://www.hurights.or.jp/archives/newsletter/section4/2017/05/post-13.html〉 以下本稿で言及するURLは，2021年7月18日にアクセスし，確認している．

5）すぐ後で検討する板垣論文などを参照．

6）ジャーナリスティックなものではあるが，野間易通『増補版　在日特権の虚構』（河出書房新社，2015年）をさしあたり参照．著者自身の活動（「レイシストをしばき隊」，後にC.R.A.C.）については異論もあるが，本書は独立の価値を有する．

7）板垣竜太「日本のレイシズムとヘイトスピーチ」LAZAK編『ヘイトスピーチはどこまで規制できるか』（影書房，2016年）9～47頁．

8）法務省内にある「ヘイトスピーチ許さない」のポスター〈http://www.moj.go.jp/content/001184411.pdf〉．

9）板垣註7前掲13頁．

10）板垣註7前掲14頁．

11）同上．

12）同上．

13）板垣註7前掲15頁．

14）同上．

15）最高裁判所平成2年4月17日民集44巻3号547頁．参照，赤坂正浩『憲法講義（人権）』信山社，2011年72～73頁．政見放送を「差別用語」が含まれるとの理由で「品位を損なう言動」（公選法150条の2）該当として削除して放送したことの違法性が争われた事件である．以下，同書の《IV　差別的表現［※本書の「市民」は国民も外国人も含む概念として用いられている．］》に基づいて若干の整理を行う．

16）赤坂註15前掲書72頁．

17）同上．

18）同上．本稿筆者はすでに『平和と人権』（晃洋書房，2011年）第2章第3節でこの点を取り上げておいたが，その後の進展特に後述するいわゆるヘイトスピーチ解消法が公布・施行されたのは2016年（平成28年）であるから，赤坂教授の著書同様同法には触れていない．人種差別撤廃条約とその留保については本章第2節1で検討する．なおここで「差別的表現の自由」との用語が用いられているが，それは「ヘイトスピーチ」とイコールではあり得ない．この点は第3章第2節で論じる．

19）同前．ここで赤坂教授がまとめている市川教授の主張については，市川正人『ケースメソッド憲法』（日本評論社，初版1998年，第2版2009年）137～140頁参照．なお「ブランデンバーグの原則」とは「暴力行為・違法行為の唱道は，そうした行為がただちに発生することを意図するものであって，そうした行為が発生する蓋然性が存在する場合にのみ処罰できるという考え方である．『明白かつ現在の危険［clear and present danger］の原則』では，表現者にその意図がなくても，重大な害悪の発生を切迫させたという判断で煽動の処罰が可能となるのに対して，『ブランデンバーグの原則』では，違法行為をただちにおこなうように呼びかけなければ処罰されないことになるので，合憲性の審査方法としてはより厳格だとされる（市川正人『ケースメソッド憲法』（日本評論社，初版1998年，第2版2009年）134頁）．」赤坂註15前掲書71頁．

20）赤坂註15前掲書72頁．

21）最高裁判所平成2年4月17日民集44巻3号547頁．

22）本判決については，なお，尾吹善人「政見放送削除事件」同『憲法の基礎理論と解釈』（信山社，2007年）619～625頁を参照．

23）尾吹註22前掲619頁．

24）赤坂註15前掲書72頁．

25）赤坂註15前掲書は，判旨を「最高裁は，本件削除部分は『他人の名誉を傷つけ善良な風俗を害する等政見放送としての品位を損なう言動を禁止した公職選挙法150条の2の規定に違反する』と述べ，そもそも150条の2違反の言動をそのまま放送される法的に保護された利益はないという理由で，本件措置は不法行為にあたらないと判断した．また，NHKは行政機関ではないので，本件措置は憲法21条2項前段が禁止する『検閲』にもあたらないとした」と整理したうえで，その評価を「この判決に対しては，学説から以下のような疑問が提起されている．本件判決は，当該発言部分がはたして公選法150条の2に該当するかどうかの綿密な検討を欠いている．仮に150条の2に該当するとしても，この条項は本来立候補者の心構えを規定したもので，強制力をもたない．仮に150条の2に強制力を認めるとすれば，重要な政治的表現行為の内容規制法であるから，その合憲性について厳格な審査が必要となる．また，公法上の特殊法人であるNHKを安易に行政機関ではないと解釈して，その事前審査を『検閲』ではないと簡単にいってよいかも疑問である」とまとめている（同73頁）．

26）尾吹註22前掲評釈も，赤坂註15前掲書もこの点に疑義を示している．

27）詳述はしないが，税関検査に関する判決（札幌税関事件・最大判昭和59（1984）年12月12日民集38巻12号1308頁）および教科書検定に関する判決（東京地判昭45（1970）・7・17行集21-7別冊（判時604-29），東京高判昭50（1975）・12・20行集26-12-1446（判時800-19），東京地判昭49（1974）・7・16判時751-47，最三小判平

9（1997）・8・29 民集 51-7-2921 など）はいずれも相当に無理のある理由付けで検閲該当性を否定している．検閲に該当するかどうかについては，他に，教科書検定制度に関する判例がある．もちろん，「教科書の一定の内容規制の必要は確かにある．教育の機会均等の確保という観点からである．注目すべきは，教科書は検定に不合格になっても一般図書としての出版・販売可だから，検閲にはあたらないという主張があることである．けれども教科書として出版できなければ意味が無いし，検定が思想内容に及ぶ場合は問題となる」（佐藤潤一『教養　憲法入門』敬文堂，2013 年，第 9 章第 3 節 3）．

28）最高裁大法廷判決昭和 61（1986）年 6 月 11 日最高裁判所民事判例集 40 巻 4 号 872 頁・判例時報 1194 号 3 頁．

29）尾吹註 22 前掲 621 頁参照．

30）本事件についての Wikipedia の記載は比較的正確であるが，「在特会」側の主張を大きく取り上げすぎである点問題がある．「在特会」は，「在日特権を許さない市民の会」の略称であるという．第 1 審は，平成 22（ワ）2655　街頭宣伝差止め等請求事件　平成 25 年 10 月 7 日京都地方裁判所第 2 民事部判決である．判決本文は裁判所サイト内で閲覧可能である〈https://www.courts.go.jp/app/files/hanrei_jp/675/083675_hanrei.pdf〉．第 2 審は，街頭宣伝差止め等請求控訴事件　大阪高等裁判所平成 25（ネ）3235 平成 26 年 7 月 8 日第 12 民事部判決〔① の控訴審〕である．本判決も裁判所サイト内で閲覧可能である〈http://www.law.tohoku.ac.jp/research/publiclaw/2014_7_8.pdf〉．上告審は 2014 年 12 月 9 日最高裁第三小法廷判決（② の在特会による上告棄却判決）であり，裁判所サイト内には判決本文が掲載されていない．参考，〈http://www.nikkei.com/article/DGXLZO80765640Q4A211C1CR8000/〉．（日経新聞 2014 年 12 月 11 日）．本判決の事実関係については，中村一成（なかむら・いるそん）『ルポ　京都朝鮮学校襲撃事件』（岩波書店，2014 年）が比較的詳細に取り上げている．人種差別撤廃条約の規定の趣旨からすれば，刑事処罰規制こそが重要である（資料 3 参照）が，「在特会」の事件のうち，刑事（京都朝鮮第一初級学校・威力業務妨害事件）については，公式判例集には現時点では掲載されていないようである．朝鮮初級学校前校長が京都市管理下にある公園の無許可占有を理由として書類送検され，罰金 10 万円の略式命令を受けたこと自体も問題である．本事件にかかわる刑事事件判決については，その地裁判決（京都地裁平成 23（2011）年 4 月 21 日判決），高裁判決（大阪高裁平成 23 年 10 月 28 日判決（一部被告の控訴棄却），最高裁判所第一小法廷平成 23 年（あ）第 2009 号 平成 24 年 2 月 23 日決定（一部被告の上告棄却）はいずれも上記の民事訴訟地裁判決の中で言及されている．これらの判決は，「ヘイトスピーチ規制」の考察には重要な意味を持つと思われるが，そのための条件は十分には整っていないと言わざるを得ない．なお，本件の背景事情を考察するにあたっては，特に，高史明『レイシズ

ムを解剖する　在日コリアンへの偏見とインターネット』(勁草書房, 2015年) が有益であった. また, 法律制定以前の状況把握として, 安田浩一『ヘイトスピーチ 「愛国者」たちの憎悪と暴力』(文藝春秋〔文春新書〕, 2015年) が簡潔で有益である. なお, 国際人権法学会の機関紙『国際人権』24号 (信山社, 2013年) はヘイトスピーチの国際比較が特集されており, 佐藤潤一「オーストラリアにおける差別表現規制——差別禁止法と国内人権機関の役割」も掲載もされている. なおオーストラリアは日本と比べてそもそも人権保障の仕組み自体が相当に異なるため, そのような違いを捨象しては有益な比較にはならない. この点については, 佐藤潤一「オーストラリアにおける人権保障——成文憲法典で人権保障を規定することの意義・研究序説」『大阪産業大学論集　人文・社会科学編』12号 (2011年6月) 19～54頁を参照. 〔裁判所サイト以外は現在リンク切れ. 〕

31) 以下三菱樹脂事件最高裁判決についての検討は佐藤潤一『教養　憲法入門』(敬文堂, 2013年) 第6章第1節3参照.

32) 最高裁大法廷判決昭和48 (1973) 年12月12日最高裁判所民事判例集27巻11号1536頁.

33) 法務省サイト内にある「いわゆるヘイトスピーチ解消法の成立等について」〈https://www.moj.go.jp/content/001206812.pdf〉より引用.

34) 基本文献：魚住裕一郎, 西田昌司, 矢倉克夫, 三宅伸吾, 有田芳生, 仁比聡平, 谷亮子監修『ヘイトスピーチ解消法　成立の経緯と基本的な考え方』(第一法規, 平成28年［2016年］10月). 本書は, 法案提出者の提案理由, 議会での答弁などが収録されている (ただし学問的に詰めた議論がなされているわけではない).

35) 本稿筆者は大阪府の在日外国人施策有識者会議の委員として会議に参加した際に複数の大阪府の職員から国法があってはじめて予算を伴う施策の実行が可能になる旨の発言を受けたことがある. なお大阪府在日外国人施策有識者会議の概要については, 〈https://www.pref.osaka.lg.jp/jinken/yushikisyakaigi/〉を参照.

36) 註33前掲「いわゆるヘイトスピーチ解消法の成立等について」2頁より引用.

37) 出入国在留管理庁のサイトは「不法滞在」について「出頭申告のご案内～不法滞在で悩んでいる外国人の方へ～」〈https://www.moj.go.jp/isa/publications/materials/nyukan_nyukan87.html〉とのページを置いている. 佐藤潤一『日本国憲法における「国民」概念の限界と「市民」概念の可能性——「外国人法制」の憲法的統制に向けて』(専修大学出版局, 2004年) 第一部第一章で論じたように, 「不法」入国, 「不法」就労, というとき, 「基本的なことは, その『不法』性の中身である. 職のあるところに行き, 生活費を稼ぐ, これが彼ら・彼女ら〔いわゆる「不法就労者」を指す－筆者〕をして『不法就労者』たらしめる行為であって, 本来それ自体にはなんらの不法性もない」ことから, 「国連では, 彼ら・彼女らを『不法就労者』と呼ぶことを, すでに

1975年以来やめている．総会決議3449（第30会期）は，それに代えて『就労許可証を交付されていない non-documented，あるいは規則外の地位にある in an irregular situation』労働者という呼称を採用するよう勧告した．この決議，およびそれを受けついだ『すべての移住労働者とその家族構成員の権利の保護に関する国際条約』」によって「規則外労働者」という呼称が採用されている（渡辺洋三・甲斐道太郎・広渡清吾・小森田秋夫編『日本社会と法』〔岩波書店〔岩波新書〕，1994年〕97頁）．移民政策学会〈http://iminseisaku.org/top/〉は「不法滞在」に替えて「非正規滞在者」という用語を用いている．

38）法的な簡潔かつ有益な整理として，近藤敦『人権法』（日本評論社，2016年）221〜224頁．また，『法学セミナー』（日本評論社）2015年7月号特集記事「ヘイトスピーチ／ヘイトクライム――民族差別被害の防止と救済」（12〜65頁）も有益．憲法問題に関する包括的業績として内野正幸『差別的表現』（有斐閣，1990年），市川正人『表現の自由の法理』（日本評論社，2003年），松井茂記「第1章　ヘイトスピーチと表現の自由」同『表現の自由に守る価値はあるか』（有斐閣，2020年）1〜89頁．なお市川正人「研究ノート　表現の自由とヘイトスピーチ」『立命館法学』2015年2号（360号）122(516)〜134(528)頁〈http://www.ritsumei.ac.jp/acd/cg/law/lex/15-2/ichikawa.pdf〉も参照．以上の文献は，基本的にすぐ後に本文で整理する規制消極説であると解される．規制積極説に親和性がある論考ではあるが，小林直樹「差別的表現の規制問題――日本・アメリカ合衆国の比較から」『奈良学園大学　社会科学雑誌』創刊号（2008年12月）87〜148頁〈http://www.naragakuen-u.jp/social_science/pdf/jss01_kobayashi.pdf〉は，比較的丁寧に差別的表現の日本における歴史をたどった上で論じている．規制積極説に立つと解される刑事規制の観点からの包括的な研究としては，前田朗『ヘイトスピーチ法 研究序説――差別煽動犯罪の刑法学』（三一書房，2015年）がある．規制積極説に立つと解される文献としてさらに，桧垣伸次『ヘイト・スピーチ規制の憲法学的考察――表現の自由のジレンマ』（法律文化社，2017年），師岡康子『ヘイト・スピーチとは何か』（岩波書店，2013年），奈須裕治『ヘイト・スピーチ法の比較研究』（信山社，2019年）などがある．比較的中立的な視点から歴史的視点に配慮しつつ，憲法論としての問題点を簡潔に整理しているものとして，見平典（みひら・つかさ）「第14章　表現の自由　Ⅲ　ヘイトスピーチの規制」曽我部真裕（そがべまさひろ）・見平典編著『古典で読む憲法』（有斐閣，2016年）238〜244頁．筆者自身による日本の状況との関係についての簡潔な整理については，28年12月12日時点のものであるが，大阪府のウェブサイト内に公表されている．佐藤潤一「基調報告『大阪府における「外国人の人権」の現状と課題』」〈https://www.pref.osaka.lg.jp/jinken/yushikisyakaigi/yuusikisya43.html〉．

39）英文は，〈https://www.ohchr.org/en/professionalinterest/pages/ccpr.aspx〉より引

用した（強調［イタリック］は筆者による）．

40）邦訳は，〈https://www.mofa.go.jp/mofaj/gaiko/kiyaku/index.html〉から参照できる外務省の公定訳を引用した．下線による強調は筆者による．概ね英文に対し加えた強調に対応している．ethnic origin が種族的出身と訳されている点についてはそもそも種族との訳語自体が適切ではないと解される．種族は生物学的用語であり，人に対して通常用いられないからである．小山貞夫編著『英米法律用語辞典』（研究社，2011年）は人種，民族との訳語を当てており，もちろん本条の訳語としては race や racial がある以上人種との訳語は不適切であり，あえていえば「民族」とすべきではなかろうか．

41）外務省サイト内にある「人種差別撤廃条約第1回・第2回定期報告（仮訳）」〈https://www.mofa.go.jp/mofaj/gaiko/jinshu/99/4.html〉パラグラフ［49］．／は原文における改行を示す．

42）註41前掲「人種差別撤廃条約第1回・第2回定期報告（仮訳）」パラグラフ［50］．以上の留保について，パラグラフ51以下に言及されている内容も含めて，外務省「Q&A 人種差別撤廃条約」『時の動き』（1996年3月号）68～69頁は簡略化して説明している．しかしのちに検討するように不十分な点があると解される．この点については後述する．本質的にはこのような留保主張は本来自由権規約20条［「戦争のためのいかなる宣伝も，法律で禁止する」（第1項），「差別，敵意又は暴力の扇動となる国民的，人種的又は宗教的憎悪の唱道は，法律で禁止する」（第2項）］にも当てはまるはずである．確かに20条は刑事処罰までも要請していないと読むことは一応可能であるが「禁止する」の解釈として問題もあろう．

43）見平註38前掲論文．

44）見平註38前掲論文238～239頁．

45）見平註38前掲論文239頁．

46）同上．

47）同上．

48）同上．

49）見平註38前掲論文240頁．ここで整理されているような規制積極論に立っていると解される文献として，師岡註38前掲書．

50）同上．

51）同上．

52）見平註38前掲論文241頁．

53）同上．

54）同上．

55）見平註38前掲論文241～242頁．

56）　註 38 前掲の師岡康子，桧垣伸次，奈須裕治らがその代表的な論者といえる．

57）　松井註 38 前掲論文 34 頁．

58）　同上．

59）　浦部法穂『憲法学教室［第 3 版]』（日本評論社，2016 年）182〜183 頁．松井註 38 前掲論文も R v. Keegstra,［1990］3S.C.R. 697 におけるカナダ政府の主張を「ヘイトスピーチは他の人を傷つけるだけであるから，あるいは公共の事項に関する討論に貢献しないから，表現の自由として保護するに値しないという見解もあろう」と整理している（松井註 38 前掲論文 34 頁）．

60）　浦部法穂「人権と制度的保障」同『事例式演習教室　憲法　第二版』（勁草書房，1998 年）5 頁．

61）　浦部註 59 前掲書 183 頁．

62）　浦部註 59 前掲書 184 頁．

63）　松井註 38 前掲論文 28 頁．

64）　同上．

65）　松井註 38 前掲論文は，「表現の自由の問題を提起する多くの事例では，問題となっているのは社会の中の少数者の表現であり，それは社会の多数者にとっては保護に値しない，価値のない表現とみられ，それゆえ制約されているのである．このように社会の多数者に対して，少数者の見解に価値はないという理由で表現の自由を否定することを許しては，そもそも表現の自由が保護される余地はなくなってしまおう」と整理する（34〜35 頁）．

66）　芦部信喜著・高橋和之補訂『憲法　第七版』（岩波書店，2019 年）208 頁．

67）　背景事情として考慮すべき日本語教育問題として筆者自身，次のような研究に分担者として参加しあるいは研究員として参加して，検討を行ってきた．① 日本語教育保障法の検討（科研費研究）「日本語教育保障法」に向けた理論的・実証的研究――言語教育学と公法学の視点から――〈https://kaken.nii.ac.jp/ja/grant/KAKENHI-PROJECT-21320097/〉，② ニューカマーに対する日本語教育保障法案の創出をめぐる言語教育学・公法学的研究〈https://kaken.nii.ac.jp/ja/grant/KAKENHI-PROJECT-19652050/〉，③ 日本語教育法制化推進委員会（公益財団法人日本語教育学会）日本語教育法制化推進委員会最終報告書 現場の知恵を日本語教育政策に生かす道筋〈http://www.nkg.or.jp/oshirase/2014/houseikahoukoku.pdf〉．（2022 年現在リンク切れ）

68）　日本在住外国人への日本語教育と，日本語による情報発信，すなわち，本質的な「多文化共生」「異文化共生」「異文化理解」教育充実の必要性が理化されるべきであり，日本国民による日本語を母語としない住民に対する理解，日本語を母語としない住民の日本語・日本文化理解，相互理解こそが重要であるとの立場からの研究として，佐藤潤一「多文化共生社会における外国人の日本語教育を受ける権利の公的保障」『大阪

産業大学論集　人文・社会科学編』1号（2008年3月）1～30頁参照．なお本論文については，Nanette Gottlieb, *Language Policy in Japan The Challenge of Change*, Cambridge UP, 2012, pp. 154-155で紹介検討されている．

69）企業の「人権推進」活動への「褒賞・報奨」の推進こそが自治体の役割ではないか，との点は註38前掲，佐藤潤一「基調報告『大阪府における「外国人の人権」の現状と課題』」において示したことがある．すなわち，田中宏司「企業の社会的責任（CSR）と人権」『東京交通短期大学研究紀要』第16号（2011.3）3～15頁，元（もと）百合子「マイノリティの権利に関する国際人権基準の進展と課題」『立命館法学2010年5・6号（333・334号）』1527～1541頁，公益財団法人人権教育啓発推進センター「企業の社会的責任（CSR）・人権パンフレットの無料配布」〈http://www.jinken.or.jp/archives/882〉などの取り組みがこの問題を検討するにあたってより積極的に考慮されるべきではないかと解されるのである．

70）註41前掲「人種差別撤廃条約第1回・第2回定期報告（仮訳）」パラグラフ［52］．

71）註41前掲「人種差別撤廃条約第1回・第2回定期報告（仮訳）」パラグラフ［53］．

72）註41前掲「人種差別撤廃条約第1回・第2回定期報告（仮訳）」パラグラフ［54］．

73）註41前掲「人種差別撤廃条約第1回・第2回定期報告（仮訳）」パラグラフ［55］．

74）註41前掲「人種差別撤廃条約第1回・第2回定期報告（仮訳）」パラグラフ［57］．

75）註41前掲「人種差別撤廃条約第1回・第2回定期報告（仮訳）」パラグラフ［58］．

76）註41前掲「人種差別撤廃条約第1回・第2回定期報告（仮訳）」パラグラフ［59］．

77）註41前掲「人種差別撤廃条約第1回・第2回定期報告（仮訳）」パラグラフ［60］．

78）註41前掲「人種差別撤廃条約第1回・第2回定期報告（仮訳）」パラグラフ［61］．

79）註30前掲京都地裁平成25年10月7日判決で言及されている．

80）師岡註38前掲書210頁および212頁．なお参照，松井註38前掲論文86～87頁．

81）桧垣註38前掲書211～212頁．

82）桧垣註38前掲書211～212頁および214頁．

83）松井註38前掲論文が「桧垣教授の理解では，市民が他の市民の平等な市民としての尊厳を侵害したときに，その侵害行為を，たとえ表現の自由の行使であっても，制限することが許されるということになる．桧垣教授は，このような結論が憲法のどの条文から導かれるのか明らかにしていないが，人間の尊厳ないし平等の要請だと想定されているように思われる」（87頁）と指摘しているのも同様の懸念を示しているものと解される．

84）松井註38前掲論文87頁．

85）奈須註38前掲書．同書507～508頁はヘイトスピーチの害悪として，それが個人的法益を侵害する場合について，「当該表現の公的言説としての価値は低く，害悪は明確で，対抗言論の機能はあまり期待できない」ことを根拠として規制を合憲であると主張している.

86)　ジェレミー・ウォルドロン（谷澤正嗣・川岸令和訳）『ヘイト・スピーチという危害』（みすず書房，2015年）.

87)　ウォルドロン註86前掲書276〜277頁.

88)　エリック・バレント（比較言論法研究会訳）『言論の自由』（雄松堂出版，2010年）37頁.

89)　佐藤註4前掲「ヘイトスピーチ規制の法的問題点 憲法と国際人権法の視点から」において結論的に「ヘイトスピーチの刑事規制は可能か？」で述べた部分.

90)　内野註38前掲書.

91)　内野註38前掲書168頁.

92)　松井註38前掲論文34頁.

93)　松井註38前掲論文45頁.

94)　松井註38前掲論文50頁.

95)　同上.

96)　松井註38前掲論文51頁.

97)　同上.

98)　ここで宗教的マイノリティを含めているのは，オーストラリアの法制度を参考にしている．さしあたって，佐藤註30前掲「オーストラリアにおける差別表現規制——差別禁止法と国内人権機関の役割」を参照.

99)　市川註19前掲論文参照.

100)　芦部註66前掲書217〜218頁.

101)　松井註38前掲論文89頁.

102)　松井註38前掲論文は，かなりの紙幅を割いて規制に消極的である日米の問題点を考察する1つの視点としてカナダの状況について分析するほか，積極的な規制を肯定するドイツの状況についても検討する．さらに本稿は紙幅の関係で詳述を避けたが大阪府および川崎市の条例の持つ問題点についても分析している（同論文1.7）.

103)　内野註38前掲書（そもそも著書名が『差別的表現』である）ならびに赤坂註15前掲書.

104)　法務省サイト内にある人権擁護局による，「ヘイトスピーチ，許さない」〈https://www.moj.go.jp/JINKEN/jinken04_00108.html〉のページはその典型である.

105)　地方自治法第15条は「普通地方公共団体の長は，法令に違反しない限りにおいて，その権限に属する事務に関し，規則を制定することができる」（同条第1項）と規定し，同条第2項では「普通地方公共団体の長は，法令に特別の定めがあるものを除くほか，普通地方公共団体の規則中に，規則に違反した者に対し，五万円以下の過料を科する旨の規定を設けることができる」と規定する．このように過料は科し得るが当然罰則は科すことが出来ない．また地方自治法138条の4第2項が「普通地方公共団体の委員会は，法律の定めるところにより，法令又は普通地方公共団体の条例若しくは規則に違反しない限りにおいて，その権限に属する事務に関し，規則その他の規程を定めることができる」と規定しているように，インセンティブの付与であれば委員会も規則制定可能である．

106）註38前掲，佐藤潤一「基調報告『大阪府における「外国人の人権」の現状と課題』」では，既存の取り組みを大阪府で後押しする仕組みは作れないかにつき，大阪市の取り組み「総合的な人権行政の推進（「人権の視点！ 100！」と「人権が尊重されるまち」指標）」〈https://www.city.osaka.lg.jp/shimin/page/0000210938.html〉，「大阪府人権教育推進計画」〈https://www.pref.osaka.lg.jp/jinken/measure/suishinkeikaku_hajim.html〉に加えて，学校教育ですでに実践されている啓蒙活動をより一層推進することの重要性を主張した．

107）石井紀代美，佐藤直子「DHC吉田会長，ネット上で「コリアン系」ヘイト声明 荒唐無稽な主張次々」東京新聞2021年4月13日〈https://www.tokyo-np.co.jp/article/97800〉参照．

108）刑事法規制については，第3章での検討，註38前掲の『法学セミナー』特集記事に含まれている，内田博文「刑事法および憲法と差別事件」も参照（社会的法益に関する罪としてヘイトクライムを立法化することの意義と問題点を指摘しておあり，ヘイトクライム立法への疑義として，そもそも名誉毀損，わいせつ物頒布罪，煽動罪等との比較がなされるが，これらの刑法などの現行規定自体に憲法上の疑義があることを簡潔に整理している）．

109）佐藤註30前掲論文「オーストラリアにおける差別表現規制――差別禁止法と国内人権機関の役割」のほか，Dr Bharat Malkani, "Human Rights Treaties in the English Legal System", [2011] PL 554-577.（佐藤潤一訳「イギリス法体系における人権条約」『大阪産業大学論集　人文・社会科学編』18号225～261頁），George Williams and Lisa Burton, "Australia's Exclusive Parliamentary Model of Rights Protection", *Statute Law Review* (Oxford University Press) 34(1), 58-94. を参照．

第6章　外国人の文化的権利

――憲法と国際人権法の交錯領域――

第1節　文化的権利とはなにか

文化的権利は，憲法解釈として，あるいは憲法以前の人権として，日本において主張されることはそれほど有力な考え方ではない．たしかに憲法25条は「健康で文化的な最低限どの生活を営む権利」を規定する．しかし同条に言う「文化的な……生活を営む権利」について，憲法学説は立ち入った考察を加えてきていない．

日本国憲法の普及が政府によって試みられていた時期においては，軍国主義を棄てて**文化国家**を建設する，といったフレーズがしばしば用いられていたが，ここでいう文化国家は，戦争をしない健全な国家，という趣旨のものであったと考えられる．

教育基本法は，その前文で，「我々日本国民は，たゆまぬ努力によって築いてきた民主的で文化的な国家を更に発展させるとともに，世界の平和と人類の福祉の向上に貢献することを願う」旨定めており，2006年改正後もこの文言は維持された．改正時に追加された諸々の文言の解釈次第では「文化」の意味が問題となり得るが，ここでいう「文化的な国家」は，上の「文化国家」と軌を一にするものであろう．

「文化的権利」が日本の法律用語として登場するのは，経済的，社会的，及び文化的権利に関する国際規約の批准においてである．文化的権利，との用語は，実際にはひとまとまりのフレーズとして条文に現れているわけではない．まず，自由権規約において，**マイノリティの文化享有権**が保障されている（27条）．ついで，社会権規約においては，15条1項1号(a)で「**文化的な生活に参加する権利**」，同条2項で「科学及び文化の保存，発展及び普及に必要な措置」につき規定し，さらに同条4項で「この規約の締約国は，科学及び文化の分野における国際的な連絡及び協力を奨励し及び発展させることによって得られる利益を認める」旨規定する．

しかし，直接のフレーズとしては文化的権利という用語は存在しない．そのためか，日本では，憲法26条で国民に対してのみ文言上は保障されている**「教育を受ける権利」**と，自己の保護する子女に教育を受けさせる義務を，裁判上拡大するために社会権規約が用いられてきた．他方で，先住民族の伝統文化の享受については，憲法13条と，自由権規約27条の権利として問われる．

本章では，「文化的権利」に関する接近手法として憲法と国際人権法という2つの視点を設定し，具体的に裁判で主張されてきた法理論を中心に紹介検討する[1)]．国内治安の確保が積極的平和の一面であるとするガルトゥングの観点からも注目される．

1　憲法からのアプローチ

憲法上は「文化的権利」が明確には位置付けられてきていない．本書の総説において文化的権利として「教育を受ける権利」を取り上げているが，日本のマイノリティとしてのアイヌ民族の土地所有権にかかわる**二風谷ダム事件判決**[2)]に見られるように，本来的に先住民族の権利をどのように憲法上保障するのかはすでに問われてきている．この点については本章第1節2でも述べるように国際人権法からのアプローチが主要なものとなる．しかし，文化の享有，そして言語に関する諸権利は，教育を受ける権利の背後にあることが，むしろ意識されるべきである．

ところが，この2つの権利は，憲法上根拠づけることが困難なものである．憲法は，比較法的にみれば，かなり充実した人権条項を有しているものの，文化享有権や言語権については明文を欠く．具体的な個別人権規定の拡張解釈か，憲法13条の幸福追求権に読み込むことが提唱されてきた．ただし，実際の裁判では，必ずしも受け入れられてきてはいない．

2　国際人権法からのアプローチ

本章第1節1において，憲法上明文で位置づけられないことを指摘した，マイノリティの権利としての文化享有権，および言語権は，国際人権法を援用することで，明文根拠を示すことができる．このため，国際人権法のアプローチは「文化的権利」保障を考える上で欠かすことができない．

以下，実際に裁判所でかなり具体的な論点が検討された教育を受ける権利について本章第2節で，裁判所の検討は不十分なものにとどまっているものの，国際人権法の水準からはその保障が強化されてしかるべき文化享有の権利と，これに密接に関わる言語権について，本章第2節での検討を踏まえつつ，本章第3節で扱う．

第2節　教育を受ける権利

1　義務教育は外国人にとって「義務」ではない？

外国人は現在，義務教育を受けるための通知を一応受け取ってはいる．しかし，日本国民がかかる通知を履行しないと，実態調査が入り，就学が確認できるまでの関与がある．これに対して，外国人は，「民族教育を受ける権利があるから」との理由で，外国人保護者は自己の「子女」を就学させる義務はないものとされ，就学「通知」は送られず，就学「案内」のみが送られている[3)]．けれども，憲法26条2項の規定は，国民に対して「法律の定めるところにより，その能力に応じて，ひとしく教育を受ける権利」を保障した憲法26条1項を受けたものであって，「子女」の「教育を受ける権利」のために保護者が負う義務であることは明らかである．条文の文言は「国民」であるが，条文の解釈論として，外国人の保護者にはかかる義務はないと断言するのは行き過ぎではなかろうか．

もちろん，憲法制定当初は，そのような理解が有力ではあった．「たとえば，健康で文化的な最低限度の生活を営む権利や，教育を受ける権利や，勤労の権利は，基本的人権の性格を有するとされるが，それらを保障することは何より，各人の所属する国の責任である．……外国人も，もちろん，それらの社会権を基本的人権として享有するが，それらを保障する責任は，もっぱら彼の所属する国家に属する[4)]」．注目されるべきは，引用部分の下線部である．権利はあるが，その保障責任が日本政府にはないと理解できる言及である．

他方で，「これらの権利は，もっぱら権利者の属する国会よって保障されるべき性質の権利であるが，それが『人間性』に由来する前国家的・前憲法的な性格を有するものである点において，どこまでも人権たる性格をもつ[5)]」とも述べており，社会権保障を拡大する論理をその理論のうちに含ませているものと解される．この著書は広く読まれたものであるが，1974年に出版されたものであって，国際人権規約を日本が批准する前の段階での主張であることは留意されるべきである.

この点, 社会権規約が批准された結果, その論理の前提は失われているはずなのである. 特に本節の検討内容からして注目されるべきは社会権規約13条である.

社会権規約13条の一般的意見[6)]によれば,「規約の中で最も長い規定である第13条は, 国際人権法において, 教育に対する権利に関する最も広範かつ包括的な条文である[7)]」. 第13条第1項は「教育は人格の『尊厳についての意識』を志向し,『すべての者に対し, 自由な社会に効果的に参加すること』を可能にし, かつ, 諸国民の間及び人種的又は宗教的集団のみならずすべての『民族的』集団の間の理解を促進しなければならない. ……最も基本的なのは『教育は人格の完成を志向』するということであ[8)]」る. 13条2項は教育を受ける権利につき規定する.「この条項の厳密かつ適切な適用は, 特定の締約国に存在している条件によるであろうが, 教育はすべての形態及び段階において, 以下の相互に関連するきわめて重要な特徴を示すもの[10)]」である必要がある.

すなわち, 第一に「機能的な教育施設及びプログラムが, 締約国の管轄内において十分な量だけ利用できなければならない」(**利用可能性**[11)]). 第二に「教育施設及びプログラムは, 締約国の管轄内において, 差別なくすべての者にアクセス可能でなければならない」(アクセス可能性[12)]). **アクセス可能性**は, 無差別, 物理的なアクセス可能性, 経済的なアクセス可能性という, 相互に重なりあう3つの側面を持つ. とくに重要なのは, この「無差別」との関係で「子どもの権利に関する条約第2条及び, 教育における差別の禁止に関するユネスコ条約第3条(e)に留意し, 無差別の原則は, 国民でない者を含めて, 締約国の領域内に居住する学齢期のすべての者に, その法的地位にかかわりなく及ぶことを確認する[13)]」ことが指摘されていることである. 第三に,「カリキュラム及び教育方法を含む教育の形式及び内容は, 生徒にとって, また適切な場合には両親にとって, 受け入れられる……ものでなければならない」(受容可能性[14)]). 第四に,「教育は, 変化する社会及び地域のニーズに適合し, かつ多様な社会的・文化的環境にある生徒のニーズに対応できるよう, 柔軟なものでなければならない」(適合可能性[15)]).

13条2項(a)の「**初等教育**に対する権利」については,「初等教育は,『義務的』であり『すべての者に対して無償』であるという2つの顕著な特徴をもつ[16)]」. ここでいう「義務的」とは何か. 憲法26条2項の**義務教育**条項の解釈にあたっても参照されるべきものと解されるが，一般的意見は次のように述べる．「義務の要素は，父母も，保護者も，国家も，子どもが初等教育を受けるべきであるか否かについての決定を選択的なものとして扱う資格はないという事実を強調する役割をもつ．同様に，規約の第2条及び第3条でも要求されている，教育を受けることにおける性差別の禁止は，この義務という要件によって強調されている．しかし，提供される教育は，質の点で十分であり，子どもにとって適切であり，かつ，子どもの他の権利の実現を促進するものでなければならない[17]」．そして「無償」とは「子ども，父母又は保護者に支払いを要求せずに初等教育が受けられることを確保するよう明示的に述べられている．政府，地方当局又は学校により課される料金，又はその他の直接的な費用は，この権利の享受を阻害するものとなり，権利の実現を害することがありうる．こうした費用はまた，非常に後退的な効果をもつことも多い．こうした費用をなくすことは，要求されている行動計画によって取り上げられるべき事柄である．（実際はそうでなくとも，自発的なものとされることがある）父母への義務的な徴集金，又は，比較的に高価な学校の制服を着用する義務のような間接的な費用も，同じ種類のものに入りうる．その他の間接的な費用は，ケースバイケースで委員会の審査を受けることを条件として，許容されることもありうる．この初等義務教育の規定は，父母及び保護者が『公の機関によって設置される学校以外の学校を子どものために選択する』権利と何ら抵触するものではない[18]」．

13条2項(b)は**中等教育**に対する権利を規定する．同条項にいう「『一般的に利用可能』という表現は，第一に，中等教育は生徒の表面的な理解力又は能力によるものではないこと，第二に，中等教育はすべての者にとって平等に利用可能になるような方法で全国で提供されることを意味する[19]」．13条2項(b)は「『種々の形態の』中等教育に適用されるとされており，中等教育は異なった社会的及び文化的環境における生徒のニーズに対応するために柔軟なカリキュラム及び多様な提供システムを必要とすることが認められている．委員会は，普通の中等教育制度に並行した『代替的な』教育プログラムを奨励する[20]」．高等教育に対する権利を規定する第13条第2項(c)には，「『種々の形態』の教育についての言及もTVE〔技術及び職業教育：technical and vocational education——引用者註〕についての具体的な言及も含まれていない．……この2つの欠落は，第13条第2項(b)と(c)の重点の置き方の違いを反映したものにすぎない．高等教育が異なった社会的及び文化的環境における生徒のニーズに対応すべきものとすれば，それは柔軟なカリキュラムと，遠隔学習のような多様な提供システムをもたなければならない．従って，実際には中等教育も高等教育も『種々の形態』で利用可能でなければならない」．「第13条第2項(c)に技術及び職業教育への言及がないことについていえば，規約第6条第2項及び世界人権宣言第26条第1項をふまえれば，TVEは高等教育を含むすべての段階の教育の不可欠な要素をなす[21]」．

「一般的にいえば，**基礎教育（fundamental education）**はすべての者のための教育に関する世界宣言に掲げられた**基礎教育（basic education）**に対応するものである．第13条第2項(d)により，『初等教育を受けなかった者又はその全課程を修了しなかった者』は，基礎教育，又はすべての者のための教育に関する世界宣言で定義されている基礎教育への権利を有する[22]」．「世界宣言により理解されるようにすべての者は『基本的な学習ニーズ』を満たす権利を有しているので，基礎教育に対する権利は『初等教育を受けなかった者又はその全課程を修了しなかった者』に限られ[23]」ない．「基礎教育に対する権利は，その『基本的な学習ニーズ』をまだ満たしていないすべての者に及ぶ[24]」．また，「基礎教育の権利の享受は年齢又は性別によって制限されないことを強調しておかなければならない．それは，子ども，青少年，及び高齢者を含む成人に及ぶ[25]」．

以上を要するに，社会権規約13条は，人がその国で生活していくために必要な教育制度を整備せよ，という意味合いを持つものと解される．ここには，成人した外国人の日本在住者をも含む，公的な言語保障の根拠をも求めることができると解される．

このような視点から注目されるのは，いわゆる**退学事件と高槻マイノリティ教育権訴訟**である．

退学事件では[26]，憲法26条2項の義務教育は，外国籍の親にも課されている義務であるか，が問われた．不登校等の問題をかかえていた原告の子からの中学校への退学届を受理したことが問題となった事件である．

被告高槻市側は，復学の可能性があり，実際に復学していることを根拠に訴えの利益そのものがないと主張している．しかし注目されるのは，憲法上の義務についての地裁における判示であった．**マクリーン事件**最高裁判決の性質説は「外国人の権利についてのみ及ぶものではなく，その義務についても及ぶものと解するのが相当である（例えば，憲法30条は，「国民」が納税の義務を負う旨を定めるが，文言に従ってわが国に在留する外国人に対して納税の義務が全く及ばないと解することができないことは明らかである.）」[27]．このように述べた上，憲法26条2項の「責務は，外国人であるからといって免れるものではない」[28]とする．しかし「憲法26条2項前段は，……親が子に対して負担するいわば自然法的な責務（親が子に対して負う責務）を具体化して，法律の定めるところにより，その保護する子女に普通教育を受けさせる義務（親が子に対して負う義務）を規定している．そして，……憲法の規定に従って法律によって**普通教育の内容**を定めるに当たっては，言語（国語）の問題や歴史の問題を考えれば明らかなように，わが国の**民族固有の教育内容**を排除することができないのであるから，かかる学校教育の特色，国籍や民族の違いを無視して，わが国に在留する外国籍の子ども（の保護者）に対して，一律にわが国の民族固有の教育内容を含む教育を受けさせる義務を貸して，わが国の教育を押しつけることができないことは明らかである（このような義務を外国人に対して課せば，当該外国人がその属する民族固有の教育内容を含む教育を受ける権利を侵害することになりかねない）[29]」．下線部が本判決の要点と言って良いであろうが，この理由のみで「したがって，憲法26条2項前段によって保護者に課せられた子女を就学させるべき義務は，その性質上，日本国民にのみ課せられたものというべきであって，外国籍の子どもの保護者に対して課せられた義務ということはできない」[30]との結論を導いている．

しかしながら，このような論理は全く説得的ではない．第一に，私立の小中学校に日本国民が自分の子を通わせることは，義務教育の通知をすることによって侵害されない．第二に，「わが民族固有の教育内容」なるものが，日本に在留する外国籍の子ども自身が受けたいと願う「民族固有の教育内容」を侵害するような内容であるとすれば，それはその教育内容に問題がある．憲法は前文において「諸国民との協和による成果……を確保」することを宣言し，98条2項で「日本国が締結した条約及び確立された国際法規は，これを誠実に遵守する」旨規定しているのであって，「外国人の子どもが義務教育諸学校への入学の機会を逸することのないよう，外国語による就学ガイドブックについて，地域の実情に応じた自治体独自のものを作成・配布し，外国語による就学案内，就学援助制度等の教育関連情報の的確な提供を行うこと」並びに「中学校新入学相当年齢の外国人の子どもについても，公立中学校への就学案内を発給するなど，**義務教育を受ける機会**を適切に保障するための方策を講ずること」を通知している[31]．平成18年6月22日付け18文科初第368号文部科学省初等中等教育局長通知加えて「1．就学案内等の徹底」の項目において「外国人の子どもが義務教育諸学校への入学の機会を逸することのないよう，その保護者に対し，従来の外国人登録原票等に代わり，住民基本台帳の情報に基づいて，公立義務教育諸学校への入学手続等を記載した就学案内を通知すること」.「また，市町村又は都道府県が発行している広報誌，市町村又は都道府県のホームページ等を利用し，外国人の子どもの就学について広報することにより，就学機会が適切に確保されるように努めること」.「なお，学校教育法施行令（昭和28年政令第340号）第1条第2項に規定する学齢簿の編製については，学齢児童生徒等が対象であり，日本国籍を有しない外国人の子どもについては，引き続き学齢簿を編製する必要がないものの，**子どもの就学機会**の確保の点から，外国人の子どもについても，住民基本台帳等の情報に基づいて学齢簿に準じるものを作成するなど，適正な情報管理に努めること」を通知している[32]点に照らしても相当に問題のある判示と言える.

事実関係に照らして，義務教育においては転学先を確保せずに「退学」を受け付けてはならないという原則を否定していないのに，国際人権法及びその適用に関する憲法解釈についての原告の主張を否定する必要はなかったであろう.結論的には校長による義務教育課程における退学届受付について否定的に解しているのであるから，なおさらである.

2　民族教育・文化教育

高槻マイノリティ教育権訴訟[33]は，高槻市によって市立小中学校で実施されていた多文化共生・国際理解教育事業を市が廃止・縮小したことに関連して提起された事件である.

この事業は在日外国人向けの事業であって，この事業の廃止・縮小が**マイノリティの教育権**を侵害したと主張された.争点となったのは，次の諸点である[34].①在日韓国・朝鮮人がマイノリティにあたるか，あたるとして自由権規約27条は締約国に対して積極的な保護措置を講ずべき義務を認めているか.②社会権規約13条に基づき，高槻市が，多文化共生・国際理解教育事業を行う義務を負っているか.③児童の権利条約30条にいう，少数民族の児童が「その集団の他の構成員とともに自己の文化を享有し，自己の宗教を信仰しかつ実践し又は自己の言語を使用する権利を否定されない」との規定が国家に積極的な作為を請求する権利を含むか.④人種差別撤廃条約2条2項によって，マイノリティに対する差別是正措置を取る法的義務が締約国に課されているか.⑤

憲法26条はマイノリティとしての教育を受ける権利を保障しているか．⑥人権教育及び人権啓発の推進に関する法律5条[35]に反しないか．原告・控訴人はこれらの主張を行ったが，大阪高裁は「控訴人らがマイノリティの教育権の根拠として主張するところは採用できず，ほかに我が国において法的拘束力がある条約及び法律でマイノリティの教育権という具体的権利として保障したものはない」としたうえで，「このようにマイノリティの教育権に具体的権利性が認められない以上，本件事業の廃止・縮小による権利侵害を観念できず，本件事業の廃止・縮小の違法をいう控訴人らの主張には理由がない」と判示した[36]．

本判決の問題点として，文言の形式的解釈が行われていること，人権に関する規定の抽象性を「具体的でない」の一言で否定してしまっていること，そして国際人権規約の一般的意見について「法的拘束力がないから裁判所は拘束されない」という論理で否定していて，当該条約の解釈として説得性があるか否かの検討に立ち入っていないことが挙げられる．他方で①については判決をよく読めば外国人住民がマイノリティに当たるかどうかについて肯定もしていないが否定もしていないことには注意が必要である．自由権規約27条についての一般的意見が永住している外国人住民がマイノリティに当たることを肯定し，また規定の文言に関わらずそれを積極的な権利であると理解していること，そのことに対する説得的な反論は政府によっても判例にも見出し難いことは，政策転換の可能性を秘めているともいえよう[37]．

第3節　多文化教育という視点

エイミー・ガットマンは，**多文化主義**（multiculturalism）への**民主教育**（democratic education）の対応として，以下の点に留意すべきことを主張する．第一に「被抑圧者集団の経験を公的に承認すること」，第二は「国民の相互尊敬への取り組みによって同じように促進される．この対応は，**寛容**すなわち基本的自由の問題である信条と行動に関する不一致に同意を与えることである．寛容とは，宗教的その他の精神的信条にもかかわらず，何らかの単一の信条や行動の実際的な体系を押し付けないことである[38]」．

外国人の人権へのアプローチを体系的に検討している本書の取り組みは，さらに進んで外国にルーツを持つ住民をも意識した取り組みをも含むものと解される．本章における検討からすれば，**文化的権利**は多文化共生の視点から保障さなければならないのである．

ただし注意が必要であるのは，例えば「言語に関する多文化政策は，その社会のエスニック各集団の人々にその独自の言語に習熟する機会を保障するとともに，社会の支配的言語（書き言葉を含めて）に習熟する機会をも保障するものでなければならない[39]」との指摘にも見られるように，多文化を志向しても，実際には参入側にとっては国民への「統合」の強制になりかねず，さらには言葉だけ多文化あるいは多文化共生という言葉が用いられても，同化や周縁化に至る可能性も否定できないのである[40]．

この点で注目されるのは，すでに本章第2節で検討した2つの判決（高槻マイノリティ教育権訴訟と退学事件）がいずれも前提としている，日本のマイノリティとしてのアイヌ民族の土地所有権にかかわる**二風谷ダム事件判決**[41]で検討され，一定程度承認された先住民族の権利がマイノリティとしての外国人にも及ぶのか，さらに「外国人」ではない，しかしルーツを日本以外の国や地域に持つ，日本語を母語としない人をも含む「マイノリティ」に対しても及ぶものかが慎重に検討されなければならない．

二風谷ダム事件判決において，国際人権法及び憲法解釈との関係で注目されるのはなによりも次の判示であった．すなわち自由権規約（B規約）「27条や憲法13条によって保障されている少数民族であるアイヌ民族の文化享有権であり，その制限は必要最小限度においてのみ許される．また，B規約27条にいう『少数民族』が先住民族である場合には，単に『少数民族』に止まる場合と比較して，民族固有の文化享有権の保障についてはより一層の配慮が要求されると考えるところ，アイヌ民族は，我が国の統治が及ぶ前から主として北海道に居住し，独自の文化を形成しており，これが我が国の統治に取り込まれた後もその多数構成員の採った政策等により，経済的，社会的に大きな打撃を受けつつも，なお民族としての独自性を保っているということができるから，先住民族に該当する」．このような認定に立って，ダム建築の違法性を認定したが，結局ダム建築そのものの公共性との比較考量の結果，事情判決によってダム建設を認めてしまったことについては批判されている．

しかし，この判決文で先住民族以外の「少数民族」＝マイノリティの存在が示唆されていることは極めて重要であり，この論理が徹底することで，本章が検討してきたマイノリティとしての外国人の文化享有権，教育を受ける権利が幅広く保障されることにつながるであろう．

もっとも，マイノリティの文化享有権という論理は，それが「個人一般に保障される権利であるとする場合，それは，文化が象徴する民族という集団への帰属の考慮を否定する効果を持つ[42)]」との指摘は重要である．

最後にマイノリティの権利保障という観点からはあまり重視されてこなかったが，本章で紹介検討した**退学事件**にも見られる，日本の**公的教育を受ける権利**を外国人児童に保障するという観点からは，**外国人の日本語教育を受ける権利**がもっと重視されなければならない．この権利を保障することは，日本語を学ぶことだけを外国人に押しつけるのではなく，逆に日本国民の側が外国人の言語や文化を学び，日本に居住するもの全てが相互に尊重し合う社会を作り上げていくことに連なるのである[43)]．

結　語

本章冒頭で問題提起したように，文化的権利は，すくなくとも日本においては必ずしも認知された人権ではない．しかし，国際人権法の視点からは，特に教育を受ける権利が問題となってきたことは本章での検討から看取されるであろう．

憲法 13 条，社会権規約 15 条ならびに自由権規約 27 条によって保障されるものと考えられる文化享有権については，個人の人権保障という観点からは課題も残るが，判例による深化のみならず，立法による具体化が待たれるところである．

註

1）　本章は，佐藤潤一「多文化共生社会における外国人の日本語教育を受ける権利の公的保障」『大阪産業大学論集　人文・社会科学編』1 号（2007 年）1 ～30 頁の記述と内容的に重複する部分がある．

2）　札幌地判平成 9（1997）年 3 月 7 日判時 1598 号 33 頁．

3）　文部科学省サイト「小・中学校への就学について」〈http://www.mext.go.jp/a_menu/shotou/shugaku/〉参照．なお，2014 年現在，文部科学省は，サイトで「外国人児童のための就学ガイドブック」を公開しており〈http://www.mext.go.jp/a_menu/shotou/clarinet/003/1320860.htm〉，英語，韓国・朝鮮語，ヴェトナム語，フィリピノ語，中国語，ポルトガル語，スペイン語で案内がなされており，状況は改善されてはいる．

4）　宮沢俊義『憲法 II　基本的人権〔新版〕』（有斐閣，1974 年）241 頁．

5）同242頁.
6）参照，申惠丰「『経済的，社会的及び文化的権利に関する委員会』の一般的意見（4）」『青山法学論集』43巻4号（2002年）.
7）*The right to education (Art.13):.08/12/99.E/C.12/1999/10.* para. 2.
8）申前掲訳にしたがった．原語はethnicであり，公定訳は「種族的」とされているが不適切であると解されるからである.
9）*The right to education (Art.13):.08/12/99.E/C.12/1999/10.* para. 4.
10）*Ibid.*, para. 6.
11）*Ibid.*
12）*Ibid.*
13）*The right to education (Art.13):.08/12/99.E/C.12/1999/10.* para. 34.
14）*Ibid.*, para. 6.
15）*Ibid.*
16）*Ibid.*, para. 10.
17）参照，申惠丰「『経済的，社会的及び文化的権利に関する委員会』の一般的意見（3）」『青山法学論集』42巻2号（2000年）.
18）*Plans of action for primary education (Art.14):.10/05/99.E/C.12/1999/4.* para. 7.
19）*The right to education (Art.13):.08/12/99.E/C.12/1999/10.* para. 13.
20）*Ibid.*, para. 12.
21）*Ibid.*, para. 18.
22）*Ibid.*, para. 22.
23）*Ibid.*, para. 23.
24）*Ibid.*
25）*The right to education (Art.13):.08/12/99.E/C.12/1999/10.* para. 24.
26）大阪地裁判平成20（2008）年9月26日判タ1295号198頁.
27）同211～212頁.
28）同212頁.
29）同上.
30）同上.
31）平成18（2006）年6月22日付け18文科初第368号文部科学省初等中等教育局長通知〈http://www.mext.go.jp/a_menu/shotou/clarinet/004/002/001.pdf〉.
32）平成24年7月5日付け24文科初第388号文科省初等中等教育局長通知〈http://www.mext.go.jp/a_menu/shotou/clarinet/004/1323374.htm〉.
33）大阪高判平成20（2008）年11月27日判時2044号86頁.

34)　本事件は，事業に関与した職員による不適切な会計処理問題が関わっており，その事実認定についてもかなり疑問があるものではあるが，ここでは立ち入らないことにする．

35)　人権教育及び人権啓発の推進に関する法律5条は「地方公共団体は，基本理念にのっとり，国との連携を図りつつ，その地域の実情を踏まえ，人権教育及び人権啓発に関する施策を策定し，及び実施する責務を負う．」と規定している．

36)　判例時報2044号96頁．

37)　マイノリティの権利についてここではこれ以上立ち入らない．金東勲「国際人権法とマイノリティの権利」国際法学会編『人権（日本と国際法の100年第4巻)』（三省堂，2001年）101頁，同『国際人権法とマイノリティの地位』（東信堂，2003年）を参照．なお，マイノリティの定義そのものへの懐疑を含む窪誠『マイノリティの国際法——レスプブリカの身体からマイノリティへ』（信山社，2006年）は，この問題を考える上で重要な視点を提供する．

38)　エイミー・ガットマン著，神山正弘訳『民主教育論』（同時代社，2004年）334～335頁によれば，多文化主義は「文化に同一化した（あるいは依存した）諸個人の交流によって，相互に影響しあう多くの文化（下位文化）を包含する社会と世界の状態を指す．ある文化あるいは下位文化は，乱暴に言えば，思考，会話，行動の類型から構成され，二または三の家族よりも大きい人間共同体と結びつく」．

39)　初瀬龍平「日本の国際化と多文化主義」初瀬龍平編著『エスニシティと多文化主義』（同文舘出版株式会社，1996年）223頁．

40)　この点，小泉良幸「人権と共同体」ジュリスト1224号（2003年）44頁は，「共同体的価値に訴えるこの国〔——日本を指す・引用者註〕の保守主義の議論は，相当独自なものである」ことを指摘する．「共和主義者なら，憲法に『義務』を掲げることよりも，投票価値の不平等是正や政治資金規正こそが喫緊の課題だというだろう．リベラリズムの立場からは，『平等な尊重と配慮』への抽象的権利の相互的承認が政治社会の統合の条件であった」からである．

41)　札幌地判平成9（1997）年3月7日判時1598号33頁．

42)　馬場里美「マイノリティの保護——自由権規約27条の国内適用をめぐって」法律時報84巻5号60頁．

43)　前掲，佐藤，および日本語教育政策マスタープラン研究会『日本語教育でつくる社会』（ココ出版，2010年）などを参照．

参考文献

① ミシェリン・R・イシェイ著横田洋三監訳『人権の歴史　古代からグローバリゼーションの時代まで』（明石書店，2008年）：文化的権利の歴史的背景について正面から扱

う文献はないが，本書は他の人権との関わりも含め詳述されているため，用語法を含めた歴史をつかむのによい．

② 宮島 喬『外国人の子どもの教育：就学の現状と教育を受ける権利』（東京大学出版会，2014年）：社会学の視点から，本章で十分に立ち入ることができなかった，日本における「多文化共生」の問題点を考察する上で参考になる本．

③ 金東勲『国際人権法とマイノリティの地位』（東信堂，2003年）：「マイノリティ」としての「外国人」にかかわる国際人権法上の基本的論点はほぼ網羅されている，基本書といえる．

④ 近藤敦『移民の人権』（明石書店，2021年）：外国人というカテゴライズでなく，国内における移民という観点を強調してまとめられている．この分野において最新の研究書であろう．

第7章　デロゲーション条項の問題点

第1節　デロゲーション条項とは

1　derogation条項検討の前提――国際人権法と国際人道法の交錯

本書第2章で人道法について概観し，第3章で人権に関する基礎を見たうえで，第4章で国際人権保障について検討した．第5章ではこれらの交錯領域の規律にかかわる，国際人権条約におけるデロゲーション条項について検討する．

人道法といっても多様であり，兵器自体の制限，兵器使用方法の制限，戦争それ自体に対する制限（古典的戦争法），捕虜待遇，犠牲者保護，文民保護など多岐にわたる．そして，拷問禁止に顕著なように，人権法との交錯領域が存在する．では両者はどのような場合に適用されるのか[1]．

国際人権法と国際人道法は，それぞれ異なる．国際人権規範は，「近代以降に国内の文脈で生成した新しい規範[2]」である．これに対して国際人道法は，「古くからの歴史をもち，基本的には異なる政治共同体間で生成した規範[3]」である．人権規範は自然法思想を背景に国家の正当化原理として「権利」として主張されるのに対し人道規範は感情や共感を基礎に置く[4]．いずれも平時のみならず戦時や緊急事態においても人の保護をめざす規範である．ここでいう自然法思想は，法実証主義の立場からは否定的に解されるが，日本国憲法のように少なくとも制定者が自然法思想を前提としている憲法が存在することからもその普遍性は否定しがたい．すなわち，日本国憲法第97条が「この憲法が日本国民に保障する基本的人権は，人類の多年にわたる自由獲得の努力の成果であつてこれらの権利は，過去幾多の試練に堪へ，現在及び将来の国民に対し，侵すことにできない永久の権利として信託されたものである」との規定は第11条と同様本来人が権利を有しているという自然法・自然権思想を前提しているものと解されるのである[5]．

さて，国際人権法と国際人道法の適用関係は，国際性の有無と紛争の強度から整理できる[6]．通常時，国内においては，疑いなく各種国際人権条約が適用される．

国内において騒擾・緊張状態にあるとき，並びに戦争・武力紛争時には，derogation 条項と 1949 年のジュネーブ諸条約共通第 3 条が適用される．問題は 1977 年ジュネーブ条約第 2 追加議定書が適用される事態である．

第 2 追加議定書だけが適用される事態は想定できないのであって，戦争あるいは武力紛争時には，ジュネーブ条約第 2 追加議定書が，derogation 条項と 1949 年ジュネーブ条約共通第 3 条が重畳的に適用されることになる．

国際的な戦争あるいは武力紛争時に至って，国際武力紛争に関する諸規定，すなわち 1949 年ジュネーブ諸条約及び 1977 年ジュネーブ第 1 追加議定書が適用されることになる．このような適用関係は，それほど截然と区別できるわけではない．

通常時と騒擾・緊張関係はその境目がはっきりしているわけではないし，騒擾・緊張状態と戦争・武力紛争時の境目もはっきりしているわけではないからである．

これについては，ヨーロッパ人権条約に基づく国家間争訟（いわゆるギリシャ事件）が 1 つの規準を提供している[7]．さらに国際的か国内問題かという点も，そう簡単には判断できない[8]．

このように，人道法と人権法は，とくに国内が騒擾・緊張状態にあると判断されるときにとくにその適用の交錯が生じる．これに加えて，現在では宣戦布告を行うことによる「正当な戦争」はあり得ないけれども，湾岸戦争のように，イラクによるクウェート侵攻のような明らかな侵略があった場合には自衛措置並びに国連安全保障理事会による行動がとられ，事実上の戦争が生じる．また国内において紛争が起き，事実上の戦争状態に突入することもあり得る．このような場合に，本章第 1 節で概観したような諸条約が適用されることは疑いないが，紛争当事国内の軍人や文民に対してどの程度人権条約が適用されるべきか，一律には判断しがたい．この点，ヨーロッパ人権条約の当事国にあっては，この問題に関わる訴訟がいくつか提起されている．

2　derogation 条項

人権法と人道法の境界問題が derogation をいかなる場合に認めるかという問題として現れる．ここでは自由権規約及びヨーロッパ人権条約，米州人権条約における derogation 条項を概観するにとどめる[9].

“derogation” の訳語は未だ統一されていない[10]. 訳語としては,「免脱」「逸脱」が有力である. 問題なのは, それが何を意味するかである[11].

自由権規約第 4 条は「国民の生存を脅かす公の緊急事態の場合においてその緊急事態の存在が公式に宣言されているときは, この規約の締約国は, 事態の緊急性が真に必要とする限度において, この規約に基づく義務に違反する措置をとることができる」という原則を宣言する（第 4 条第 1 項本文）. ただし, その締約国が「国際法に基づき負う他の義務に抵触してはならず, また, 人種, 皮膚の色, 性, 言語, 宗教又は社会的出身のみを理由とする差別を含んではならない」（第 1 項但書）. この原則はヨーロッパ人権条約第 15 条においても, 米州人権条約（American Convention on Human Rights 1969）第 27 条においてもほぼ同じであるが, ヨーロッパ人権条約及び米州人権条約は戦争（war）概念を否定していない.

なおアフリカの地域国際人権条約であるバンジュール憲章（The African Charter on Human and Peoples’ Rights; Banjul Charter）には derogation 条項が存在しない. これは戦時・緊急時においても人権保障が停止されることはありえないとの理念に基づくものであるが, 現在に至るまで事実上の戦争が絶えない地域であるがゆえのことともいえる.

自由権規約第 4 条第 2 項は, 緊急事態においてもその保障を停止できない権利を列挙している. 自由権規約第 4 条に関する一般的意見第 29 がこれを簡潔にまとめているので, それを引用しておこう（条文は本書付録参照）.

「規約第 4 条第 2 項は, 以下の条項からの逸脱措置はなされてはならないことを明示的に規定する. すなわち, 第 6 条（生命への権利）, 第 7 条（拷問, 又は残虐な, 非人道的な若しくは品位を傷つける刑罰, あるいは自由な同意なしの医学的又は科学的実験の禁止）, 第 8 条第 1 項及び第 2 項（奴隷, 奴隷取引及び隷属状態の禁止）, 第 11 条（契約上の義務を履行することができないことのみを理由としての拘禁の禁止）, 第 15 条（刑事法領域における合法性, すなわち, 刑事責任及び刑罰は, いずれも, 後法が以前より軽い刑罰を課す場合を除いて, 既定の法律における明白且つ精確な, 且つ作為又は不作為の当時適用可能であった規定によって限定される）, 第 16 条（すべての者が法律の前に人として認められる権利）, そして 18 条（思想, 良心及び宗教の自由））. これらの条項に規定された諸権利は, まさに規約第 4 条第 2 項に列挙されているという事実によって逸脱措置を取り得ない．死刑廃止を目的としている規約第2選択議定書の締約諸国に関しては，同議定書第6条に規定された内容が同様に適用される．概念的には，規約の規定を逸脱不可能だと見なすことは，いかなる限定又は制約も決して正当化されないということを意味するわけではない．規約第4条第2項における，第3項に制約についての特別条項を含む第18条への言及は，制約の許容性が逸脱可能性の争点とは独立であることを証明している．最も深刻な公の緊急事態の場合でさえ，ある個人が宗教あるいは信条を明らかにする自由に対して干渉する国家は，規約第18条第3項に具体化された諸要件に言及することによって，自国の行為を正当化しなければならないのである[12)][13)]」．

時系列的にはこの自由権規約に先行するヨーロッパ人権条約第15条第2項が，保障を停止できない権利規定は，第2条の生命に対する権利（合法的な戦闘行為から生ずる死亡の場合を除く），第3条（拷問の禁止・自由権規約第7条第1文と同じ文言である），第4条第1項（奴隷及び強制労働の禁止：自由権規約第8条とほぼ同内容）および第7条（罪刑法定主義・遡及処罰法の禁止）の規定である．概ね自由権規約第4条と同様の規定であるが，ここでヨーロッパ人権条約15条の条文を，若干の重複を厭わず確認しておこう．

「ヨーロッパ人権条約第15条

1　戦争その他の国民の生存を脅かす公の緊急事態の場合には，いずれの締約国も，事態の緊急性が真に必要とする限度において，この条約に基づく義務から逸脱する措置（measures derogating from its obligations）をとることができる．ただしその措置は，当該締約国が国際法に基づき負う他の義務に抵触してはならない．

2　本条の規定の下では，第2条（合法的な戦闘行為から生ずる死亡の場合を除く），あるいは第3条，第4条第1項及び第7条の規定から逸脱する措置はなし得ない．

3　義務から逸脱する措置をとる権利を利用する（availing itself of this right of derogation）締約国は，とった措置及びその理由をヨーロッパ審議会事務総長に十分に通告する．締約国はまた，その措置を撤廃し，条約の諸規定が再び完全に履行されるようになった時は，同事務総長にその旨通告する[14)]．」

この2つの条約に比べて保障を停止できない権利の数が多いのが米州人権条

約第27条である.[15)]

保障の停止

1　戦争, 公の危険, あるいはその他の緊急事態において, それらの事態が締約国の独立または安全保障に対する脅威となっている場合, 締約国は, 当該状況の緊急性によって厳格に要求される範囲と時間内で, 本条約の下で負う義務から逸脱する措置をとることができる. ただし, 当該措置が国際法の下での他の諸義務に反せず, 人種, 皮膚の色, 性別, 言語, 宗教, あるいは社会的出身を理由とする差別を含まないという条件の下で, である.

2　前項の規定は, 以下の諸条項についてのいかなる停止も許容するものではない. 第3条（法的人格への権利), 第4条（生命への権利), 第5条（人道的扱いへの権利), 第6条（奴隷に服さない権利), 第9条（遡及処罰法からの自由), 第12条（良心および信教の自由), 第17条（家族の権利), 第18条（氏名を持つ権利), 第19条（子どもの権利), 第20条（国籍を持つ権利), そして第23条（統治に参加する権利), あるいはこれらの権利の保障にとって不可欠な司法的保障.

3　権利停止の権利を利用するいかなる締約国も, 権利停止を適用した条項, 権利の停止を行うにいたった理由, そして当該権利停止の終結期日について, 米州機構事務総長を通じて, 他の締約諸国に遅滞なく通知しなければならない.

この第3項は自由権規約にせよヨーロッパ人権条約にせよ共通する制度である. 基本的にいずれの条約においても, 緊急事態または（ヨーロッパ人権条約及び米州人権条約にあては戦時）にも最低限度の人権保障は図られるべきであるとの思想が根本にある. 実際に遵守されるかは国家実行に依存するため, 一概に評価はできない. ここで問題となるのは戦時, 戦争の場合である.

先にも若干言及したように, 自由権規約第4条は, 戦争概念を用いていない. これは国連憲章が戦争概念を否定しているからである. 念のために, ここで国連憲章の関連規定を確認しておこう（訳文は外務省による公定訳).

「前文　われら連合国の人民は, われらの一生のうちに二度まで言語に絶する悲哀を人類に与えた戦争の惨害から将来の世代を救い, ……国際の平和及び安全を維持するためにわれらの力を合わせ, ……ここに国際連合という国際機構を設ける」.

国連憲章は, よく知られているように,「戦争（war)」概念を, 2回の世界大戦を否定する文脈でのみ用いている. たとえば, 国際連合の目的を定める第

1条は次のようにいう．

「第1条　国際連合の目的は，次のとおりである．国際の平和及び安全を維持すること．そのために，平和に対する脅威の防止及び除去と侵略行為その他の平和の破壊の鎮圧とのため有効な集団的措置をとること並びに平和を破壊するに至る虞のある国際的の紛争又は事態の調整または解決を平和的手段によって且つ正義及び国際法の原則に従って実現すること（以下略）」．

侵略戦争という用語すら用いていない．さらに第2条を見てみよう．

「第2条　……すべての加盟国は，その国際紛争を平和的手段によって国際の平和及び安全並びに正義を危うくしないように解決しなければならない．すべての加盟国は，その国際関係において，武力による威嚇又は武力の行使を，いかなる国の領土保全又は政治的独立に対するものも，また，国際連合の目的と両立しない他のいかなる方法によるものも慎まなければならない」．

紛争解決について，日本国憲法第9条第1項で事実上の戦争をも念入りに放棄するために採用された文言である「武力による威嚇又は武力の行使」という観念を用いている．

「第42条　安全保障理事会は，……国際の平和及び安全の維持又は回復に必要な空軍，海軍または陸軍の行動をとることができる．この行動は，国際連合加盟国の空軍，海軍又は陸軍による示威，封鎖その他の行動を含むことができる」．

国連安保理が主導する，いわゆる国連軍による制裁戦争についてすら，戦争という概念を避けて，各国の軍隊がとりうる行動という回りくどい表現を用いている．このような念入りな戦争概念の否定の上で，自衛権についての第51条が置かれているのである．

「第51条　この憲章のいかなる規定も，国際連合加盟国に対して武力攻撃が発生した場合には，安全保障理事会が国際の平和及び安全の維持に必要な措置をとるまでの間，個別的又は集団的自衛の固有の権利を害するものではない（以下略）」．

ここで安保理が取る措置としての「国際の平和及び安全の維持に必要な措置」は，集団安全保障の措置であり，国連加盟国が侵略行動を取った場合に加盟国の軍隊からなる国連軍により行われる制裁措置を指す．性質的には，たとえ軍隊の取る行動であるとは言え，国内における治安行動に類似する．各国が持つ「自衛権」は，そのような集団安全保障の措置が取られるまでの間に限定的に許容されるものなのである．

もっともここでいう自衛権が如何なるものであるのかについては，激しい議論がある．ここでいう「固有の権利」は，英文条文では inherent right であり，仏文条文では droit naturel であって，前者は「奪うことのできない権利」，後者は「自然権」とも訳しうることから，① それ自体が，各国が軍隊を保持する権限を基礎づけるとの主張と，② 国連憲章であるとしても，それ自体としては国際慣習法上の各国の固有の自衛権とは異なるのだとの主張が強く対立している．この点は国際法学上激しい対立のある論点であるが，本書はあくまで入門的な検討を行うことを目的としている以上，詳しくは立ち入らない[16]．ただし日本においては，裁判所の判決が次のように述べている[17]以上，② の立場が有権解釈であると解すべきであるとの立場に立つ（砂川事件最高裁判決）．

憲法第９条「によりわが国が主権国として持つ固有の自衛権は何ら否定されたものではなく，わが憲法上の平和主義は決して無防備，無抵抗を定めたものではない」．「わが国が，自国の平和と安全を維持しその存立を全うするために必要な自衛のための措置をとりうることは，国家固有の権能の行使として当然のことといわなければならない」．「憲法前文にいわゆる平和を愛好する諸国民の公正と信義に信頼すること……［で］われらの安全と生存を保持しようと決意した」．このこと「は，……国際連合の機関である安全保障理事会等の執る軍事的安全措置等に限定されたものではなく，わが国の平和と安全を維持するための安全保障であれば，その目的を達するにふさわしい方式又は手段である限り，国際情勢の実情に即応して適当と認められるものを選ぶことができる……［の］であって，憲法９条は，我が国がその平和と安全を維持するために他国に安全保障を求めることを，何ら禁ずるものではない」．このように，あきらかに日米安全保障条約を合憲と解しているかのように判示しながら，他方で日米安全保障条約は「主権国としてのわが国の存立の基礎に極めて重大な関係をもつ高度の政治性を有するものというべきであって，その内容が違憲なりや否やの法的判断は，その条約を締結した内閣およびこれを承認した国会の高度の政治的ないし自由裁量的判断と表裏をなす点がすくなくない．それ故，右違憲なりや否やの法的判断は，純司法的機能をその使命とする司法裁判所の審査には，原則としてなじまないものであり，従って，一見極めて明白に違憲無効であると認められない限りは，裁判所の司法審査権の範囲外のものであって，それは第一次的には，右条約の締結権を有する内閣およびこれに対して承認権を有する国会の判断に従うべく，終局的には，主権を有する国民の政治的批判に委ねられるべきであると解するを相当とする．そして，このことは，本件安全保障条約またはこれに基く政府の行為の違憲なりや否やが，本件のように前提問題となっている場合であると否とにかかわらない」．

本判決は，日米安全保障条約に基づく主として沖縄への米軍駐留を実質上合憲であるとしつつ，それが「違憲なりや否やの法的判断は，純司法的機能をその使命とする司法裁判所の審査には，原則としてなじまないものであり，従って，一見極めて明白に違憲無効であると認められない限りは，裁判所の司法審査権の範囲外のもの」であるとしてのちの憲法適合性判断の途を塞ごうとする判決であり，その点が批判されている．

第2節　日本とデロゲーション条項

1　憲法第9条制定の背景

日本においてderogation条項の適用がそもそも可能であるかを検討するためには，本書第Ⅱ部で検討したような人権保障との関係のほか，憲法第9条がそもそも自由権規約第4条でいうような「公の緊急事態」を想定していると言い得るかを検討しなければならない．

日本国憲法第9条は次のように規定する．

1　日本国民は，正義と秩序を基調とする国際平和を誠実に希求し，国権の発動たる戦争と，武力による威嚇又は武力の行使は，国際紛争を解決する手段としては，永久にこれを放棄する．

2　前項の目的を達するため，陸海空軍その他の戦力は，これを保持しない．国の交戦権は，これを認めない．

解釈それ自体についてはのちに解説することとし，まずは本条が思想的歴史的にどのように位置づけられるのかを確認しておこう．

本書第1章でも紹介した不戦条約（戦争抛棄ニ関スル条約）は第1条で「締約國ハ國際紛爭解決ノ爲戰爭ニ訴フルコトヲ非トシ且其ノ相互關係ニ於テ國家ノ

政策ノ手段トシテノ戰爭ヲ抛棄スルコトヲ其ノ各自ノ人民ノ名ニ於テ嚴肅ニ宣言ス」と定め，第2条で「締約國ハ相互間ニ起ルコトアルヘキ一切ノ紛爭又ハ紛議ハ其ノ性質又ハ起因ノ如何ヲ問ハス平和的手段ニ依ルノ外之カ處理又ハ解決ヲ求メサルコトヲ約ス」と定める．

第1条は憲法第9条第1項に取り入れられているが，不戦条約の文言上は自衛のための戦争をも放棄しているものであることは明らかである．本書第1章でも簡潔に述べておいたように，第1条は，「國際紛爭解決ノタメ戰爭ニ訴フルコトヲ非トシ」たすぐ後で「且其ノ相互關係ニ於テ國家ノ政策ノ手段トシテノ戰爭ヲ抛棄スル」と定めており，ここでいう国家の政策の手段としての戦争が，侵略戦争，植民地獲得のための戦争を意味していることからすれば，国際紛争解決のため戦争に訴えることは，自衛戦争に訴えること，と解さざるを得ないからである．さらに，第2条が紛争解決を「其ノ性質又ハ起因ノ如何ヲ問ハス」平和的手段によって解決すべき旨規定していることからすれば，不戦条約は，文言上自衛のためであっても戦争に訴えることは本来的には禁止することが意図されていたはずなのである．逆に言えば，不戦条約をこのように理解することによって初めて，「国際法上各国が本来的に有する自衛権」なる観念が登場することになったのである．本章第3節でこのことについては改めて検討することとするが，少なくとも不戦条約の文言だけから憲法第9条の解釈を引き出すことは，相当に乱暴な論理であることをまずは確認しておこう．

さて，憲法第9条と自衛権，さらにはデロゲーション条項との関係を検討する前に，そもそも憲法第9条がなぜ規定されることになり，それが日本国民に受け入れられることとなったのか，歴史的視点から若干の検討をしておきたい．

(1) 大日本帝国憲法時代との比較——歴史的視点

① 統帥大権・編成大権と軍政・軍令

大日本帝国憲法（以下では通称の「明治憲法」と表記する）は，天皇の「統帥権」につき規定していた（明治憲法11条）．「天皇ハ陸海軍ヲ統帥ス」．問題は，この「統帥権」が，内閣によって「輔弼」されるものであるかどうかが憲法上明確でなかったことであった．

たしかに憲法の条文を見ると，「天皇ハ陸海空軍ノ編制及常備兵額ヲ定ム」（明治憲法12条），「天皇ハ戦ヲ宣シ和ヲ講シ及諸般ノ条約ヲ締結ス」（明治憲法13条）といった戦争に関する基本的な天皇の権限についての規定があった．また，戦争にいたらなくとも，緊急事態において「天皇ハ戒厳ヲ宣告ス」（明治憲法14条1項）との規定，そしてその「戒厳ノ要件及効力ハ法律ヲ以之ヲ定ム」（明治憲法14条2項）との規定があり，国内で起きた緊急事態においては天皇が軍事的に国内を統制することも可能であるとされていた．

もっとも，天皇が専権的にこういった権限を行使できたはずはない．明治憲法4条は「天皇ハ国ノ元首ニシテ統治権ヲ総攬シ此ノ憲法ノ条規ニ依リ之ヲ行フ」と規定したのであって，少なくとも，いわゆる大正デモクラシーの時期には，憲法の下にある立憲君主であったことは確かである．問題は，それでは，だれがその天皇の権限行使を実際に決めるのか，ということであった．

ここで当時の憲法学説も考慮しながら，軍事に関する基本的な法制度を見ておくことにしよう．

明治憲法11条に規定された権限を「統帥大権」，明治憲法12条に規定された権限を「編成大権」と呼んでいた．

▶軍　令　1907（明治40）年に，「軍令ニ関スル件」（明治40年軍令第1号）が制定された．わずか4条からなるもので，「陸海軍ノ統帥ニ関シ勅定ヲ経タル規程ハ之ヲ軍令トス」（軍令1条）ること，「軍令ニシテ公示ヲ要スルモノニハ上諭ヲ附シ親署ノ後御璽ヲ鈐シ主任ノ陸軍大臣海軍大臣年月日ヲ記入シ之ニ副署ス」（軍令2条）ること，軍令の公示が官報によること（軍令3条），「軍令ハ別段ノ施行時期ヲ定ムルモノノ外直ニ之ヲ施行ス」（軍令4条）ることを規定していた．ここで軍令1条に「陸海軍の統帥」とあるのは，要するに，具体的な軍事作戦などに関することを指している．問題は，「勅定ヲ経タル」とだけ規定があって，内閣の関与が規定されていないことであった．軍令2条が，天皇の署名を経る（「新署ノ後御璽ヲ鈐シ」）他は，「主任ノ陸軍大臣海軍大臣」の副署だけが要件とされているという，この規定は，美濃部達吉によって学問的に違憲の疑義ありとされた．その根本的な理由は，「軍政」と「軍令」が，別個の権限であり，内閣がその両者にかかわりうるか否か，という点にあった．「軍令」の根拠規定については，うえで簡単に述べたけれど，「軍政」とは，なんであろうか．同音異義語が結構あるので，若干わかりにくい言葉である．というよりも，日本独特の言葉遣いであったので，すこし難しいかもしれないが，戦前の憲法学者の議論を引用しながら解説していくことにしよう．

▶軍　政　軍政（Militärverwaltung）とは，砕いていえば軍事行政であって，「国家が其の兵力を編成し及び維持するが為めに，陸海軍及び其の所属の各種の機関を編成し管理し並に権力を以て人民に命令し強制する作用を謂ふ」[18]ものであった.

「行政」について，当時の「軍政と他の行政各部との法律的区別」はどのようなものであったのだろうか.

美濃部達吉によれば，「軍政」は，「国家の兵力の編成及び維持を其の直接の目的とする」ものである．兵力の存在は国防の目的であって，「近代の戦争は単に兵力の戦たるに止まらず，総国力戦たるの実を備ふるに至つた為めに，国防の目的を全うする為めには，兵力を完備するの外に，国民の経済力精神力をも挙げて其の目的に適合せしむる必要が有り，随つて国家総動員法は戦時に際し広く国民の経済生活の全般に亙って国防の目的を達することに協力せしむべき権力手段を認むるに至つた．（中略）国防の目的の為めにする国家の作用でも，兵力それ自身を直接の目的とするのでない作用は，軍政の範囲に属するものではなく，行政の他の各部に属するもので，其の権限に於いても軍政機関ではなく他の各省大臣の主管する所である」という[19].

そして，軍政の作用は，その手段から，大きく管理的作用と権力的作用に分けられる.

管理的作用とは，① 陸海軍備を編成し，軍人軍属を監督し，軍事教育を施し，軍需の為めに諸種の事業を経営し，軍用物件を管理する等の作用，② 軍の組織の為めにする組織作用，③ 軍の内部に於ける特別権力関係の作用，④ 軍の為めにする事業の経営・物の管理の作用，を指す．これに対して，権力的作用とは，兵力の編成維持の為めに人民に対し国家統治権を行使する作用であって，その権力を軍政権といっていた.

軍政権は，① 人民に兵役義務を課する作用と，② 軍備の為めに人民に経済的の負担を課する（軍事負担を課す）作用とに分けられる．② は，本質において一般の公用負担と異ならないが，目的が軍備のためで，軍政機関の権限に属することにおいて一般の公用負担と区別されるとされた[20].

▶軍政と軍令

明治憲法 11 条「天皇ハ陸海軍ヲ統帥ス」の解釈問題として，半ば公的な憲法解釈を示していた『憲法義解』が「本条ハ兵馬ノ統一ハ至尊ノ大権ニシテ専ラ帷幄ノ大令ニ属スルコトヲ示スナリ」としている点を重視し，ここで「帷幄ノ大令ニ属スル」というのは，それが政府の責任に属するものでない，すなわち，「陸海軍の統帥に関する大令は，国務大臣の輔弼に依らず，専ら天皇の帷幄から発せらるる」もので，陸海軍統帥の大権又は軍令大権，時として帷幄の大権又は兵馬の大権とも称している．「統帥大権の作用は，法律上明かに国の行政作用とは区別せられ，内閣の職責の外に置かれて居る．勿論，行政権随つて軍政権も固より至尊の大権に属し，殊に〔明治〕憲法（12条）には『天皇ハ陸海軍ノ編成及常備兵額ヲ定ム』と明言して居り，軍の編成も軍の統帥と等しく天皇の大権に属することは言ふまでもないが，軍の編成を定むることは軍政の作用に属し，国務大臣の輔弼に依つて行はるるに反して，軍の統帥は国務大臣の輔弼を待たず，専ら帷幄の機関の参画に依つて行はるるのである．両者共に天皇の大権に統一せられて居ることに於いて相合一して居るものであるが，唯其の輔弼及び執行に関して軍令の機関と軍政の機関とが原則として相分離せらるるのである[21]」．「但し，此の意味に於ける軍令機関と軍政機関との分離も，必ずしも絶対の原則ではない．軍の編成と軍の統帥とは互に密接の関係を有し，これを管掌する機関が絶対に相分離せらるることは，事の性質上行はれ難い．随つて一方には主として軍政の機関たる陸軍大臣及び海軍大臣は，同時に帷幄の機関たる軍事参議院に列し，帷幄上奏を為し得べく，又軍の統帥に関する勅定の命令たる軍令に副署するの職務を有すると共に，一方には主としては帷幄の機関たる参謀総長及び軍令部総長は，同時に軍の編成にも参与し殊に国防計画を掌り，又帷幄の大令を奉じて軍の各部隊を統率する司令官は同時に其の部隊に関する軍政をも委任せられて居る[22]」．

簡単に言えば，「軍政」については内閣（国務各大臣）が天皇を輔弼するが，「天皇の軍令の機関」として，「統帥大権に付き主として天皇を輔弼するの任に当たる者」は，陸軍については参謀部長，海軍については軍令部総長である．法的根拠を挙げておけば，参謀本部条例（明治41軍令陸19号）2条により，参謀部長は「帷幄ノ軍務ニ参画シ国防及用兵ニ関スル計画ヲ掌リ参謀本部ヲ統轄ス」るものとされ，軍令部令（昭和8軍令海5号）2条によって軍令部総長は『帷幄ノ機務ニ参画シ軍令部ヲ統轄ス』るものとされていたのである．ここで「帷幄の軍務又は機務に参画すとは，即ち統帥大権を輔弼することを意味する[23]」ものであった．

② 軍部大臣（陸海軍大臣）現役武官制と，「天皇機関説」事件

ここで陸海軍の大臣が，すでに退役した，現役の軍人ではない場合には，問題は小さいことになるが，現役の軍人である場合に，うえに述べたように解釈できる明治憲法の構造が，問題となった．

日清戦争・日露戦争の時期には，国際法の遵守が非常に意識されていた．けれども，外国からの借金に頼りきった戦争であった．

夏目漱石が『それから』の中で，主人公代助に「何故働かないつて，そりや僕が悪いんぢやない．つまり世の中が悪いのだ．もつと，大袈裟に云ふと，日本対西洋の関係が駄目だから働かないのだ．第一，日本程借金を拵らへて，貧乏震ひをしてゐる国はありやしない．此借金が君，何時になつたら返せると思ふか．そりや外債位は返せるだらう．けれども，それ許りが借金ぢやありやしない．日本は西洋から借金でもしなければ，到底立ち行かない国だ．それでゐて，一等国を以て任じてゐる．さうして，無理にも一等国の仲間入をしやうとする．だから，あらゆる方面に向つて，奥行きを削つて，一等国丈の間口を張つちまつた．なまじい張れるから，なほ悲惨なものだ．〔中略〕自分の事と，自分の今日の，只今の事より外に，何も考へてやしない．考へられない程疲労してゐるんだから仕方がない．精神の困憊と，身体の衰弱とは不幸にして伴なつてゐる．のみならず，道徳の敗退も一所に来てゐる．日本国中何所（どこ）を見渡したつて，輝いてる断面は一寸四方（ちつと）も無いぢやないか．悉く暗黒だ.」などと語らせているのも，こういった時代状況を示すものであろう．時代を反映してか，この「代助」の自己肥大的傾向を示すためか，若干乱暴な言い方であることを差し引いたとしても，である．

それはともかく，日清戦争までは，一応法制度として，現役武官（将官）が任じられることになってはいたが，1890（明治 23）年～1891（明治 24）年に改正された陸海軍省官制によって，その制限が緩和されていた．けれども，1900（明治 33）年，第二次山縣有朋内閣が，再び軍部大臣を将官に限るように，勅令という形式を使って，陸海軍省官制備考欄を変更してしまった．この弊害が明らかになったのが第二次西園寺公望内閣においてであった．1911 年に成立した第 2 次西園寺公望内閣は，陸軍大臣上原勇作の 2 個師団増設を財政逼迫を理由に渋った．これに対して，上原陸軍大臣は天皇に辞表を提出してしまったのであるが，その後を継ぐ大臣を陸軍が出さなかったために，西園寺内閣は総辞職に追い込まれた．このため，次の山本権兵衛内閣の下で，陸軍大臣の木越安綱が再び官制から「現役」を削除したので，この後しばらくは問題が起きなかった（実際には，現役でない，たとえば予備役の軍人も，現役の軍人に復帰してから大臣に就任していたが）．けれども，1936（昭和 11）年，廣田弘毅内閣の下で，2・26 事件の再発防止という名目で（当時予備役であった真崎甚三郎が関与しているといわれた），現役武官制が復活してしまった．翌年以降，いわゆる「日中戦争」が展開し，太平洋戦争（当時の呼称は「大東亜戦争」）が終結するまでこの制度が継続する．

軍部大臣現役武官制の何が問題であるのか．うえに見たように，**軍部の意向で内閣の成立が左右され，実際には政治が軍部の都合で左右される状況が生まれてしまった**のであり，「立憲主義」からの乖離が進んでしまったことである．

この前年，1935（昭和10）年2月19日の当時陸軍中将で貴族院議員であった菊地武雄による，天皇機関説を「国体」に背く学説であり，美濃部達吉を「学匪」であると排撃した演説に端を発し，同年2月25日に，当時貴族院議員であった美濃部達吉が「所謂機関説ト申シマスルハ，国家ソレ自身ヲ一ツノ生命アリ，ソレ自身ニ目的ヲ有スル恒久的ノ団体，即チ法律学上ノ言葉ヲ以テ申セハ，一ツノ法人ト観念イタシマシテ，天皇ハ此法人タル国家ノ元首タル地位ニ在マシ，国家ヲ代表シテ国家ノ一切ノ権利ヲ総攬シ給ヒ，天皇カ憲法ニ従ッテ行ハセラレマスル行為カ，即チ国家ノ行為タル効力ヲ生スルト云フコトヲ言ヒ現ハスモノテアリマス.」と説明するも，結局辞任においこまれ，その著作が発禁処分される結果を招いた天皇機関説事件が起きている．日本が「軍国主義」国家として暴走する時期と，「天皇主権説」が主流となってしまう時期，そして明治憲法の軍事に関する規定の欠陥が表面化したのが，1935（昭和10）年以降の歴史であった．

⑵ 日本国憲法の制定と自衛隊の設置

うえに見たように，憲法それ自体の欠陥が，日本の国家が軍国主義の国家に成り果ててしまった大きな要因であったと考えられ，日木国憲法の制定時，大きな影響力をもったGHQ，とくに中心にいたアメリカの影響もあって，日本国憲法に「戦争放棄」が第2章として挿入され，日本国憲法9条が規定される結果となったのであった．

憲法9条の解釈については後に見ることにして，戦争を放棄し，軍備も放棄したと当初から考えられていたはずの日本国憲法の下で，しかし現実には再び，現在の自衛隊に結実する体制が整えられてきた．

1950（昭和25）年から始まった朝鮮戦争．これに深く関与したアメリカの要請もあって，1951（昭和26）年8月10日に公布された警察予備隊令（昭和25年政令第260号）に基づき，警察予備隊が設置された．翌1952（昭和27）年4月26日には海上保安庁法が改正されて，海上保安庁の下に海上警備隊が設置される．

このわずか2日後には，サンフランシスコ平和条約が発効することになる（昭和27年4月28日条約第5号として公布された）．同日，日米安保条約が締結され，日本の再軍備を本格的にアメリカが推進することになる．

このような事情から，同年7月31日には保安庁法が制定され，警察予備隊と海上警備隊（発足直後に保安庁に移管され，名称は「警備隊」とされていた）とを統合した，保安庁と保安隊が翌8月1日に成立することになる．

1954（昭和29）年3月にはいわゆるMSA協定（日米相互防衛援助協定）が調印される．次いで防衛庁設置法と自衛隊法（いわゆる「防衛2法」）が成立し，同年7月1日に，防衛庁および自衛隊が発足することになる．

日本の国連加盟は，このように，実質的な再軍備がある程度進んだ後，日ソ共同宣言が調印された1956（昭和31）年に，ようやく実現したのである．

以上簡潔に見てきたように，日本国憲法は，条文のうえでは戦争を放棄し，軍備も放棄したはずであったが，日米安保条約とMSA協定の影響は大きく，国連加盟当初から，一定の実質的な軍事力を持った国であった．

しかし，なかなか表面には出にくいのであるが，憲法9条の存在が，日本の自衛隊関連規定の複雑さを招来しているし，多く日米安保条約違憲訴訟や自衛隊違憲訴訟（最初の訴訟は「警察予備隊違憲訴訟」（1952（昭和27）年10月8日最大判民集6-9-783））が提起されることとなって，規範として大きな役割を果たしてきたことは，過小評価されるべきではない．

⑶「自衛隊」と「警察」——防衛出動の「現在」

警察は，国内の治安維持を主たる任務とする．「個人の権利と自由を保護し，公共の安全と秩序を維持する」（警察法1条）ために，警察は組織されている．「個人の生命，身体及び財産の保護に任じ，犯罪の予防，鎮圧及び捜査，被疑者の逮捕，交通の取締その他公共の安全と秩序の維持に当る」（警察法2条1項）のが，警察の責務とされているのである．

これに対して自衛隊は，国の防衛が主たる任務である．「自衛隊は，我が国の平和と独立を守り，国の安全を保つため，我が国を防衛することを主たる任務とし，必要に応じ，公共の秩序の維持に当たる」（自衛隊法3条1項）のが，自衛隊なのである[24]．この規定ははっきりと自衛隊と警察の違いを示しているように見えるであろう．他方で自衛隊法第78条第1項は「内閣総理大臣は，間接侵略その他の緊急事態に際して，一般の警察力をもつては，治安を維持することができないと認められる場合には，自衛隊の全部又は一部の出動を命ずることができる」と定めて「間接侵略」概念を維持しており，同概念を媒介に国内治安維持に自衛隊を出動させることができる（治安出動）．多くの国の軍隊も国内治安に用いることができないわけではないが，自衛隊自体が防衛庁と一体の組織であり（防衛省設置法参照），一種の行政機関であるために，警察との違いが他国の軍隊に比して曖昧であると言わざるを得ない．自衛隊法第89条は警察官職務執行法が準用される旨を定めている[25]．

問題は，「防衛出動時の武力行使」である．自衛隊法は，「第76条第1項の規定により出動を命ぜられた自衛隊は，わが国を防衛するため，必要な武力を行使することができる」（自衛隊法88条1項）こと，そしてこの「武力行使に際しては，国際の法規及び慣例によるべき場合にあつてはこれを遵守し，かつ，事態に応じ合理的に必要と判断される限度をこえてはならない」（自衛隊法88条2項）ことを規定している．

ここでいう防衛出動は，自衛隊法第76条に基づく．

「内閣総理大臣は，次に掲げる事態に際して，我が国を防衛するため必要があると認める場合には，自衛隊の全部又は一部の出動を命ずることができる．この場合においては，武力攻撃事態等及び存立危機事態における我が国の平和と独立並びに国及び国民の安全の確保に関する法律（平成15年法律第79号）第9条の定めるところにより，国会の承認を得なければならない．

一　我が国に対する外部からの武力攻撃が発生した事態又は我が国に対する外部からの武力攻撃が発生する明白な危険が切迫していると認められるに至つた事態

二　我が国と密接な関係にある他国に対する武力攻撃が発生し，これにより我が国の存立が脅かされ，国民の生命，自由及び幸福追求の権利が根底から覆される明白な危険がある事態」

この自衛隊法に規定されている防衛出動の要件は，本来的には日本に対して直接的に向けられた攻撃に対する必要最小限度の反撃を想定していたのであって，このような規定になったのは，2014年7月の閣議決定[26]に基づく，いわゆる平和安全法制の制定であった（正確には同法制のうち「平和安全法制整備法」が自衛隊法の改正を含んでいた）．

同閣議決定において，いわゆる「新三要件」が示されており，① わが国に対する武力攻撃が発生したこと，またはわが国と密接な関係にある他国に対する武力攻撃が発生し，これによりわが国の存立が脅かされ，国民の生命，自由および幸福追求の権利が根底から覆される明白な危険があること，② これを排除し，わが国の存立を全うし，国民を守るために他に適当な手段がないこと，③ 必要最小限度の実力行使にとどまるべきことが防衛出動の要件，自衛権発動要件とされたのである．先に引用した自衛隊法第 76 条第 1 項の規定はこの閣議決定の内容に基づいている．

2　憲法第 9 条の解釈

(1) 有権解釈

日本政府の憲法第 9 条解釈の基礎となっているのは次の学説である．

> わが憲法の基本原理として国民主権・人権尊重および国際協調の三原則が挙げられる．このうち，侵略に対して抵抗しないことが国際協調の原理に適するとはいえない．国民主権の国家ならば，国民は憲法を尊重し擁護する義務とともに，憲法の前提とする国家の存立・防衛について責任がないとはいえない．殊に国家が国民の生命・身体および財産の安全を保障するために必要な制度であるとすれば，それは急迫不正の侵略に対し自己を防衛する権利がなければならない．憲法第 13 条は，立法その他国政のうえで国民の基本権を最大限度に尊重すべきものと定めるが，それは原則として国民の自由を侵してはならないとする消極的な不作為請求権の宣言のほか，国民の生命・自由・財産に加えられる国内的および国際的な侵害を排除するため積極的に国権の発動を要請する，公共の福祉の原理を含むものである．ここに，国内の公共の安全と秩序を維持する警察権とともに，国外からの侵略に対する国の自衛権の憲法上の根拠がある[27]．

一見整然としているが，自衛権の根拠が憲法に求められている点問題である．自衛権は，通常国際法上の国家の権能だからである[28]．日本政府は，先に触れた自衛隊法第 76 条第 1 項の改正前においては，自衛権発動の要件として，第一に，わが国に対する急迫不正の侵害があること，第二に，これを排除するために他の適当な手段がないこと，第三に，必要最小限の実力行使にとどまること，という三要件に該当する場合に限られ，これらの三要件に該当するか否かの判断は政府が行なうとしてきていた[29]．これは国際法上の自衛権発動要件と合致する[30]（第 3 節で詳述）．

⑵ 平和的生存権と憲法前文

憲法第９条の平和主義を考える際しばしば理念的に重視されるのが，いわゆる「平和的生存権」である．これは日本国憲法前文の平和主義に関する理念的言及を重視し，さらに人権であると捉えようとするものである．憲法前文にある平和主義に言及した部分を抜粋しておこう．

「日本国民は，……われらとわれらの子孫のために，諸国民との協和による成果と，わが国全土にわたつて自由のもたらす恵沢を確保し，政府の行為によつて再び戦争の惨禍が起ることのないやうにすることを決意し」た（第１項）．「日本国民は，恒久の平和を念願し，人間相互の関係を支配する崇高な理想を深く自覚するのであつて，平和を愛する諸国民の公正と信義に信頼して，われらの安全と生存を保持しようと決意した．われらは，平和を維持し，専制と隷従，圧迫と偏狭を地上から永遠に除去しようと努めてゐる国際社会において，名誉ある地位を占めたいと思ふ．われらは，全世界の国民が，ひとしく恐怖と欠乏から免かれ，平和のうちに生存する権利を有することを確認する」（第２項）．「われらは，いづれの国家も，自国のことのみに専念して他国を無視してはならないのであつて，政治道徳の法則は，普遍的なものであり，この法則に従ふことは，自国の主権を維持し，他国と対等関係に立たうとする各国の責務であると信ずる」（第３項）．

上記引用のうち，下線部が通常「平和的生存権」を定めた部分であるといわれている．とはいえ，本章第１節２で言及した砂川事件最高裁判決のように，実質的に①平和的生存権をあたかも自衛権であるかのように捉える立場がある一方で，②平和的生存権を戦争に巻き込まれるような国家行為をしないよう政府に要求する不作為請求権と捉える説がある[31]．

⑶ 2015年９月の「平和安全法制」制定と憲法第９条の解釈

日本の場合，自由権規約にあっても戦争は想定されていないけれども，その一歩手前の緊急事態は想定されているし，法律上も対応する規定が置かれている[32]．問題は日本において憲法第９条が存在することである．

憲法制定当初にも，本条の下でも自衛のための軍事力が持てるとの解釈があったが[33]，第２項を読む限りそのように解するのは相当に難しい．第１項で全ての戦争を放棄している結果，いかなる戦争も行えないので，したがって自衛のためでも軍隊は保持し得ないと解するか（１項戦争全面放棄説），第１項は侵略戦争のみを放棄しているが，第2項ですべての軍事力を保持し得ないとする結果いずれにせよ自衛のためでも戦争は行い得ないと解する（2項戦争全面放棄説）かの違いはあるが，軍事力を持てないとの解釈が有力であった.[34]

警察予備隊から続く，有事法制という名の軍事法制を考えるにあたっては，憲法第9条との関係で，憲法改正限界論と憲法変遷論[35]が憲法の規範的議論として存在する．憲法第9条は政治的規範であって，国会と内閣を政治的に縛るものではあるけれども，裁判所は実はそれに基づいて批判するとか，しないというような規範ではない，という学説がある（政治的規範説[36]）.

これに類似する説として，政治的マニフェスト説，つまり，憲法第9条は政治的な宣言であって，法規範ではないという説がある[37]．これが復活したといえるのが，長谷部恭男説である[38].

この学説は，まず国家はなぜ必要かを問う．国家があった方が各人の効用が増す．警察や軍隊，消防などは厚生経済学で言う公共財であり，ただ乗りを防ぐために，国家が提供する必要がある．道路の右側通行のような調整問題状況は国家がしなくても良いが，便宜的に国家によって行われている．では，軍隊に関してはどうか．国際社会の現実を考えると，不必要とは言いきりにくい．同時に軍隊の完全な不保持を憲法の解釈として，全ての国民にそれが有権的解釈だとして強制するのは，立憲主義に反するという．

つまり，個人個人が受け入れることが出来るかどうか分からない世界観の対立に絡むことなので，第9条を絶対的な武力の不保持を意味する規定と理解するのは憲法の本質に反する．さらに，国際社会は，チキンゲームの状況である，要するに疑心暗鬼の状況であって，相手がもしかしたら，武力を増やしているのではないかと思い合っている状況かもしれない．けれども，そんなことを考えているのは北朝鮮ぐらいであって，しかも北朝鮮でさえ，実は国際社会では結構，国際政治的プレーヤとしては，意外と狡猾で，上手くやっているというのが，国際政治学の最近の評価である．国際政治家としては，金正日（今は金正恩）はしたたかで，日本に攻撃を仕掛けることは，正気を失わない限りありえないというのが，国際政治学者の分析である．同時に，防衛省の分析を見れば，防衛白書が2005年頃から述べているように，当分，戦争が起こることはありえないと断言している．すなわち，ロシアも北朝鮮も，中国も，日本への脅威だとは考えられない．ありうるとすれば，単発的なテロ行為だが，それも，旧オウム真理教のような国内社会における犯罪集団や，極端な過激な思考を持っている宗教者集団などが想定されているので，外国の軍隊が攻めてくることは想定されていない．こういった国際社会の理解というのは，本当に正しいのか，という疑問符もつけざるを得ない．

ただし，この説は日本国憲法の解釈論，また立法政策論として，第9条を変えるべきではないし，自衛隊も合憲だという．第9条を変えても法的には意味がないというために，理屈を言っているとも思われる[39]．社会的には「第9条は変えるべきではないけれども，現状はそのままで良い」「内閣法制局のやってきたことは一応評価できる」という主張となろう．しかし，結局は，第9条を改正すべきとの主張をしている論者に，その議論が利用されてしまうことにならないだろうか[40]．

第3節　平和安全法制と derogation 条項

自衛隊を合憲と解するにせよ違憲と解するにせよ，日本の自衛隊が自衛行動を行った場合には，本章で検討してきた国際人道法が適用されることになる．困難な問題が提起されるのは，国内で外国の軍隊がテロ活動を行った場合に警察でなく自衛隊が対処すると，国際人道法が適用されることになるか否かが明らかでないことである．この点は日本国憲法の解釈だけでは対応できない．結局は条約の解釈問題となってくる．

平和学の視点からは，現状の認識と，平和安全法制の「効果」検証が重要であるといえよう．その際，砂川事件最高裁判決をどう評価するか，いわゆる新三要件は，機能するかが問題となる．さらに，直接的にはあまり問題にはならないとは思われるものの，在日米軍基地においてその運用が目撃されている民間軍事会社は，本来自衛隊と併用することはあり得ないであろうが，集団的自衛権が部分的とは言え平和安全法制の下で承認され運用されていくと，自衛隊と行動を共にする米軍が契約している民間軍事会社が，自衛隊と行動を共にすることがないとは言えない．このような観点からすると，民間軍事会社が日本の法制度の下で運用可能か，より正確に言えば，日本政府と民間軍事会社が契約可能か，というよりも，米軍と自衛隊の共同行動に伴って民間軍事会社が日本法のもとで行動可能かについても問題となり得ると考えられる．

ここで，安保法とも略称される平和安全法制の内実を確認しておこう．同法制のうち，平和安全整備法は，自衛隊法，国際平和協力法，重要影響事態法

（周辺事態法の改正），船舶検査法，武力攻撃事態法，米軍等行動円滑化法，特定公共施設利用法，海上輸送規制法，捕虜取扱い法，国家安全保障会議設置法を改正する法律であり，他方で国際平和支援法は，従来時限立法で定められてきた米軍支援等に関する制度を恒久法化する新法である．これらの平和安全法制は，どのような問題があるのであろうか．

1 「自衛隊」の性格の変容

特に問題となるのは，平和安全法制制定以前において，自衛隊は「専守防衛」の組織であるからこそ合憲であるとされていたのであるから，それが限定的であるとはいえ集団的自衛権を行使可能とするのであれば，それは組織の根本的性格の変容を意味するのではないか，ということである．本章第2節2でも触れたように，その点は自衛隊法第76条第1項の改正にあらわれている．この点は「自衛権」概念の変遷と合わせて後述する．

これに加えて，自衛隊員の任務が変わる，という点にも思いを致さなければならない．

自衛隊員は，隊員として正式に行動する前に，次のように宣誓する．

> 「私は，我が国の平和と独立を守る自衛隊の使命を自覚し，日本国憲法及び法令を遵守し，一致団結，厳正な規律を保持し，常に徳操を養い，人格を尊重し，心身を鍛え，技能を磨き，政治的活動に関与せず，強い責任感をもつて専心職務の遂行に当たり，事に臨んでは危険を顧みず，身をもつて責務の完遂に務め，もつて国民の負託にこたえることを誓います．」

この宣誓は，自衛隊法第52条に基づいている[41]．傍点で強調しておいたように，明らかに憲法の範囲内で日本国を防衛することを目的としているのであって，そもそも，海外での行動を想定していないと解されるのである．すでにPKO協力法の審議時にもそのような指摘はあったようであるが，防衛省の内部（具体的には防衛研究所の教官）からも現行法の規定を前提とした自衛隊員の宣誓取り直しが本来的に必要であるとの主張があるようである[42]．

そもそも，本章第2節1(2)でも述べたように，自衛隊は他国で言うところの軍隊とは言い難い特徴がある．もちろん，正式な防衛出動（2021年まで一度も発動していないが）であれば，国際人道法の適用対象となり，ほぼ軍隊として行動することとなるが，自衛隊には「軍法会議」が存在しない．軍隊としての行動に本来伴うべき組織が憲法上の制約もあって存在せず，このことからくる問題点も指摘されている[43]．

2 「自衛権」の「意味」が変わる？

本章第2節2でも見たように，憲法第9条の有権解釈は，自衛権概念を前提とする．

しかし，すでに若干の言及をしておいたように，自衛権概念は一定ではない．

19世紀前半においては，「自国の重大な利益が危険に瀕し，この危険を免れるためには，外国の法益を侵害する或る措置――外国領土への侵入，公海における外国船の拿捕のごとき――をとるより外に道がない場合に，この危険の発生についてその外国に国際法上の責任はなくとも，その国の法益を侵害する右のような措置をとって，自国の利益を救う権利」であると解されていた[44]．しかし，第一次世界大戦後は，「外国から武力を以ってする攻撃を受けたときに自国を防衛する権利」と解されるようになったのである[45]．

本章第2節1でも述べたように，不戦条約は，文言上自衛戦争を放棄したが，ほとんどの批准国が自衛戦争（の権利としての「自衛権」）を留保したのである．そのような意味での自衛権概念を一定程度国際連合の枠組みの中でさらに限定したのが，第二次世界大戦後の国連憲章第51条であり，少なくとも個別的自衛権の概念自体は，第二次世界大戦以前よりも限定的なものとなったと解されなければならない．

3 政府による「解説」に欠けているもの

このように，平和安全法制の立法者に欠けているのは，立法事実そのものであるといえる．立法事実は，法の改正ないし立法に必要な社会的事実である．政府の説明をそのままうけとると，むしろ自国防衛強化こそ急務，となるはずなのである．

> 「国際連合憲章が理想として掲げたいわゆる正規の『国連軍』は実現のめどが立っていないことに加え，冷戦終結後の四半世紀だけをとっても，グローバルなパワーバランスの変化，技術革新の急速な進展，大量破壊兵器や弾道ミサイルの開発及び拡散，国際テロなどの脅威により，アジア太平洋地域において問題や緊張が生み出されるとともに，脅威が世界のどの地域において発生しても，我が国の

安全保障に直接的な影響を及ぼし得る状況になっている．さらに，近年では，海洋，宇宙空間，サイバー空間に対する自由なアクセス及びその活用を妨げるリスクが拡散し深刻化している．もはや，どの国も一国のみで平和を守ることはできず，国際社会もまた，我が国がその国力にふさわしい形で一層積極的な役割を果たすことを期待している．」

閣議決定にある安全保障環境の変化に該当するのはこの部分だけであろう．これをみても，個別的自衛権の強化こそ謳われるのは理解できても，集団的自衛権強化の理由としては極めて薄弱であると言わざるを得ない．最後に「もはや，どの国も……」との言及は，取ってつけたような印象が拭えないのである．

それでは，政府は変わらないと言っている「憲法」はどうなのだろうか．

⑴ 憲法が変わる？

①「変わる」のは「憲法典」そのものではない

政府により，最高裁判所により，「憲法である」とされてきたもの，すなわち実質的意味の憲法が，変わる，という．政府は，実質的意味も変わらないと主張するが，それはありえない．あきらかに自衛隊の権限は大幅に拡大しているからである．

ここで留意しなければならないのは，「憲法変遷」論の危険性であろう．ここでいう「憲法変遷」論は 9 条の解釈としてのそれではない．憲法改正を伴わずに，成文の憲法の意味あいが，本来意味するものとは別の，それも本来なら有しえない意味をもつことである．

ワイマール憲法のたどった道を「見習う」，と述べてしまった，麻生大臣（当時）が批判されたことが思いだされる．

② 実質的「憲法」の意味

本来の意味合いとは異なるものの，語義の範囲内で意味変化が生じ，すでに定着したといえるものはある．現に実行されているものとして，内閣の衆議院解散権に関しての憲法解釈，私学助成についての憲法 89 条の解釈，文民条項についての憲法 66 条の解釈などが挙げられよう．

③ 人権保障の「制限」「制約」「限界」

人権保障の「制限」根拠，「制約」根拠，あるいはその「限界」と解される「公共の福祉」は，その最も広い解釈として，人権の外在的一般的制約根拠と解されるが[46]，そのような立場に立つとして，軍事的な政府の施策は「人権の限界」としての「公共の福祉」に含まれるのであろうか．少なくとも憲法9条が軍備を放棄しているとの前提に立つ限り，軍事的な施作がなんの論証もなしに，公共の福祉に含まれるとの解釈はなりたたないであろう[47]．

(2) 暮らしが変わる？

①「非常時」「有事」を理由とした「介入」

この点は誤解されがちであるが，以前から周辺事態法，国民保護法等で可能であった．周辺事態法が重要影響評価法として生まれ変わって，防衛出動できる事態が大幅に増えたのである（この点は次に述べる）．武力攻撃事態法で，直接侵略の意図は措き，ミサイル攻撃があったような場合，直接ともかくも反撃できるようになっていた．それでも，さしあたって「日本国土」に対する直接的な侵害が少なくとも想定されていた．国民保護法ではそういった事態に際して，各地方自治体が住民の避難計画をだすこととなっており，その現実性のなさが批判されていた．

②「平時」の変容――危険なことばあそび

重要影響事態法によって，「周辺」事態が，「重要影響事態」「海外における緊急事態」「存立危機事態」に置き換えられた．当初地理的概念であった「周辺」（日本国の周辺という，きわめて常識的な概念）であるが，答弁の中で次第に「日本に影響ある場所」=「周辺」というように，地理的な意味が失われていった．

「重要影響事態」「海外における緊急事態」「存立危機事態」．いかにもみっつの事態がありそうであるが，法案提出者は，厳密には区別できないと主張する．それどころか，相互に重なり合うという．結局存立危機という，日本が危ういと思ったことが防衛出動の根拠となる．しかし，それでは，自衛権概念の先祖返りと言わざるを得ない[48]．自衛の名の下に derogate される権利を規制したいとの本音が見える．公の緊急事態に含まれる事態を最大限に解釈するだけでなく，そこを遥かに超える事態を合法化しようとしている．

③ 直接的でない「変化」

一見何も変わりがないようで大きな変化が法改正によって行われている．

教育に関して言えば，教育基本法の改正がある．教育基本法2条5号が「伝統と文化を尊重し，それらをはぐくんできた我が国と郷土を愛するとともに，他国を尊重し，国際社会の平和と発展に寄与する態度を養うこと」を教育の目標と定め，前文に「伝統を継承し」と定めた具体的内容を示唆している．ここにいう伝統とは少なくとも明治以降の伝統を指している．２条５号がいう「伝統と文化」を「はぐくんできた我が国と郷土を愛する」という愛国心涵養目的に結びつけていることからもそのことは伺える．

公務員は，通常自治体からのボトムアップ型であるが，警察および消防は，「有事」に際して下から上へのトップダウンの命令が可能になっている．

意外と見えにくいのが，企業の「有事」における「協力」である．自衛隊法の規定により，有事における設備等の提供が半ば強制化されていることは意外と知られていない．

さらに「地域」「家庭」の“公共”化がある．言い回しは様々だが，「協力」の「要請」を当然視する法制度が，自衛隊法や国民保護法によって具体化されている．

⑶ 自衛権概念の問題

① 直接的問題

すでに何度か触れているが，もともと政府解釈で認められていた自衛権概念自体が，国連憲章で認められていたものよりも狭い．共通点は，軍隊等による急迫不正の武力による侵害に対する必要最小限の武力による反撃であるが，国連憲章には国民の生存が脅かされる，といった要件はなく，政府解釈はさらに憲法第13条の文言を援用し，国民の生命・自由・幸福追求の権利侵害を自衛権の発動要件とする．これは政府答弁によれば個別的自衛権の発動要件にもなっている．

集団的自衛権行使の要件は，きわめて限定的であるとは言え，政府が2014年７月に閣議決定し，2015年９月に「採決」した法律，ことに自衛隊法にあらわれている．集団的自衛権行使にも，憲法第法13条に依拠する「国民の生命・自由・幸福追求の権利に対する侵害が明白である」との要件を課す（自衛隊法第76条第１項第２号）．

ところが，国際法上，集団的自衛権は，「軍事同盟国」を，当該国家の要請に基づいて行使するものであるのに（ニカラグア事件ICJ判決），法律は実際に攻撃を受けている国の要請を要件にいれていないのである．

②「武器等防護」規定

実はより問題なのが,「武器等防護」規定による実質上の国際法上の集団的自衛権が行使可能であることである．武器等防護は，当該国家の要請に基づき，自衛隊でなく「自衛官」が行うとされている（自衛隊法第95条，第95条の2，第95条の3）．しかし，問題なのがそこにいう武器には，イージス艦や戦闘機も含まれるのである．武器等防護規程を活用した海上自衛隊出動は毎日新聞報道まで秘匿されていた．

⑷ 自衛隊員の任務拡大

自衛隊員につき，日本国外において，他国の軍隊と全く同等の権限・武器等使用を認めているわけではないのに，任務だけが拡大している．自衛隊員が国際法上の軍事常識に従って行動すると，日本国内法で刑法上の犯罪者となるおそれがあるのである．

⑸ 立法事実の不存在

憲法第9条の解釈上，もともと文理上自衛隊の合憲性そのものに無理があるうえ，政治的にも従来政府が長年にわたって採ってきた解釈を変更し，また関連法を改正するための合理的な立法事実がなんら示されていない．なによりも,「日本国周辺の危機拡大」の事例はいずれも個別的自衛権の問題であって，少なくとも集団的自衛権の発動を当然には要請しない．

4　デロゲーション条項と日本国憲法の平和主義

⑴ デロゲーション条項は「公共の福祉」による制約で正当化できるか

ここで改めて日本国憲法の規定を前提として，デロゲーション条項の日本における適用を考えてみよう．

なによりもまず，人権の「停止」が日本国憲法のもとでそもそも可能であるか，の問題がある．人権保障に関して，憲法は権利の「剥奪禁止」（憲法第11条，第12条，第13条，第97条）を定めているのではないか．

第11条は,「国民は，すべての基本的人権の享有を妨げられない．この憲法が国民に保障する基本的人権は，侵すことのできない永久の権利として，現在及び将来の国民に与へられる」とする（第97条の類似の規定である)．もちろん,「この憲法が国民に保障する自由及び権利」については,「国民の不断の努力によつて，これを保持しなければならない．又，国民は，これを濫用してはならないのであつて，常に公共の福祉のためにこれを利用する責任を負ふ」としているのであって（第 12 条），「公共の福祉のために」利用されるべき「この憲法が保障する自由及び権利」は濫用を禁止されるが，停止できるとは言っていない．また第 13 条も「すべて国民は，個人として尊重される．生命，自由及び幸福追求に対する国民の権利については，公共の福祉に反しない限り，立法その他の国政の上で，最大の尊重を必要とする」としているが，最大限の尊重こそ要請しているにせよ，停止は求めていない．公共の福祉による規制は停止を意味しないのである．

そして，再度述べておけば，「公共の福祉」のなかにデロゲーション条項が想定するような，軍事的なニュアンスを含むとは想定し難いのである．

(2) 自由権規約 4 条と憲法 9 条は両立するか？

そもそも自由権規約 4 条の「公の緊急事態」が日本で成立し得るかを考えねばならない．この「公の緊急事態」は，本来「軍隊が関与するような」事態なのである．では日本の法律による「緊急事態」であるか．日本の法律は，「緊急事態」の語を，闇雲に広い意味で用いている．新型インフルエンザ特別措置法，災害対策基本法，原子力災害基本法，武力攻撃事態法．これらの法律でおなじ「緊急事態」とされていても，その想定している内容は本質的に異なるのである．

本質的に「人権の制約」と「人権の停止」は全く異なる．人権の保障が完全に（一時的とは言え）停止する事態を，憲法は想定していないと考えられる．

そもそも，日本は，自由権規約批准の際に一切自由権規約第 4 条は留保していない．再軍備（自衛隊成立）後の批准だが，その点からしても想定外であったことになる．とすれば，日本国憲法第 9 条が軍事力の保持を容認するか，憲法の「公共の福祉」が人権を「停止する」根拠になるか，が根本的な問題となる．

少なくとも憲法を改正することなくそのような事態を想定することは困難というよりも不可能であろう．では改正すればよいのだろうか．具体的には？それは読者にゆだねることにしよう．

註

1）　デロゲーション条項について考察するためには，まず大沼保昭『国際法　はじめて学ぶ人のための』（東信堂，2008年〔新訂版〕・以下大沼①）585〜588頁の参照を請う．国際人道法と国際人権法の適用関係については，同書589〜593頁が圧縮された記述ではあるが，整理されている．国際人道法について詳しくは，本書第2章のほか，そこでも挙げた藤田久一『国際人道法』（再増補版，有信堂高文社，2003年）参照．なお国際法の中での位置づけを簡潔に得るためには，大沼保昭『国際法』（筑摩書房〔ちくま新書〕，2018年・以下大沼②）の一読を薦めたい．

2）　註1前掲大沼①588頁．

3）　同上．

4）　同上．

5）　このような日本国憲法の自然法思想を日本国憲法の文理解釈から導く解釈は佐々木惣一『改訂日本国憲法論』（有斐閣，1950年）において詳述されている．法実証主義の立場での解釈が日本国憲法に自然法思想を読み取ったことは記憶されておいて良い．

6）　註1前掲大沼①589頁．

7）　ギリシャが当事国となっているヨーロッパ人権条約に基づく国家間争訟は複数ある．最初に起きたのは，いわゆる第1キプロス事件（App. 176/57, *Greece v United Kingdom*,（1958-59）2 *Yearbook* 174 and 182; App. 299/57, *Greece v United Kingdom*,（1958-59）2 *Yearbook* 178 and 186）である．本文で問題となっているギリシャ事件は，*The Greek Case*（Application **No.3321/67 - Denmark V. Greece**; Application **No.3322/67** - Norway v. Greece; Application No. 3323/67 - Sweden v. Greece; Application No.3344/67 - Netherlands V. Greece）Report of the sub-commissionである．ギリシャ事件（国家間争訟）につき，野村敬造『人権の国際的地域的保障』；隅野隆徳「人身の自由の国際的保障への一考察」杉原泰雄・樋口陽一・浦田賢治・中村睦男・笹川紀勝編『平和と国際協調の憲法学——深瀬忠一教授退官記念』（勁草書房，1990年）423〜436頁；高野雄一『国際社会における人権』岩波書店，1977参照．なおヨーロッパ人権条約第15条の解釈について，Francis Jacobs, Advocate General, Court of Justice of the European Communities, "Emergency Situations: The Practice of the Organs of the European Convention on Human Rights" in: *European Commission for Democracy through Law, Human rights and the functioning of the democratic institutions in emergency situations, Science and technique of democracy*, No. 17（Council of Europe Publishing, 1997）; Cees Flinterman, "Derogation from the rights and freedoms in case of a public emergency（Article 15）" in: Pieter van Dijk, Fried van Hoof, Arjen van Rijn and Leo Zwaak eds., *Theory and Practice of the European Convention on Human Rights*, Forth edition（Intersentia, Oxford, 2006）1053-1075参照．

8）　いわゆるタジッチ事件（Cases No. IT-94-1-T *Prosecutor v Tadic*（Judgment）

(*International Law Reports* Vol 112, 1, 36 *ILM* No 4 (1997) 908 ff).

9) 本書著者によるイギリスにおけるデロゲーション条項の適用に関する問題点の検討は，2011年時点のものではあるが，本書の実質上の初版に当たる，佐藤潤一『平和と人権』(晃洋書房，2011年) 第2部を差し当たり参照.

10) 寺谷公司『国際人権の逸脱不可能性』(有斐閣，2003年) 31頁 (同書の「序」脚注117) を参照.

11) ヨーロッパ人権条約とイギリスとの関係を特に大きく取り上げるのは，第15条が，起草過程でイギリスによって提案されて取り入れられた (薬師寺公夫「ヨーロッパ人権条約準備作業の検討 (下)」『神戸商船大学紀要第一類文科論集第34号』1～5頁参照) ことを勘案してのことである.

12) 〔原註〕以下の意見／勧告的意見を参照. Dominican Republic (1993), CCPR/C/79/Add.18, para. 4; Jordan (1994) CCPR/C/79/Add.35, para. 6; Nepal (1994) CCPR/C/79/Add.42, para. 9; Russian Federation (1995), CCPR/C/79/Add.54, para. 27; Zambia (1996), CCPR/C/79/Add.62, para. 11; Gabon (1996), CCPR/C/79/Add.71, para. 10; Colombia (1997) CCPR/C/79/Add.76, para. 25; Israel (1998), CCPR/C/79/Add.93, para. 11; Iraq (1997), CCPR/C/79/Add.84, para. 9; Uruguay (1998) CCPR/C/79/Add.90, para. 8; Armenia (1998), CCPR/C/79/Add.100, para. 7; Mongolia (2000), CCPR/C/79/Add.120, para. 14; Kyrgyzstan (2000), CCPR/CO/69/KGZ, para. 12.

13) CCPR/C/21/Rev1/Add. 11: General Comment No. 29: States of Emergency (Article 4), para. 7. 本一般的意見については，佐藤訳「自由権規約第4条 (緊急事態) についての一般的意見29」『大阪産業大学論集　人文・社会科学編　第9号』159～175頁を参照.

14) ヨーロッパ審議会 (Council of Europe) のサイト (https://coe.int/) 内にあるヨーロッパ人権裁判所 (https://www.echr.coe.int/) のサイトには各国語の条文が掲載されており (https://www.echr.coe.int/Pages/home.aspx?p=basictexts&c=) 日本語訳もある (https://www.echr.coe.int/Documents/Convention_JPN.pdf) が，ここでは日本語訳や各種条約集も参照しつつ著者が訳出した. 参考までに掲載しておけば，英文条文は次のようである (出典は https://www.echr.coe.int/Documents/Convention_ENG.pdf).

ARTICLE 15 Derogation in time of emergency

1. In time of war or other public emergency threatening the life of the nation any High Contracting Party may take measures derogating from its obligations under this Convention to the extent strictly required by the exigencies of the situation, provided that such measures are not inconsistent with its other

obligations under international law.

2. No derogation from Article 2, except in respect of deaths resulting from lawful acts of war, or from Articles 3, 4 (paragraph 1) and 7 shall be made under this provision.

3. Any High Contracting Party availing itself of this right of derogation shall keep the Secretary General of the Council of Europe fully informed of the measures which it has taken and the reasons therefor. It shall also inform the Secretary General of the Council of Europe when such measures have ceased to operate and the provisions of the Convention are again being fully executed.

15) American Convention on Human Rights, O.A.S.Treaty Series No. 36, 1144 UNTS 123 entered into force July 18, 1978, reprinted in Basic Documents Pertaining to Human Rights in the Inter-American System, OEA/Ser.L.V/II.82 doc.6 rev.1 at 25 (1992).

条文は拙訳．原文（英文）は次のとおり．〈https://www.cidh.oas.org/basicos/english/basic3.american%20convention.htm〉.

Article 27.

Suspension of Guarantees

1. In time of war, public danger, or other emergency that threatens the independence or security of a State Party, it may take measures derogating from its obligations under the present Convention to the extent and for the period of time strictly required by the exigencies of the situation, provided that such measures are not inconsistent with its other obligations under international law and do not involve discrimination on the ground of race, color, sex, language, religion, or social origin.

2. The foregoing provision does not authorize any suspension of the following articles: Article 3 (Right to Juridical Personality), Article 4 (Right to Life), Article 5 (Right to Humane Treatment), Article 6 (Freedom from Slavery), Article 9 (Freedom from Ex Post Facto Laws), Article 12 (Freedom of Conscience and Religion), Article 17 (Rights of the Family), Article 18 (Right to a Name), Article 19 (Rights of the Child), Article 20 (Right to Nationality), and Article 23 (Right to Participate in Government), or of the judicial guarantees essential for the protection of such rights.

3. Any State Party availing itself of the right of suspension shall immediately inform the other States Parties, through the Secretary General of the Organization of American States, of the provisions the application of which it has

suspended, the reasons that gave rise to the suspension, and the date set for the termination of such suspension.

16）自衛権の概念それ自体については，後に検討するが，田岡良一『国際法上の自衛権』（勁草書房，2014年［新装版］）を，現在の国際人道法との関連も含めての検討は黒﨑将広・坂元茂樹・西村弓・石垣友明・森肇志・真山全・酒井啓亘『防衛実務国際法』（弘文堂，2021年），鈴木和之『実務者のための国際人道法ハンドブック【第3版】』（内外出版，2020年）を参照.

17）砂川事件上告審判決（最大判昭34（1959）・12・16刑集13-13-3225）.

18）美濃部達吉『日本行政法　下』（有斐閣，1940年）1304頁.

19）美濃部註18前掲書1304～1305頁.

20）美濃部註18前掲書1305～1306頁.

21）美濃部註18前掲書1307～1308頁.

22）美濃部註18前掲書1308頁.

23）美濃部註18前掲書1309頁.

24）改正前の自衛隊法第3条第1項は「わが国の平和と独立を守り，国の安全を保つため，直接侵略及び間接侵略に対しわが国を防衛することを主たる任務とし，必要に応じ，公共の秩序の維持に当る」と規定していたが，平和安全法制制定に伴って，「直接侵略及び間接侵略」が削除されている.

25）自衛隊法第89条は次のように定めている.「警察官職務執行法（昭和23年法律第136号）の規定は，第78条第1項又は第81条第2項の規定により出動を命ぜられた自衛隊の自衛官の職務の執行について準用する．この場合において，同法第4条第2項中『公安委員会』とあるのは，『防衛大臣の指定する者』と読み替えるものとする」（第1項）．第2項ではさらに「前項において準用する警察官職務執行法第7条の規定により自衛官が武器を使用するには，刑法（明治40年法律第45号）第36条又は第37条に該当する場合を除き，当該部隊指揮官の命令によらなければならない」と定める．警察官職務執行法第7条は次のように定める.

警察官は，犯人の逮捕若しくは逃走の防止，自己若しくは他人に対する防護又は公務執行に対する抵抗の抑止のため必要であると認める相当な理由のある場合においては，その事態に応じ合理的に必要と判断される限度において，武器を使用することができる．但し，刑法（明治40年法律第45号）第36条（正当防衛）若しくは同法第37条（緊急避難）に該当する場合又は左の各号の一に該当する場合を除いては，人に危害を与えてはならない.

一　死刑又は無期若しくは長期3年以上の懲役若しくは禁こにあたる兇悪な罪を現に犯し，若しくは既に犯したと疑うに足りる充分な理由のある者がその者に対する警察官の職務の執行に対して抵抗し，若しくは逃亡しようとするとき又は第三者がその者を逃がそうとして警察官に抵抗するとき，これを防ぎ，又は逮捕するために他に手段がないと警察官において信ずるに足りる相当な理由のある場合．

二　逮捕状により逮捕する際又は勾引状若しくは勾留状を執行する際その本人がその者に対する警察官の職務の執行に対して抵抗し，若しくは逃亡しようとするとき又は第三者がその者を逃がそうとして警察官に抵抗するとき，これを防ぎ，又は逮捕するために他に手段がないと警察官において信ずるに足りる相当な理由のある場合．

すなわち，自衛官は警察官職務執行法第7条が示している第一号又は第二号の規定は適用されないのである．国内治安維持の観点からはある意味で武器使用権限が限定されているといえる．

26)　「国の存立を全うし，国民を守るための切れ目のない安全保障法制の整備について」〈https://www.cas.go.jp/jp/gaiyou/jimu/pdf/anpohosei.pdf〉.

27)　田上穣治「主権の概念と防衛の問題」宮沢還暦「日本国憲法体系・第2巻総論」（有斐閣，1965年）98頁．

28)　田岡註16前掲書は国内法上の自衛権という言い回しを頻繁に用いるが，これは刑法上の正当防衛権のことを指しており，また同書もそもそも国内法上の自衛権からの類推で論ずべきではないことを強調している．

29)　衆議院議院における政府答弁書（昭和60年9月27日）．

30)　国連憲章制定以前においては自己保存権（right of self-preservation）に自衛権は吸収されるものと解されていたが，不戦条約を経て国連憲章第51条に明文化された自衛権は国家の「自己保存権」よりは狭い概念と解されている．改正前の自衛隊法第76条第1項は「内閣総理大臣は，我が国に対する外部からの武力攻撃（以下「武力攻撃」という．）が発生した事態又は武力攻撃が発生する明白な危険が切迫していると認められるに至った事態に際して，我が国を防衛するため必要があると認める場合には，自衛隊の全部又は一部の出動を命ずることができる．この場合においては，武力攻撃事態等における我が国の平和と独立並びに国及び国民の安全の確保に関する法律（平成15年法律第79号）第9条の定めるところにより，国会の承認を得なければならない」．自衛権の発動要件の規定の仕方として必ずしも明確であったとは言い難いが，すくなくとも，いわゆる集団的自衛権の行使が可能なようには解釈できない規定であった．

31)　代表的な学説として，① 憲法前文の規定自体が平和的生存権の根拠であるとする（ただしその記述は憲法第9条が根拠とも解し得る）深瀬忠一『戦争放棄と平和的生存権』（岩波書店，1987年），② 平和的生存権の実質的根拠を憲法第13条に置く山内敏弘『人権・主権・平和』（日本評論社，2003年）がある．他方で最高裁判決や通説的地位を占めるといってよい芦部信喜著・高橋和之補訂『憲法〔第 7 版〕』（岩波書店，2019 年）はそもそも憲法全文の法規範性を消極的に解するため，平和的生存権の法的権利性を否定的に解している（同書 37～38 頁）．

32）　平和安全法制制定以前においても，一定の実力行使を許容するいわゆる有事法制は整備されてはいた．武力攻撃事態対処法（武力攻撃事態等における我が国の平和と独立並びに国及び国民の安全の確保に関する法律・平成 15 年 6 月 13 日法律第 79 号）が通則的法律であり，国民保護に関して，国民保護法（武力攻撃事態等における国民の保護のための措置に関する法律・平成 16 年 6 月 18 日法律第 112 号），米軍の行動に関連して米軍行動関連措置法（武力攻撃事態等におけるアメリカ合衆国の軍隊の行動に伴い我が国が実施する措置に関する法律・平成 16 年 6 月 18 日法律第 113 号），海上輸送規制法（武力攻撃事態における外国軍用品等の海上輸送の規制に関する法律・平成 16 年 6 月 18 日法律第 116 号）），自衛隊法一部改正（平成 16 年 6 月 18 日法律第 109 号・111 号・112 号・113 号・116 号・117 号・118 号による）（米軍への役務・物資の支援等），特定公共施設利用法（武力攻撃事態等における特定公共施設等の利用に関する法律・平成 16 年 6 月 18 日法律第 114 号），捕虜取扱法（武力攻撃事態における捕虜等の取扱いに関する法律・平成 16 年 6 月 18 日法律第 117 号），国際人道法違反処罰法（国際人道法の重大な違反行為の処罰に関する法律・平成 16 年 6 月 18 日法律第 115 号），関連条約として，本章で概観したジュネーブ諸条約（特に追加議定書），日米物品役務相互提供協定（ACSA）改正協定（日本国の自衛隊とアメリカ合衆国軍隊との間における後方支援，物品又は役務の相互の提供に関する日本国政府とアメリカ合衆国政府との間の協定を改正する協定・平成 16 年 2 月 27 日東京で署名，平成 16 年 6 月 14 日国会承認，平成 16 年 6 月 29 日東京での批准書の通告，平成 16 年 7 月 20 日公布及び告示（条約第 8 号及び外務省告示第 361 号），平成 16 年 7 月 29 日効力発生），これらに関する意思決定機関と自衛隊の行動に関して改正安全保障会議設置法（安全保障会議設置法・昭和 61 年 5 月 27 日法律第 71 号，平成 15 年 6 月 13 日法律第 78 号で改正，防衛省設置に伴い平成 18 年 12 月 22 日法律第 118 号で最終改正），改正自衛隊法が存在していた．これらの法令は平和安全法制整備のおよそ 10 年前に整備されたものであるが，相当慎重に個別的自衛権の範囲を超えないように議論が噴出していた．こういった法令について，防衛実務小六法（内外出版）のような専門六法でないと詳細は掲載されていないが，条約については外務省及び防衛省・自衛隊のサイト，または総務省行政管理局による法令データ提供システム〈https://elaws.e-gov.go.jp/〉から入手できる．

33）　憲法 9 条第 2 項の「前項の目的を達するため」を「国際紛争を解決する手段としての」戦争放棄と読み，「国際紛争を解決する手段としての」戦争でない戦争，すなわち自衛戦争は可能であり，したがって自衛のための軍隊は保持可能であると（「国際関係複雑を極め，諸国間の対立激甚を極める今日，いかなる場合にも，いかなる国家よりも，侵略をうけることがないとは限らぬ．そういう場合に，国家としては，自己の存立を防衛するの態度をとるの必要を思うことがあろう．これに備えるものとして戦力を保持することは，国際紛争を解決するの手段として戦力を保持することではないから，憲法はこれを禁じていない」）いう佐々木惣一による説（『改訂日本国憲法論』（有斐閣，1952年）518〜520頁）を指す．現時点であえて学説名称をつければ自衛戦力合憲説といえる．

34）　1項戦争全面放棄説をとるものとして，小林直樹『憲法講義　上〔新版〕』（東京大学出版会，1980年）を，2項戦争全面放棄説をとるものとして，清宮四郎『憲法　I〔第3版〕』（有斐閣，1979年）112頁を，それぞれ参照．日本国憲法第9条の制定史については，本章第2節1参照．

35）　憲法第9条の規範的意味が，本来は一切の軍事力を持つことができないとの意味であったのが，自衛戦力を持てるという意味に変遷した．それは国際環境の変容と，国民意識の変容があったためだとするのが憲法変遷説である（橋本公亘『日本国憲法(改訂版)』（有斐閣，1988年）438〜446頁）．しかしこの説は条文自体の解釈学説とはいいがたいので，立ち入らない．

36）　政治的規範説．伊藤正己『憲法〔第3版〕』（弘文堂，1995年）参照．

37）　政治的マニフェスト説．高柳賢三「平和・九条・再軍備」ジュリスト第25号（有斐閣，1953年）5頁．

38）　長谷部恭男「平和主義の原理的考察」『憲法問題』10号，同「平和主義と立憲主義」ジュリスト1260号，同『憲法と平和を問いなおす』（筑摩書房〔ちくま新書〕，2004年）参照．長谷部恭男には多数の著書があるが，もっとも体系的な記述があるのは，長谷部恭男『憲法　第7版』（新世社，2018年）

39）　しかし，このような思考回路について政治家に伝えたとしても，「要するに自衛隊合憲論なのだな」と理解されるだけではなかろうか．

40）　さらに関連して触れておくと，教育基本法改正との関係では，教育勅語を復活させようという議論，昔と同じことが主張されている．麻生元総理は，教育勅語は良いことを言っていると教育基本法改正に関する審議の中で述べていた．そういった議論をしている人たちが現在の改憲論者の中心にいまだにいるのであり，冷徹な議論が成立することは考えにくい．佐藤潤一「「愛国心」考――教育基本法「改正」の問題点を中心に」『大阪産業大学論集　社会科学編』No. 117（2007年2月）1頁以下参照．

41）　隊員は，わが国の平和と独立を守る自衛隊の使命を自覚し，一致団結，厳正な規律を保持し，常に徳操を養い，人格を尊重し，心身をきたえ，技能をみがき，強い責任感をもつて専心その職務の遂行にあたり，事に臨んでは危険を顧みず，身をもつて責務の完遂に努め，もつて国民の負託にこたえることを期するものとする．

42)　すでに 20 年以上の昔のことになるが，著者が大学院生として専修大学大学院博士後期課程で研究していた時点で，当事者からそのように繰り返し同様の主張を伺ったことがある.

43)　霞信彦『軍法会議のない「軍隊」』(慶應義塾大学出版会，2017 年).

44)　田岡註 16 前掲書 150 頁.

45)　同上.

46)　美濃部達吉『日本國憲法原論』(昭和 23［1948］年，有斐閣）165〜166 頁.「(三) **基本的人權の義務制**　憲法は基本的人權が永久不可侵の權利として尊重せらるべきことを定むると共に，それが同時に國民の義務であることを認め，『この憲法が國民に保障する自由及び權利は，國民の不斷の努力によつて，これを保持しなければならない．又，國民は，これを濫用してはならないのであつて，常に公共の福祉のために，これを利用する責任を負ふ』(12 條）と曰つて居る．即ち基本的人權に付き國民が（イ）不斷の努力により保持すべき義務（ロ）濫用すべからざる義務（ハ）公共の福祉の爲に利用すべき義務を負ふことを宣言して居るのである．／總て公法上に於いては權利と義務とは相反對する觀念ではなく，個人の權利が認められて居るのは決して單に其の權利者たる個人の利益のみを目的とするものではなく，同時にそれが国家及び社會の利益の爲に適當であるとせらるるが爲であつて，即ち公法上に於ける個人の權利は同時に國家及び社會の利益を目的とし，随つて個人は國家及び社會に對し正當に其の權利を行使すべき義務を負ふのである．公法上の權利が一般に拋棄することの出來ないものとせられて居るのはそれが爲で，即ち公法上に於いては權利は一般に同時に義務たる性質を有するのである.」

47)「公共の福祉」を「公共のため」に書き換える自民党の改憲案は,「公共のため」であれば，人権の制限が当然であるとみなす．再軍備が妥当であるかは別として，人権が容易に制限される根拠として用いることが可能となる改正は妥当とは思われない.

48)　本章第 3 節 2 参照.

おわりに
——本書の活用法と参考文献——

本書は平和学・国際人権法・憲法についての独立した入門的概説書ではあるが，従来の平和学概説書がその学際的観点を示すために総花的な内容になっているのとは異なり，憲法・国際人権法の観点から平和学を考えるものになっている．憲法及び国際人権法に興味を抱いた読者は，巻末の条文を活用しつつ，入門的な文献にも取り組んでいただきたい．法律学の書籍は，通常条文を条文集などで確かめることを前提としているが，本書は主要な条文は本文中に引用し，webで条文を確認出来るようにサイトを註においてかなり詳細に紹介している．手元に六法（法令集）及び条約集を置くのが望ましいが，参考までに，『コンサイス条約集』（三省堂），『デイリー六法』（三省堂）のみ挙げておく．条約集や法令集は頻繁に改訂されるので，ここでは出版年は記さない．

憲法については，標準的な体系書として芦部信喜著・高橋和之補訂『憲法第七版』（岩波書店，2019年），初学者・独学者への配慮がなされているものとして，麻生多聞・青山豊・三宅裕一郎・實原隆志・福島敏明・志田陽子・岡村みちる・馬場里見・飯島滋明・榎澤幸広・土屋清・奥田喜道『初学者のための憲法学（新版）』（北樹出版，2021年）の他，本書著者によるものとして，佐藤潤一『教養　憲法入門』（敬文堂，2013年），『憲法教育研究』（敬文堂，2022年3月発刊予定）を挙げておく．

国際人権法については専門的な論文集が多いけれども，阿部浩己・藤本俊明・今井直『テキストブック国際人権法』（日本評論社），芹田健太郎・薬師寺公夫・坂元茂樹『ブリッジブック国際人権法』（信山社）の二著は読みやすいので，一読を薦めたい（版は省略）．なお，国際人権法についての理解を深めるためには，憲法だけでなく，国際法についても基礎を学ぶ必要がある．この点で，大沼保昭『国際法　はじめて学ぶ人のために』（東信堂，2008年）と杉原高嶺『国際法学講義（第2版）』（有斐閣，2013年）の二著は厚さの割には読みやすいので，是非挑戦してもらいたい．英文を読むのに抵抗がない読者には，本書の註で引用している諸文献に直接あたっていただきたいが，ここでは一冊だけ挙げておく．Rhona K. M. Smith, *Textbook on Internationl Human Rights*, 10th edition (Oxford University Press, 2022).（本書刊行時10th editionは，未公刊であ

るが，示しておく）

平和学については第１章でもあげた児玉克哉，佐藤安信，中西久枝『はじめて出会う平和学　未来はここからはじまる』（有斐閣，2004年）の他第１章で示した文献を参照．

2022年２月

佐藤潤一

巻 末 資 料

日本国憲法

※〔　〕の表記は筆者による

日本国民は，正当に選挙された国会における代表者を通じて行動し，われらとわれらの子孫のために，諸国民との協和による成果と，わが国全土にわたつて自由のもたらす恵沢を確保し，政府の行為によつて再び戦争の惨禍が起ることのないやうにすることを決意し，ここに主権が国民に存することを宣言し，この憲法を確定する．そもそも国政は，国民の厳粛な信託によるものであつて，その権威は国民に由来し，その権力は国民の代表者がこれを行使し，その福利は国民がこれを享受する．これは人類普遍の原理であり，この憲法は，かかる原理に基くものである．われらは，これに反する一切の憲法，法令及び詔勅を排除する．

日本国民は，恒久の平和を念願し，人間相互の関係を支配する崇高な理想を深く自覚するのであつて，平和を愛する諸国民の公正と信義に信頼して，われらの安全と生存を保持しようと決意した．われらは，平和を維持し，専制と隷従，圧迫と偏狭を地上から永遠に除去しようと努めてゐる国際社会において，名誉ある地位を占めたいと思ふ．われらは，全世界の国民が，ひとしく恐怖と欠乏から免かれ，平和のうちに生存する権利を有することを確認する．

われらは，いづれの国家も，自国のことのみに専念して他国を無視してはならないのであつて，政治道徳の法則は，普遍的なものであり，この法則に従ふことは，自国の主権を維持し，他国と対等関係に立たうとする各国の責務であると信ずる．

日本国民は，国家の名誉にかけ，全力をあげてこの崇高な理想と目的を達成することを誓ふ．

第１章　天皇

〔象徴天皇制，国民主権〕

第１条　天皇は，日本国の象徴であり日本国民統合の象徴であつて，この地位は，主権の存する日本国民の総意に基く．（中略）

第２章　戦争の放棄

〔戦争の放棄と戦力及び交戦権の否認〕

第９条　日本国民は，正義と秩序を基調とする国際平和を誠実に希求し，国権の発動たる戦争と，武力による威嚇又は武力の行使は，国際紛争を解決する手段としては，永久にこれを放棄する．

２　前項の目的を達するため，陸海空軍その他の戦力は，これを保持しない．国の交戦権は，これを認めない．

第3章　国民の権利及び義務

〔国民たる要件〕

第10条　日本国民たる要件は，法律でこれを定める．

〔基本的人権〕

第11条　国民は，すべての基本的人権の享有を妨げられない．この憲法が国民に保障する基本的人権は，侵すことのできない永久の権利として，現在及び将来の国民に与へられる．

〔自由及び権利の保持義務と公共福祉性〕

第12条　この憲法が国民に保障する自由及び権利は，国民の不断の努力によつて，これを保持しなければならない．又，国民は，これを濫用してはならないのであつて，常に公共の福祉のためにこれを利用する責任を負ふ．

〔個人の尊重と公共の福祉〕

第13条　すべて国民は，個人として尊重される．生命，自由及び幸福追求に対する国民の権利については，公共の福祉に反しない限り，立法その他の国政の上で，最大の尊重を必要とする．

〔平等原則，貴族制度の否認及び栄典の限界〕

第14条　すべて国民は，法の下に平等であつて，人種，信条，性別，社会的身分又は門地により，政治的，経済的又は社会的関係において，差別されない．

2　華族その他の貴族の制度は，これを認めない．

3　栄誉，勲章その他の栄典の授与は，いかなる特権も伴はない．栄典の授与は，現にこれを有し，又は将来これを受ける者の一代に限り，その効力を有する．

〔公務員の選定罷免権，公務員の本質，普通選挙の保障及び投票秘密の保障〕

第15条　公務員を選定し，及びこれを罷免することは，国民固有の権利である．

2　すべて公務員は，全体の奉仕者であつて，一部の奉仕者ではない．

3　公務員の選挙については，成年者による普通選挙を保障する．

4　すべて選挙における投票の秘密は，これを侵してはならない．選挙人は，その選択に関し公的にも私的にも責任を問はれない．

〔請願権〕

第16条　何人も，損害の救済，公務員の罷免，法律，命令又は規則の制定，廃止又は改正その他の事項に関し，平穏に請願する権利を有し，何人も，かかる請願をしたためにいかなる差別待遇も受けない．

〔公務員の不法行為による損害の賠償〕

第17条　何人も，公務員の不法行為により，損害を受けたときは，法律の定めるところにより，国又は公共団体に，その賠償を求めることができる．

〔奴隷的拘束及び苦役の禁止〕

第18条　何人も，いかなる奴隷的拘束も受けない．又，犯罪に因る処罰の場合を除いては，その意に反する苦役に服させられない.

〔思想及び良心の自由〕

第19条　思想及び良心の自由は，これを侵してはならない.

〔信教の自由〕

第20条　信教の自由は，何人に対してもこれを保障する．いかなる宗教団体も，国から特権を受け，又は政治上の権力を行使してはならない.

2　何人も，宗教上の行為，祝典，儀式又は行事に参加することを強制されない.

3　国及びその機関は，宗教教育その他いかなる宗教的活動もしてはならない.

〔集会，結社及び表現の自由と通信秘密の保護〕

第21条　集会，結社及び言論，出版その他一切の表現の自由は，これを保障する.

2　検閲は，これをしてはならない．通信の秘密は，これを侵してはならない.

〔居住，移転，職業選択，外国移住及び国籍離脱の自由〕

第22条　何人も，公共の福祉に反しない限り，居住，移転及び職業選択の自由を有する.

2　何人も，外国に移住し，又は国籍を離脱する自由を侵されない.

〔学問の自由〕

第23条　学問の自由は，これを保障する.

〔家族関係における個人の尊厳と両性の平等〕

第24条　婚姻は，両性の合意のみに基いて成立し，夫婦が同等の権利を有することを基本として，相互の協力により，維持されなければならない.

2　配偶者の選択，財産権，相続，住居の選定，離婚並びに婚姻及び家族に関するその他の事項に関しては，法律は，個人の尊厳と両性の本質的平等に立脚して，制定されなければならない.

〔生存権及び国民生活の社会的進歩向上に努める国の義務〕

第25条　すべて国民は，健康で文化的な最低限度の生活を営む権利を有する.

2　国は，すべての生活部面について，社会福祉，社会保障及び公衆衛生の向上及び増進に努めなければならない.

〔教育を受ける権利と受けさせる義務〕

第26条　すべて国民は，法律の定めるところにより，その能力に応じて，ひとしく教育を受ける権利を有する.

2　すべて国民は，法律の定めるところにより，その保護する子女に普通教育を受けさせる義務を負ふ．義務教育は，これを無償とする.

〔勤労の権利と義務，勤労条件の基準及び児童酷使の禁止〕

第27条　すべて国民は，勤労の権利を有し，義務を負ふ.

2　賃金，就業時間，休息その他の勤労条件に関する基準は，法律でこれを定める.

3　児童は，これを酷使してはならない.

〔勤労者の団結権及び団体行動権〕
第28条　勤労者の団結する権利及び団体交渉その他の団体行動をする権利は，これを保障する．
〔財産権〕
第29条　財産権は，これを侵してはならない．
2　財産権の内容は，公共の福祉に適合するやうに，法律でこれを定める．
3　私有財産は，正当な補償の下に，これを公共のために用ひることができる．
〔納税の義務〕
第30条　国民は，法律の定めるところにより，納税の義務を負ふ．
〔生命及び自由の保障と科刑の制約〕
第31条　何人も，法律の定める手続によらなければ，その生命若しくは自由を奪はれ，又はその他の刑罰を科せられない．
〔裁判を受ける権利〕
第32条　何人も，裁判所において裁判を受ける権利を奪はれない．
〔逮捕の制約〕
第33条　何人も，現行犯として逮捕される場合を除いては，権限を有する司法官憲が発し，且つ理由となつてゐる犯罪を明示する令状によらなければ，逮捕されない．
〔抑留及び拘禁の制約〕
第34条　何人も，理由を直ちに告げられ，且つ，直ちに弁護人に依頼する権利を与へられなければ，抑留又は拘禁されない．又，何人も，正当な理由がなければ，拘禁されず，要求があれば，その理由は，直ちに本人及びその弁護人の出席する公開の法廷で示されなければならない．
〔侵入，捜索及び押収の制約〕
第35条　何人も，その住居，書類及び所持品について，侵入，捜索及び押収を受けることのない権利は，第三十三条の場合を除いては，正当な理由に基いて発せられ，且つ捜索する場所及び押収する物を明示する令状がなければ，侵されない．
2　捜索又は押収は，権限を有する司法官憲が発する各別の令状により，これを行ふ．
〔拷問及び残虐な刑罰の禁止〕
第36条　公務員による拷問及び残虐な刑罰は，絶対にこれを禁ずる．
〔刑事被告人の権利〕
第37条　すべて刑事事件においては，被告人は，公平な裁判所の迅速な公開裁判を受ける権利を有する．
2　刑事被告人は，すべての証人に対して審問する機会を充分に与へられ，又，公費で自己のために強制的手続により証人を求める権利を有する．
3　刑事被告人は，いかなる場合にも，資格を有する弁護人を依頼することができる．被告人が自らこれを依頼することができないときは，国でこれを附する.

〔自白強要の禁止と自白の証拠能力の限界〕

第38条　何人も，自己に不利益な供述を強要されない.

2　強制，拷問若しくは脅迫による自白又は不当に長く抑留若しくは拘禁された後の自白は，これを証拠とすることができない.

3　何人も，自己に不利益な唯一の証拠が本人の自白である場合には，有罪とされ，又は刑罰を科せられない.

〔遡及処罰，二重処罰等の禁止〕

第39条　何人も，実行の時に適法であつた行為又は既に無罪とされた行為については，刑事上の責任を問はれない．又，同一の犯罪について，重ねて刑事上の責任を問はれない.

〔刑事補償〕

第40条　何人も，抑留又は拘禁された後，無罪の裁判を受けたときは，法律の定めるところにより，国にその補償を求めることができる.

（以下略）

大日本帝国憲法

告文

皇朕レ謹ミ畏ミ

皇祖

皇宗ノ神霊ニ誥ケ白サク皇朕レ天壌無窮ノ宏謨ニ循ヒ惟神ノ宝祚ヲ承継シ旧図ヲ保持シテ敢テ失墜スルコト無シ顧ミルニ世局ノ進運ニ膺リ人文ノ発達ニ随ヒ宜ク

皇祖

皇宗ノ遺訓ヲ明徴ニシ典憲ヲ成立シ条章ヲ昭示シ内ハ以テ子孫ノ率由スル所ト為シ外ハ以テ臣民翼賛ノ道ヲ広メ永遠ニ遵行セシメ益々国家ノ丕基ヲ鞏固ニシ八洲民生ノ慶福ヲ増進スヘシ茲ニ皇室典範及憲法ヲ制定ス惟フニ此レ皆

皇祖

皇宗ノ後裔ニ貽シタマヘル統治ノ洪範ヲ紹述スルニ外ナラス而シテ朕カ躬ニ逮テ時ト倶ニ挙行スルコトヲ得ルハ洵ニ

皇祖

皇宗及我カ

皇考ノ威霊ニ倚藉スルニ由ラサルハ無シ皇朕レ仰テ

皇祖

皇宗及
皇考ノ神祐ヲ禱リ併セテ朕カ現在及将来ニ臣民ニ率先シ此ノ憲章ヲ履行シテ愆ラサラムコトヲ誓フ庶幾クハ
神霊此レヲ鑒ミタマヘ

憲法発布勅語

朕国家ノ隆昌ト臣民ノ慶福トヲ以テ中心ノ欣栄トシ朕カ祖宗ニ承クルノ大権ニ依リ現在及将来ノ臣民ニ対シ此ノ不磨ノ大典ヲ宣布ス
惟フニ我カ祖我カ宗ハ我カ臣民祖先ノ協力輔翼ニ倚リ我カ帝国ヲ肇造シ以テ無窮ニ垂レタリ此レ我カ神聖ナル祖宗ノ威徳ト並ニ臣民ノ忠実勇武ニシテ国ヲ愛シ公ニ殉ヒ以テ此ノ光輝アル国史ノ成跡ヲ貽シタルナリ朕我カ臣民ハ即チ祖宗ノ忠良ナル臣民ノ子孫ナルヲ回想シ其ノ朕カ意ヲ奉体シ朕カ事ヲ奨順シ相与ニ和衷協同シ益々我カ帝国ノ光栄ヲ中外ニ宣揚シ祖宗ノ遺業ヲ永久ニ鞏固ナラシムルノ希望ヲ同クシ此ノ負担ヲ分ツニ堪フルコトヲ疑ハサルナリ

大日本帝国憲法

朕祖宗ノ遺烈ヲ承ケ万世一系ノ帝位ヲ践ミ朕カ親愛スル所ノ臣民ハ即チ朕カ祖宗ノ恵撫慈養シタマヒシ所ノ臣民ナルヲ念ヒ其ノ康福ヲ増進シ其ノ懿徳良能ヲ発達セシメムコトヲ願ヒ又其ノ翼賛ニ依リ与ニ倶ニ国家ノ進運ヲ扶持セムコトヲ望ミ乃チ明治 14 年 10 月 12 日ノ詔命ヲ履践シ茲ニ大憲ヲ制定シ朕カ率由スル所ヲ示シ朕カ後嗣及臣民及臣民ノ子孫タル者ヲシテ永遠ニ循行スル所ヲ知ラシム
国家統治ノ大権ハ朕カ之ヲ祖宗ニ承ケテ之ヲ子孫ニ伝フル所ナリ朕及朕カ子孫ハ将来此ノ憲法ノ条章ニ循ヒ之ヲ行フコトヲ愆ラサルヘシ
朕ハ我カ臣民ノ権利及財産ノ安全ヲ貴重シ及之ヲ保護シ此ノ憲法及法律ノ範囲内ニ於テ其ノ享有ヲ完全ナラシムヘキコトヲ宣言ス
帝国議会ハ明治 23 年ヲ以テ之ヲ召集シ議会開会ノ時ヲ以テ此ノ憲法ヲシテ有効ナラシムルノ期トスヘシ
将来若此ノ憲法ノ或ル条章ヲ改定スルノ必要ナル時宜ヲ見ルニ至ラハ朕及朕カ継統ノ子孫ハ発議ノ権ヲ執リ之ヲ議会ニ付シ議会ハ此ノ憲法ニ定メタル要件ニ依リ之ヲ議決スルノ外朕カ子孫及臣民ハ敢テ之カ紛更ヲ試ミルコトヲ得サルヘシ
朕カ在廷ノ大臣ハ朕カ為ニ此ノ憲法ヲ施行スルノ責ニ任スヘク朕カ現在及将来ノ臣民ハ此ノ憲法ニ対シ永遠ニ従順ノ義務ヲ負フヘシ

（中略）

第2章　臣民権利義務

第18条　日本臣民タル要件ハ法律ノ定ムル所ニ依ル

第19条　日本臣民ハ法律命令ノ定ムル所ノ資格ニ応シ均ク文武官ニ任セラレ及其ノ他ノ公務ニ就クコトヲ得

第20条　日本臣民ハ法律ノ定ムル所ニ従ヒ兵役ノ義務ヲ有ス

第21条　日本臣民ハ法律ノ定ムル所ニ従ヒ納税ノ義務ヲ有ス

第22条　日本臣民ハ法律ノ範囲内ニ於テ居住及移転ノ自由ヲ有ス

第23条　日本臣民ハ法律ニ依ルニ非スシテ逮捕監禁審問処罰ヲ受クルコトナシ

第24条　日本臣民ハ法律ニ定メタル裁判官ノ裁判ヲ受クルノ権ヲ奪ハルヽコトナシ

第25条　日本臣民ハ法律ニ定メタル場合ヲ除ク外其ノ許諾ナクシテ住所ニ侵入セラレ及捜索セラルヽコトナシ

第26条　日本臣民ハ法律ニ定メタル場合ヲ除ク外信書ノ秘密ヲ侵サルヽコトナシ

第27条　日本臣民ハ其ノ所有権ヲ侵サルヽコトナシ

2　公益ノ為必要ナル処分ハ法律ノ定ムル所ニ依ル

第28条　日本臣民ハ安寧秩序ヲ妨ケス及臣民タルノ義務ニ背カサル限ニ於テ信教ノ自由ヲ有ス

第29条　日本臣民ハ法律ノ範囲内ニ於テ言論著作印行集会及結社ノ自由ヲ有　ス

第30条　日本臣民ハ相当ノ敬礼ヲ守リ別ニ定ムル所ノ規程ニ従ヒ請願ヲ為スコトヲ得

第31条　本章ニ掲ケタル条規ハ戦時又ハ国家事変ノ場合ニ於テ天皇大権ノ施行ヲ妨クルコトナシ

第32条　本章ニ掲ケタル条規ハ陸海軍ノ法令又ハ紀律ニ牴触セサルモノニ限リ軍人ニ準行ス

世界人権宣言

前文

人類社会のすべての構成員の固有の尊厳と平等で譲ることのできない権利とを承認することは，世界における自由，正義及び平和の基礎であるので，

人権の無視及び軽侮が，人類の良心を踏みにじった野蛮行為をもたらし，言論及び信仰の自由が受けられ，恐怖及び欠乏のない世界の到来が，一般の人々の最高の願望として宣言されたので，

人間が専制と圧迫とに対する最後の手段として反逆に訴えることがないようにするためには，法の支配によって人権保護することが肝要であるので，

諸国間の友好関係の発展を促進することが，肝要であるので，

国際連合の諸国民は，国際連合憲章において，基本的人権，人間の尊厳及び価値並びに男女の同権についての信念を再確認し，かつ，一層大きな自由のうちで社会的進歩と生活水準の向上とを促進することを決意したので，

加盟国は，国際連合と協力して，人権及び基本的自由の普遍的な尊重及び遵守の促進を達成することを誓約したので，

これらの権利及び自由に対する共通の理解は，この誓約を完全にするためにもっとも重要であるので，

よって，ここに，国際連合総会は，

社会の各個人及び各機関が，この世界人権宣言を常に念頭に置きながら，加盟国自身の人民の間にも，また，加盟国の管轄下にある地域の人民の間にも，これらの権利と自由との尊重を指導及び教育によって促進すること並びにそれらの普遍的かつ効果的な承認と遵守とを国内的及び国際的な漸進的措置によって確保することに努力するように，すべての人民とすべての国とが達成すべき共通の基準として，この世界人権宣言を公布する．

第１条　すべての人間は，生れながらにして自由であり，かつ，尊厳と権利とについて平等である．人間は，理性と良心とを授けられており，互いに同胞の精神をもって行動しなければならない．

第２条

1　すべて人は，人種，皮膚の色，性，言語，宗教，政治上その他の意見，国民的若しくは社会的出身，財産，門地その他の地位又はこれに類するいかなる事由による差別をも受けることなく，この宣言に掲げるすべての権利と自由とを享有することができる．

2　さらに，個人の属する国又は地域が独立国であると，信託統治地域であると，非自治地域であると，又は他のなんらかの主権制限の下にあるとを問わず，その国又は地域の政治上，管轄上又は国際上の地位に基づくいかなる差別もしてはならない．

第３条　すべて人は，生命，自由及び身体の安全に対する権利を有する．

第４条　何人も，奴隷にされ，又は苦役に服することはない．奴隷制度及び奴隷売買は，いかなる形においても禁止する．

第５条　何人も，拷問又は残虐な，非人道的な若しくは屈辱的な取扱若しくは刑罰を受けることはない．

第６条　すべて人は，いかなる場所においても，法の下において，人として認められる権利を有する．

第７条　すべての人は，法の下において平等であり，また，いかなる差別もなしに法の平等な保護を受ける権利を有する．すべての人は，この宣言に違反するいかなる差別に対しても，また，そのような差別をそそのかすいかなる行為に対しても，平等な保護を受ける権利を有する．

第8条　すべて人は，憲法又は法律によって与えられた基本的権利を侵害する行為に対し，権限を有する国内裁判所による効果的な救済を受ける権利を有する.

第9条　何人も，ほしいままに逮捕，拘禁，又は追放されることはない.

第10条　すべて人は，自己の権利及び義務並びに自己に対する刑事責任が決定されるに当っては，独立の公平な裁判所による公正な公開の審理を受けることについて完全に平等の権利を有する.

第11条

1　犯罪の訴追を受けた者は，すべて，自己の弁護に必要なすべての保障を与えられた公開の裁判において法律に従って有罪の立証があるまでは，無罪と推定される権利を有する.

2　何人も，実行の時に国内法又は国際法により犯罪を構成しなかった作為又は不作為のために有罪とされることはない．また，犯罪が行われた時に適用される刑罰より重い刑罰を課せられない.

第12条　何人も，自己の私事，家族，家庭若しくは通信に対して，ほしいままに干渉され，又は名誉及び信用に対して攻撃を受けることはない．人はすべて，このような干渉又は攻撃に対して法の保護を受ける権利を有する.

第13条

1　すべて人は，各国の境界内において自由に移転及び居住する権利を有する.

2　すべて人は，自国その他いずれの国をも立ち去り，及び自国に帰る権利を有する.

第14条

1　すべて人は，迫害を免れるため，他国に避難することを求め，かつ，避難する権利を有する.

2　この権利は，もっぱら非政治犯罪又は国際連合の目的及び原則に反する行為を原因とする訴追の場合には，援用することはできない.

第15条

1　すべて人は，国籍をもつ権利を有する.

2　何人も，ほしいままにその国籍を奪われ，又はその国籍を変更する権利を否認されることはない.

第16条

1　成年の男女は，人種，国籍又は宗教によるいかなる制限をも受けることなく，婚姻し，かつ家庭をつくる権利を有する．成年の男女は，婚姻中及びその解消に際し，婚姻に関し平等の権利を有する.

2　婚姻は，両当事者の自由かつ完全な合意によってのみ成立する.

3　家庭は，社会の自然かつ基礎的な集団単位であって，社会及び国の保護を受ける権利を有する.

第17条

1　すべて人は，単独で又は他の者と共同して財産を所有する権利を有する．

2　何人も，ほしいままに自己の財産を奪われることはない．

第18条　すべて人は，思想，良心及び宗教の自由に対する権利を有する．この権利は，宗教又は信念を変更する自由並びに単独で又は他の者と共同して，公的に又は私的に，布教，行事，礼拝及び儀式によって宗教又は信念を表明する自由を含む．

第19条　すべて人は，意見及び表現の自由に対する権利を有する．この権利は，干渉を受けることなく自己の意見をもつ自由並びにあらゆる手段により，また，国境を越えると否とにかかわりなく，情報及び思想を求め，受け，及び伝える自由を含む．

第20条

1　すべての人は，平和的集会及び結社の自由に対する権利を有する．

2　何人も，結社に属することを強制されない．

第21条

1　すべて人は，直接に又は自由に選出された代表者を通じて，自国の政治に参与する権利を有する．

2　すべて人は，自国においてひとしく公務につく権利を有する．

3　人民の意思は，統治の権力を基礎とならなければならない．この意思は，定期のかつ真正な選挙によって表明されなければならない．この選挙は，平等の普通選挙によるものでなければならず，また，秘密投票又はこれと同等の自由が保障される投票手続によって行われなければならない．

第22条　すべて人は，社会の一員として，社会保障を受ける権利を有し，かつ，国家的努力及び国際的協力により，また，各国の組織及び資源に応じて，自己の尊厳と自己の人格の自由な発展とに欠くことのできない経済的，社会的及び文化的権利を実現する権利を有する．

第23条

1　すべて人は，勤労し，職業を自由に選択し，公正かつ有利な勤労条件を確保し，及び失業に対する保護を受ける権利を有する．

2　すべて人は，いかなる差別をも受けることなく，同等の勤労に対し，同等の報酬を受ける権利を有する．

3　勤労する者は，すべて，自己及び家族に対して人間の尊厳にふさわしい生活を保障する公正かつ有利な報酬を受け，かつ，必要な場合には，他の社会的保護手段によって補充を受けることができる．

4　すべて人は，自己の利益を保護するために労働組合を組織し，及びこれに参加する権利を有する．

第24条　すべて人は，労働時間の合理的な制限及び定期的な有給休暇を含む休息及び余暇をもつ権利を有する．

第25条

1　すべて人は，衣食住，医療及び必要な社会的施設等により，自己及び家族の健康及び福祉に十分な生活水準を保持する権利並びに失業，疾病，心身障害，配偶者の死亡，老齢その他不可抗力による生活不能の場合は，保障を受ける権利を有する．

2　母と子とは，特別の保護及び援助を受ける権利を有する．すべての児童は，嫡出であると否とを問わず，同じ社会的保護を受ける．

第26条

1　すべて人は，教育を受ける権利を有する．教育は，少なくとも初等の及び基礎的の段階においては，無償でなければならない．初等教育は，義務的でなければならない．技術教育及び職業教育は，一般に利用できるものでなければならず，また，高等教育は，能力に応じ，すべての者にひとしく開放されていなければならない．

2　教育は，人格の完全な発展並びに人権及び基本的自由の尊重の強化を目的としなければならない．教育は，すべての国又は人種的若しくは宗教的集団の相互間の理解，寛容及び友好関係を増進し，かつ，平和の維持のため，国際連合の活動を促進するものでなければならない．

3　親は，子に与える教育の種類を選択する優先的権利を有する．

第27条

1　すべて人は，自由に社会の文化生活に参加し，芸術を鑑賞し，及び科学の進歩とその恩恵とにあずかる権利を有する．

2　すべて人は，その創作した科学的，文学的又は美術的作品から生ずる精神的及び物質的利益を保護される権利を有する．

第28条　すべて人は，この宣言に掲げる権利及び自由が完全に実現される社会的及び国際的秩序に対する権利を有する．

第29条

1　すべて人は，その人格の自由かつ完全な発展がその中にあってのみ可能である社会に対して義務を負う．

2　すべて人は，自己の権利及び自由を行使するに当っては，他人の権利及び自由の正当な承認及び尊重を保障すること並びに民主的社会における道徳，公の秩序及び一般の福祉の正当な要求を満たすことをもっぱら目的として法律によって定められた制限にのみ服する．

3　これらの権利及び自由は，いかなる場合にも，国際連合の目的及び原則に反して行使してはならない．

第30条　この宣言のいかなる規定も，いずれかの国，集団又は個人に対して，この宣言に掲げる権利及び自由の破壊を目的とする活動に従事し，又はそのような目的を有する行為を行う権利を認めるものと解釈してはならない.

国際人権規約

経済的，社会的及び文化的権利に関する国際規約（A 規約）

この規約の締約国は，

国際連合憲章において宣明された原則によれば，人類社会のすべての構成員の固有の尊厳及び平等のかつ奪い得ない権利を認めることが世界における自由，正義及び平和の基礎をなすものであることを考慮し，

これらの権利が人間の固有の尊厳に由来することを認め，

世界人権宣言によれば，自由な人間は恐怖及び欠乏からの自由を享受することであるとの理想は，すべての者がその市民的及び政治的権利とともに経済的，社会的及び文化的権利を享有することのできる条件が作り出される場合に初めて達成されることになることを認め，

人権及び自由の普遍的な尊重及び遵守を助長すべき義務を国際連合憲章に基づき諸国が負っていることを考慮し，

個人が，他人に対し及びその属する社会に対して義務を負うこと並びにこの規約において認められる権利の増進及び擁護のために努力する責任を有することを認識して，

次のとおり協定する.

第 1 部

第 1 条

1　すべての人民は，自決の権利を有する．この権利に基づき，すべての人民は，その政治的地位を自由に決定し並びにその経済的，社会的及び文化的発展を自由に追求する.

2　すべて人民は，互恵の原則に基づく国際的経済協力から生ずる義務及び国際法上の義務に違反しない限り，自己のためにその天然の富及び資源を自由に処分することができる．人民は，いかなる場合にも，その生存のための手段を奪われることはない.

3　この規約の締約国（非自治地域及び信託統治地域の施政の責任を有する国を含む.）は，国際連合憲章の規定に従い，自決の権利が実現されることを促進し及び自決の権利を尊重する.

第 2 部

第 2 条

1　この規約の各締約国は，立法措置その他のすべての適当な方法によりこの規約におい

て認められる権利の完全な実現を漸進的に達成するため，自国における利用可能な手段を最大限に用いることにより，個々に又は国際的な援助及び協力，特に，経済上及び技術上の援助及び協力を通じて，行動をとることを約束する．

2　この規約の締約国は，この規約に規定する権利が人種，皮膚の色，性，言語，宗教，政治的意見その他の意見，国民的若しくは社会的出身，財産，出生又は他の地位によるいかなる差別もなしに行使されることを保障することを約束する．

3　開発途上にある国は，人権及び自国の経済の双方に十分な考慮を払い，この規約において認められる経済的権利をどの程度まで外国人に保障するかを決定することができる．

第3条　この規約の締約国は，この規約に定めるすべての経済的，社会的及び文化的権利の享有について男女に同等の権利を確保することを約束する．

第4条　この規約の締約国は，この規約に合致するものとして国により確保される権利の享受に関し，その権利の性質と両立しており，かつ，民主的社会における一般的福祉を増進することを目的としている場合に限り，法律で定める制限のみをその権利に課すことができることを認める．

第5条

1　この規約のいかなる規定も，国，集団又は個人が，この規約において認められる権利若しくは自由を破壊し若しくはこの規約に定める制限の範囲を超えて制限することを目的とする活動に従事し又はそのようなことを目的とする行為を行う権利を有することを意味するものと解することはできない．

2　いずれかの国において法律，条約，規則又は慣習によって認められ又は存する基本的人権については，この規約がそれらの権利を認めていないこと又はその認める範囲がより狭いことを理由として，それらの権利を制限し又は侵すことは許されない．

第3部

第6条

1　この規約の締約国は，労働の権利を認めるものとし，この権利を保障するため適当な措置をとる．この権利には，すべての者が自由に選択し又は承諾する労働によって生計を立てる機会を得る権利を含む．

2　この規約の締約国が1の権利の完全な実現を達成するためとる措置には，個人に対して基本的な政治的及び経済的自由を保障する条件の下で着実な経済的，社会的及び文化的発展を実現し並びに完全かつ生産的な雇用を達成するための技術及び職業の指導及び訓練に関する計画，政策及び方法を含む．

第7条　この規約の締約国は，すべての者が公正かつ良好な労働条件を享受する権利を有することを認める．この労働条件は，特に次のものを確保する労働条件とする．

(a)　すべての労働者に最小限度次のものを与える報酬

(i)　公正な賃金及びいかなる差別もない同一価値の労働についての同一報酬．特に，女子については，同一の労働についての同一報酬とともに男子が享受する労働条件に劣らない労働条件が保障されること．

(ii)　労働者及びその家族のこの規約に適合する相応な生活

(b)　安全かつ健康的な作業条件

(c)　先任及び能力以外のいかなる事由も考慮されることなく，すべての者がその雇用関係においてより高い適当な地位に昇進する均等な機会

(d)　休息，余暇，労働時間の合理的な制限及び定期的な有給休暇並びに公の休日についての報酬

第8条

1　この規約の締約国は，次の権利を確保することを約束する．

(a)　すべての者がその経済的及び社会的利益を増進し及び保護するため，労働組合を結成し及び当該労働組合の規則にのみ従うことを条件として自ら選択する労働組合に加入する権利．この権利の行使については，法律で定める制限であって国の安全若しくは公の秩序のため又は他の者の権利及び自由の保護のため民主的社会において必要なもの以外のいかなる制限も課することができない．

(b)　労働組合が国内の連合又は総連合を設立する権利及びこれらの連合又は総連合が国際的な労働組合団体を結成し又はこれに加入する権利

(c)　労働組合が，法律で定める制限であって国の安全若しくは公の秩序のため又は他の者の権利及び自由の保護のため民主的社会において必要なもの以外のいかなる制限も受けることなく，自由に活動する権利

(d)　同盟罷業をする権利．ただし，この権利は，各国の法律に従って行使されることを条件とする．

2　この条の規定は，軍隊若しくは警察の構成員又は公務員による1の権利の行使について合法的な制限を課することを妨げるものではない．

3　この条のいかなる規定も，結社の自由及び団結権の保護に関する1948年の国際労働機関の条約の締約国が，同条約に規定する保障を阻害するような立法措置を講ずること又は同条約に規定する保障を阻害するような方法により法律を適用することを許すものではない．

第9条　この規約の締約国は，社会保険その他の社会保障についてのすべての者の権利を認める．

第10条　この規約の締約国は，次のことを認める．

1　できる限り広範な保護及び援助が，社会の自然かつ基礎的な単位である家族に対し，特に，家族の形成のために並びに扶養児童の養育及び教育について責任を有する間に，与えられるべきである．婚姻は，両当事者の自由な合意に基づいて成立するものでなけ

ればならない．

2　産前産後の合理的な期間においては，特別な保護が母親に与えられるべきである．働いている母親には，その期間において，有給休暇又は相当な社会保障給付を伴う休暇が与えられるべきである．

3　保護及び援助のための特別な措置が，出生の他の事情を理由とするいかなる差別もなく，すべての児童及び年少者のためにとられるべきである．児童及び年少者は，経済的及び社会的な搾取から保護されるべきである．児童及び年少者を，その精神若しくは健康に有害であり，その生命に危険があり又はその正常な発育を妨げるおそれのある労働に使用することは，法律で処罰すべきである．また，国は年齢による制限を定め，その年齢に達しない児童を賃金を支払って使用することを法律で禁止しかつ処罰すべきである．

第11条

1　この規約の締約国は，自己及びその家族のための相当な食糧，衣類及び住居を内容とする相当な生活水準についての並びに生活条件の不断の改善についてのすべての者の権利を認める．締約国は，この権利の実現を確保するために適当な措置をとり，このためには，自由な合意に基づく国際協力が極めて重要であることを認める．

2　この規約の締約国は，すべての者が飢餓から免れる基本的な権利を有することを認め，個々に及び国際協力を通じて，次の目的のため，具体的な計画その他の必要な措置をとる．

(a)　技術的及び科学的知識を十分に利用することにより，栄養に関する原則についての知識を普及させることにより並びに天然資源の最も効果的な開発及び利用を達成するように農地制度を発展させ又は改革することにより，食糧の生産，保存及び分配の方法を改善すること．

(b)　食糧の輸入国及び輸出国の双方の問題に考慮を払い，需要との関連において世界の食糧の供給の衡平な分配を確保すること．

第12条

1　この規約の締約国は，すべての者が到達可能な最高水準の身体及び精神の健康を享受する権利を有することを認める．

2　この規約の締約国が1の権利の完全な実現を達成するためにとる措置には，次のことに必要な措置を含む．

(a)　死産率及び幼児の死亡率を低下させるための並びに児童の健全な発育のための対策

(b)　環境衛生及び産業衛生のあらゆる状態の改善

(c)　伝染病，風土病，職業病その他の疾病の予防，治療及び抑圧

(d)　病気の場合にすべての者に医療及び看護を確保するような条件の創出

第13条

1　この規約の締約国は，教育についてのすべての者の権利を認める．締約国は，教育が人格の完成及び人格の尊厳についての意識の十分な発達を指向し並びに人権及び基本的自由の尊重を強化すべきことに同意する．更に，締約国は，教育が，すべての者に対し，自由な社会に効果的に参加すること，諸国民の間及び人種的，種族的又は宗教的集団の間の理解，寛容及び友好を促進すること並びに平和の維持のための国際連合の活動を助長することを可能にすべきことに同意する．

2　この規約の締約国は，1の権利の完全な実現を達成するため，次のことを認める．

(a)　初等教育は，義務的なものとし，すべての者に対して無償のものとすること．

(b)　種々の形態の中等教育（技術的及び職業的中等教育を含む．）は，すべての適当な方法により，特に，無償教育の漸進的な導入により，一般的に利用可能であり，かつ，すべての者に対して機会が与えられるものとすること．

(c)　高等教育は，すべての適当な方法により，特に，無償教育の漸進的な導入により，能力に応じ，すべての者に対して均等に機会が与えられるものとすること．

(d)　基礎教育は，初等教育を受けなかった者又はその全課程を修了しなかった者のため，できる限り奨励され又は強化されること．

(e)　すべての段階にわたる学校制度の発展を積極的に追求し，適当な奨学金制度を設立し及び教育職員の物質的条件を不断に改善すること．

3　この規約の締約国は，父母及び場合により法定保護者が，公の機関によって設置される学校以外の学校であって国によって定められ又は承認される最低限度の教育上の基準に適合するものを児童のために選択する自由並びに自己の信念に従って児童の宗教的及び道徳的教育を確保する自由を有することを尊重することを約束する．

4　この条のいかなる規定も，個人及び団体が教育機関を設置し及び管理する自由を妨げるものと解してはならない．ただし，常に，1に定める原則が遵守されること及び当該教育機関において行なわれる教育が国によって定められる最低限度の基準に適合することを条件とする．

第14条　この規約の締約国となる時にその本土地域又はその管轄の下にある他の地域において無償の初等義務教育を確保するに至っていない各締約国は，すべての者に対する無償の義務教育の原則をその計画中に定める合理的な期間内に漸進的に実施するための詳細な行動計画を二年以内に作成しかつ採用することを約束する．

第15条

1　この規約の締約国は，すべての者の次の権利を認める．

(a)　文化的な生活に参加する権利

(b)　科学の進歩及びその利用による利益を享受する権利

(c)　自己の科学的，文学的又は芸術的作品により生ずる精神的及び物質的利益が保護されることを享受する権利

2　この規約の締約国が1の権利の完全な実現を達成するためにとる措置には，科学及び文化の保存，発展及び普及に必要な措置を含む．
3　この規約の締約国は，科学研究及び創作活動に不可欠な自由を尊重することを約束する．
4　この規約の締約国は，科学及び文化の分野における国際的な連絡及び協力を奨励し及び発展させることによって得られる利益を認める．
（以下略）

市民的及び政治的権利に関する国際規約（B 規約）

この規約の締約国は，

国際連合憲章において宣明された原則によれば，人類社会のすべての構成員の固有の尊厳及び平等のかつ奪い得ない権利を認めることが世界における自由，正義及び平和の基礎をなすものであることを考慮し，

これらの権利が人間の固有の尊厳に由来することを認め，

世界人権宣言によれば，自由な人間は市民的及び政治的自由並びに恐怖及び欠乏からの自由を享受するものであるとの理想は，すべての者がその経済的，社会的及び文化的権利とともに市民的及び政治的権利を享有することのできる条件が作り出される場合に初めて達成されることになることを認め，

人権及び自由の普遍的な尊重及び遵守を助長すべき義務を国際連合憲章に基づき諸国が負っていることを考慮し，

個人が，他人に対し及びその属する社会に対して義務を負うこと並びにこの規約において認められる権利の増進及び擁護のために努力する責任を有することを認識して，

次のとおり協定する．

第1部

第1条（A 規約と同じ・省略）

第2部

第2条

1　この規約の各締約国は，その領域内にあり，かつ，その管轄の下にあるすべての個人に対し，人種，皮膚の色，性，言語，宗教，政治的意見その他の意見，国民的若しくは社会的出身，財産，出生又は他の地位等によるいかなる差別もなしにこの規約において認められる権利を尊重し及び確保することを約束する．

2　この規約の各締約国は，立法措置その他の措置がまだとられていない場合には，この規約において認められる権利を実現するために必要な立法措置その他の措置をとるため，自国の憲法上の手続及びこの規約の規定に従って必要な行動をとることを約束する．

3　この規約の各締約国は，次のことを約束する．

(a)　この規約において認められる権利又は自由を侵害された者が，公的資格で行動する者によりその侵害が行われた場合にも，効果的な救済措置を受けることを確保すること．

(b)　救済措置を求める者の権利が権限のある司法上，行政上若しくは立法上の機関又は国の法制で定める他の権限のある機関によって決定されることを確保すること及び司法上の救済措置の可能性を発展させること．

(c)　救済措置が与えられる場合に権限のある機関によって執行されることを確保すること．

第３条　この規約の締約国は，この規約に定めるすべての市民的及び政治的権利の享有について男女に同等の権利を確保することを約束する．

第４条

1　国民の生存を脅かす公の緊急事態の場合においてその緊急事態の存在が公式に宣言されているときは，この規約の締約国は，事態の緊急性が真に必要とする限度において，この規約に基づく義務に違反する措置をとることができる．ただし，その措置は，当該締約国が国際法に基づき負う他の義務に抵触してはならず，また，人種，皮膚の色，性，言語，宗教又は社会的出身のみを理由とする差別を含んではならない．

2　一の規定は，第６条，第７条，第８条１及び２，第11条，第15条，第16条並びに第18条の規定に違反することを許すものではない．

3　義務に違反する措置をとる権利を行使するこの規約の締約国は，違反した規定及び違反するに至った理由を国際連合事務総長を通じてこの規約の他の締約国に直ちに通知する．更に，違反が終了する日に，同事務総長を通じてその旨通知する．

第５条

1　この規約のいかなる規定も，国，集団又は個人が，この規約において認められる権利及び自由を破壊し若しくはこの規約に定める制限の範囲を超えて制限することを目的とする活動に従事し又はそのようなことを目的とする行為を行う権利を有することを意味するものと解することはできない．

2　この規約のいずれかの締約国において法律，条約，規則又は慣習によって認められ又は存する基本的人権については，この規約がそれらの権利を認めていないこと又はその認める範囲がより狭いことを理由として，それらの権利を制限し又は侵してはならない．

第3部

第6条

1　すべての人間は，生命に対する固有の権利を有する．この権利は，法律によって保護される．何人も，恣意的にその生命を奪われない．

2　死刑を廃止していない国においては，死刑は，犯罪が行われた時に効力を有しており，かつ，この規約の規定及び集団殺害犯罪の防止及び処罰に関する条約の規定に抵触しない法律により，最も重大な犯罪についてのみ科することができる．この刑罰は，権限のある裁判所が言い渡した確定判決によってのみ執行することができる．

3　生命の剥奪が集団殺害犯罪を構成する場合には，この条のいかなる想定も，この規約の締約国が集団殺害犯罪の防止及び処罰に関する条約の規定に基づいて負う義務を方法のいかんを問わず免れることを許すものではないと了解する．

4　死刑を言い渡されたいかなる者も，特赦又は減刑を求める権利を有する．死刑に対する大赦，特赦又は減刑はすべての場合に与えることができる．

5　死刑は，18歳未満の者が行った犯罪について科してはならず，また，妊娠中の女子に対して執行してはならない．

6　この条のいかなる規定も，この規約の締約国により死刑の廃止を遅らせ又は妨げるために援用されてはならない．

第7条　何人も，拷問又は残虐な，非人道的な若しくは品位を傷つける取扱い若しくは刑罰を受けない．特に，何人も，その自由な同意なしに医学的又は科学的実験を受けない．

第8条

1　何人も，奴隷の状態に置かれない．あらゆる形態の奴隷制度及び奴隷取引は，禁止する．

2　何人も，隷属状態に置かれない．

3　(a)　何人も，強制労働に服することを要求されない．

(b)　(a)の規定は，犯罪に対する刑罰として強制労働を伴う拘禁刑を科することができる国において，権限のある裁判所による刑罰の言渡しにより強制労働をさせることを禁止するものと解してはならない．

(c)　この3の適用上，「強制労働」には，次のものを含まない．

(i)　作業又は役務であって，(b)の規定において言及されておらず，かつ，裁判所の合法的な命令によって抑留されている者又はその抑留を条件付きで免除されている者に通常要求されるもの

(ii)　軍事的性質の役務及び，良心的兵役拒否が認められている国においては，良心的兵役拒否者が法律によって要求される国民的役務

(iii)　社会の存立又は福祉を脅かす緊急事態又は災害の場合に要求される役務

(iv)　市民としての通常の義務とされる作業又は役務

第9条

1　すべての者は，身体の自由及び安全についての権利を有する．何人も，恣意的に逮捕され又は抑留されない．何人も，法律で定める理由及び手続によらない限り，その自由を奪われない．

2　逮捕される者は，逮捕の時にその理由を告げられるものとし，自己に対する被疑事実を速やかに告げられる．

3　刑事上の罪に問われて逮捕され又は抑留された者は，裁判官又は司法権を行使することが法律によって認められている他の官憲の面前に速やかに連れて行かれるものとし，妥当な期間内に裁判を受ける権利又は釈放される権利を有する．裁判に付される者を抑留することが原則であってはならず，釈放に当たっては，裁判その他の司法上の手続のすべての段階における出頭及び必要な場合における判決の執行のための出頭が保証されることを条件とすることができる．

4　逮捕又は抑留によって自由を奪われた者は，裁判所がその抑留が合法的であるかどうかを遅滞なく決定すること及びその抑留が合法的でない場合にはその釈放を命ずることができるように，裁判所において手続をとる権利を有する．

5　違法に逮捕され又は抑留された者は，賠償を受ける権利を有する．

第10条

1　自由を奪われたすべての者は，人道的にかつ人間の固有の尊厳を尊重して，取り扱われる．

2　(a)　被告人は，例外的な事情がある場合を除くほか有罪の判決を受けた者とは分離されるものとし，有罪の判決を受けていない者としての地位に相応する別個の取扱いを受ける．

(b)　少年の被告人は，成人とは分離されるものとし，できる限り速やかに裁判に付される．

3　行刑の制度は，被拘禁者の矯正及び社会復帰を基本的な目的とする処遇を含む．少年の犯罪者は，成人とは分離されるものとし，その年齢及び法的地位に相応する取扱いを受ける．

第11条　何人も，契約上の義務を履行することができないことのみを理由として拘禁されない．

第12条

1　合法的にいずれかの国の領域内にいるすべての者は，当該領域内において，移動の自由及び居住の自由についての権利を有する．

2　すべての者は，いずれの国（自国を含む．）からも自由に離れることができる．

3　1及び2の権利は，いかなる制限も受けない．ただし，その制限が，法律で定められ，国の安全，公の秩序，公衆の健康若しくは道徳又は他の者の権利及び自由を保護するために必要であり，かつ，この規約において認められる他の権利と両立するものである場合は，この限りでない．

4　何人も，自国に戻る権利を恣意的に奪われない．

第13条　合法的にこの規約の締約国の領域内にいる外国人は，法律に基づいて行われた決定によってのみ当該領域から追放することができる．国の安全のためのやむを得ない理由がある場合を除くほか，当該外国人は，自己の追放に反対する理由を提示すること及び権限のある機関又はその機関が特に指名する者によって自己の事案が審査されることが認められるものとし，この為にその機関又はその者に対する代理人の出頭が認められる．

第14条

1　すべての者は，裁判所の前に平等とする．すべての者は，その刑事上の罪の決定又は民事上の権利及び義務の争いについての決定のため，法律で設置された，権限のある，独立の，かつ，公平な裁判所による公正な公開審理を受ける権利を有する．報道機関及び公衆に対しては，民主的社会における道徳，公の秩序若しくは国の安全を理由として，当事者の私生活の利益のため必要な場合において又はその公開が司法の利益を害することとなる特別な状況において裁判所が真に必要があると認める限度で，裁判の全部又は一部を公開しないことができる．もっとも，刑事訴訟又は他の訴訟において言い渡される判決は，少年の利益のために必要がある場合又は当該手続が夫婦間の争い若しくは児童の後見に関するものである場合を除くほか，公開する．

2　刑事上の罪に問われているすべての者は，法律に基づいて有罪とされるまでは，無罪と推定される権利を有する．

3　すべての者は，その刑事上の罪の決定について，十分平等に，少なくとも次の保障を受ける権利を有する．

(a)　その理解する言語で速やかにかつ詳細にその罪の性質及び理由を告げられること．

(b)　防御の準備のために十分な時間及び便益を与えられ並びに自ら選任する弁護人と連絡すること．

(c)　不当に遅延することなく裁判を受けること．

(d)　自ら出席して裁判を受け及び，直接に又は自ら選任する弁護人を通じて，防御すること．弁護人がいない場合には，弁護人を持つ権利を告げられること．司法の利益のために必要な場合には，十分な支払手段を有しないときは自らその費用を負担することなく，弁護人を付されること．

(e)　自己に不利な証人を尋問し又はこれに対し尋問させること並びに自己に不利な証人と同じ条件で自己のための証人の出席及びこれに対する尋問を求めること．

(f)　裁判所において使用される言語を理解すること又は話すことができない場合には，無料で通訳の援助を受けること．

(g)　自己に不利益な供述又は有罪の自白を強要されないこと．

4　少年の場合には，手続は，その年齢及びその更生の促進が望ましいことを考慮したものとする.

5　有罪の判決を受けたすべての者は，法律に基づきその判決及び刑罰を上級の裁判所によって再審理される権利を有する.

6　確定判決によって有罪と決定された場合において，その後に，新たな事実又は新しく発見された事実により誤審のあったことが決定的に立証されたことを理由としてその有罪の判決が破棄され又は赦免が行われたときは，その有罪の判決の結果刑罰に服した者は，法律に基づいて補償を受ける．ただし，その知られなかった事実が適当な時に明らかにされなかったことの全部又は一部がその者の責めに帰するものであることが証明される場合は，この限りでない.

7　何人も，それぞれの国の法律及び刑事手続に従って既に確定的に有罪又は無罪の判決を受けた行為について再び裁判され又は処罰されることはない.

第15条

1　何人も，実行の時に国内法又は国際法により犯罪を構成しなかった作為又は不作為を理由として有罪とされることはない．何人も，犯罪が行われた時に適用されていた刑罰よりも重い刑罰を科されない．犯罪が行われた後により軽い刑罰を科する規定が法律に設けられる場合には，罪を犯した者は，その利益を受ける.

2　この条のいかなる規定も，国際社会の認める法の一般原則により実行の時に犯罪とされていた作為又は不作為を理由として裁判しかつ処罰することを妨げるものでない.

第16条　すべての者は，すべての場所において，法律の前に人として認められる権利を有する.

第17条

1　何人も，その私生活，家族，住居若しくは通信に対して恣意的に若しくは不法に干渉され又は名誉及び信用を不法に攻撃されない.

2　すべての者は，1の干渉又は攻撃に対する法律の保護を受ける権利を有する.

第18条

1　すべての者は，思想，良心及び宗教の自由についての権利を有する．この権利には，自ら選択する宗教又は信念を受け入れ又は有する自由並びに，単独で又は他の者と共同して及び公に又は私的に，礼拝，儀式，行事及び教導によってその宗教又は信念を表明する自由を含む.

2　何人も，自ら選択する宗教又は信念を受け入れ又は有する自由を侵害するおそれのある強制を受けない.

3　宗教又は信念を表明する自由については，法律で定める制限であって公共の安全，公の秩序，公衆の健康若しくは道徳又は他の者の基本的な権利及び自由を保護するために必要なもののみを課することができる.

4　この規約の締約国は父母及び場合により法定保護者が，自己の信念に従って児童の宗教的及び道徳的教育を確保する自由を有することを尊重することを約束する．

第19条

1　すべての者は，干渉されることなく意見を持つ権利を有する．

2　すべての者は，表現の自由についての権利を有する．この権利には，口頭，手書き若しくは印刷，芸術の形態又は自ら選択する他の方法により，国境とのかかわりなく，あらゆる種類の情報及び考えを求め，受け及び伝える自由を含む．

3　2の権利の行使には，特別の義務及び責任を伴う．したがって，この権利の行使については，一定の制限を課すことができる．ただし，その制限は，法律によって定められ，かつ，次の目的のために必要とされるものに限る．

(a)　他の者の権利又は信用の尊重

(b)　国の安全，公の秩序又は公衆の健康若しくは道徳の保護

第20条

1　戦争のためのいかなる宣伝も，法律で禁止する．

2　差別，敵意又は暴力の扇動となる国民的，人種的又は宗教的憎悪の唱道は，法律で禁止する．

第21条　平和的な集会の権利は，認められる．この権利の行使については，法律で定める制限であって国の安全若しくは公共の安全，公の秩序，公衆の健康若しくは道徳の保護又は他の者の権利及び自由の保護のため民主的社会において必要なもの以外のいかなる制限も課することができない．

第22条

1　すべての者は，結社の自由についての権利を有する．この権利には，自己の利益の保護のために労働組合を結成し及びこれに加入する権利を含む．

2　1の権利の行使については，法律で定める制限であって国の安全若しくは公共の安全，公の秩序，公衆の健康若しくは道徳の保護又は他の者の権利及び自由の保護のため民主的社会において必要なもの以外のいかなる制限も課することができない．この条の規定は，1の権利の行使につき，軍隊及び警察の構成員に対して合法的な制限を課することを妨げるものではない．

3　この条のいかなる規定も，結社の自由及び団結権の保護に関する1948年の国際労働機関の条約の締約国が，同条約に規定する保障を阻害するような立法措置を講ずること又は同条約に規定する保障を阻害するような方法により法律を適用することを許すものではない．

第23条

1　家族は，社会の自然かつ基礎的な単位であり，社会及び国による保護を受ける権利を有する．

2　婚姻をすることができる年齢の男女が婚姻をしかつ家族を形成する権利は，認められる．

3　婚姻は，両当事者の自由かつ完全な合意なしには成立しない．

4　この規約の締約国は，婚姻中及び婚姻の解消の際に，婚姻に係る配偶者の権利及び責任の平等を確保するため，適当な措置をとる．その解消の場合には，児童に対する必要な保護のため，措置がとられる．

第24条

1　すべての児童は，人種，皮膚の色，性，言語，宗教，国民的若しくは社会的出身，財産又は出生によるいかなる差別もなしに，未成年者としての地位に必要とされる保護の措置であって家族，社会及び国による措置について権利を有する．

2　すべての児童は，出生の後直ちに登録され，かつ，氏名を有する．

3　すべての児童は，国籍を取得する権利を有する．

第25条　すべての市民は，第2条に規定するいかなる差別もなく，かつ，不合理な制限なしに，次のことを行う権利及び機会を有する．

(a)　直接に，又は自由に選んだ代表者を通じて，政治に参与すること．

(b)　普通かつ平等の選挙権に基づき秘密投票により行われ，選挙人の意思の自由な表明を保障する真正な定期的選挙において，投票し及び選挙されること．

(c)　一般的な平等条件の下で自国の公務に携わること．

第26条　すべての者は，法律の前に平等であり，いかなる差別もなしに法律による平等の保護を受ける権利を有する．このため，法律は，あらゆる差別を禁止し及び人種，皮膚の色，性，言語，宗教，政治的意見その他の意見，国民的若しくは社会的出身，財産，出生又は他の地位等のいかなる理由による差別に対しても平等のかつ効果的な保護をすべての者に保障する．

第27条　種族的，宗教的又は言語的少数民族が存在する国において，当該少数民族に属する者は，その集団の他の構成員とともに自己の文化を享有し，自己の宗教を信仰しかつ実践し又は自己の言語を使用する権利を否定されない．

（以下略）

索　引

〈タ・ナ行〉

〈ハ　行〉

〈マ・ヤ・ワ行〉

《著者紹介》

佐藤潤一（さとう　じゅんいち）

1972年　東京生まれ

2003年　専修大学大学院法学研究科博士後期課程修了　博士（法学）（専修大学）

2008年　大阪産業大学教養部准教授

2010年　4月よりオーストラリアのUniversity of Queensland, T C Beirne School of Law, The Centre for Public, International and Comparative Law 客員研究員（2011年3月まで）

現　在　大阪産業大学教授

著　書

『日本国憲法における「国民」概念の限界と「市民」概念の可能性――「外国人法制」の憲法的統制に向けて――』（専修大学出版局，2004年）

松井幸夫編著『変化するイギリス憲法――ニュー・レイバーとイギリス「憲法改革」――』（敬文堂，2005年）（共著）

『憲法と法学入門』（敬文堂，2006年）

『基礎からの公法入門　地方自治法』（敬文堂，2008年）（編著）

『教養　憲法入門』（敬文堂，2013年）

『憲法教育研究』（敬文堂，2022年）

法的視点からの平和学

2022年5月30日　初版第1刷発行

＊定価はカバーに表示してあります

著　者　佐藤潤一©

発行者　萩原淳平

印刷者　田中雅博

発行所　株式会社　晃洋書房

〒615-0026　京都市右京区西院北矢掛町7番地

電　話　075(312)0788番(代)

振替口座　01040-6-32280

装丁　野田和浩　　印刷・製本　創栄図書印刷（株）

ISBN978-4-7710-3613-0